Risikomanagement und wertorientierte Unternehmensführung

Carolin Stier

Risikomanagement und wertorientierte Unternehmensführung

Effizienz- und Monopoleffekte

Mit einem Geleitwort von Prof. Dr. Ralf Diedrich

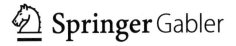 Springer Gabler

Carolin Stier
Leipzig, Deutschland

Dissertation Universität Leipzig, 2017

ISBN 978-3-658-18627-2   ISBN 978-3-658-18628-9   (eBook)
DOI 10.1007/978-3-658-18628-9

Die Deutsche Nationalbibliothek verzeichnet diese Publikation in der Deutschen National-
bibliografie; detaillierte bibliografische Daten sind im Internet über http://dnb.d-nb.de abrufbar.

Springer Gabler
© Springer Fachmedien Wiesbaden GmbH 2017

Gedruckt auf säurefreiem und chlorfrei gebleichtem Papier

Springer Gabler ist Teil von Springer Nature
Die eingetragene Gesellschaft ist Springer Fachmedien Wiesbaden GmbH
Die Anschrift der Gesellschaft ist: Abraham-Lincoln-Str. 46, 65189 Wiesbaden, Germany

Geleitwort

Diverse Entwicklungen im Wirtschaftsleben, insbesondere die Finanzkrise 2009 mit den bekannten Auswirkungen auf die Regulierung von Banken und Versicherern, haben dazu geführt, dass das Risikomanagement in der betrieblichen Praxis immens an Bedeutung gewonnen hat. Was praktisch einleuchtend erscheint, ist jedoch theoretisch gar nicht so leicht zu erklären. Denn der Einsatz von Instrumenten, die der Steuerung und Begrenzung von Risikopositionen dienen, ergibt im Kontext einer wertorientierten Unternehmensführung auf den ersten Blick keinen Sinn: Geht man wie üblich von der Existenz eines hinreichend vollkommenen und vollständigen Kapitalmarktes aus, so ist lediglich das von den Kapitalgebern getragene, sogenannte systematische Risiko für den Marktwert eines Unternehmens relevant. Maßnahmen zur Reduktion des unsystematischen Risikos, wie sie häufig Gegenstand des Risikomanagements sind, bleiben bestenfalls wertneutral, sind damit Kosten verbunden, können sie sogar zu einer Wertminderung führen. Ähnliches gilt in Bezug auf das systematische Risiko. Warum also finden sich solche Maßnahmen in der Unternehmensrealität? Und wie wirken sie sich auf die Faktoren aus, die den Unternehmenswert beeinflussen? Dies sind die Fragen, mit denen sich die vorliegende Arbeit beschäftigt.

Besonders hervorzuheben ist, dass die möglichen Erklärungsansätze nicht einfach nur aufgelistet, sondern in ökonomische Denkschulen eingeordnet und damit auf eine höhere Abstraktionsebene gehoben werden. Als Effizienzeffekte werden Werteffekte kategorisiert, die darauf zurückzuführen sind, dass das betriebliche Risikomanagement Koordinationsprobleme besser zu lösen vermag als der Markt. Den Analyserahmen bildet der Neoinstitutionalismus, dessen Argumentationsmuster für die Zwecke der Arbeit nutzbar gemacht werden. Unter der Überschrift Risikomanagement, Insolvenzkosten und Financial Distress geht es um Erklärungsansätze, bei denen die Wertrelevanz des Risikomanagements aus einer Verminderung der Insolvenzwahrscheinlichkeit resultiert. Es folgt die Erörterung von Ansätzen, die Werteffekte aus Effizienzgewinnen infolge des Risikomanagements ableiten, wobei insbesondere Transaktionskosten eine Rolle spielen. Abzugrenzen von Effizienzeffekten sind Monopoleffekte, die auftreten, wenn das betriebliche Risikomanagement dazu beiträgt, die Wettbewerbsposition des Unternehmens zu verbessern. Richtungsweisend sind hier Arbeiten zum Zusammenhang zwischen Finanzierungsentscheidungen und dem Wettbewerb an Produktmärkten. Sie machen deutlich, dass der Finanzbereich und der Leistungsbereich von Unternehmen nicht isoliert nebeneinander stehen, dass es stattdessen vielfältige Interdependenzen gibt, die auch oder gerade durch den Wettbewerb vermittelt werden. Indirekt lassen sich aus diesen Arbeiten auch Schlussfolgerungen in Bezug auf mögliche Werteffekte des Risikomanagements ziehen. Ein direkter Zusammenhang zwischen dem Risikomanagement und der Profitabilität eines Unternehmens wird mittels eines Modells hergestellt, bei dem die betrachteten Unternehmen die Möglichkeit haben, Beschaffungspreise abzusichern. Strukturell liegt der Betrachtung ein zweistufiges Spiel zugrunde, bei dem sich zwischen zwei Unternehmen in der nachgelagerten Spielstufe ein Gleichgewicht herausbildet. In der vorgelagerten Spielstufe ist der Beschaffungspreis für den Inputfaktor noch unbekannt, beide Unternehmen haben die Möglichkeit, den Inputfaktor per Termin zu einem gegebenen Forward Preis in beliebiger Menge zu erwerben. Beide Unternehmen können die erworbenen Mengen beobachten und erschließen, wie der jeweilige Konkurrent auf die zu Beginn der zweiten Spielstufe bekannt werdenden Spot Preise reagiert. Dies erlaubt es, die Absicherungspolitik als Instrument für die Gestaltung des Wettbewerbs in der zweiten Spielstufe zu nutzen. Es zeigt sich, dass das Risikomanagement die strategische Position eines Unternehmens und damit seinen Marktwert positiv beeinflussen kann.

Mit diesen Inhalten vermittelt die Arbeit viele Anregungen, über die Zusammenhänge zwischen dem Risikomanagement, institutionellen Gegebenheiten und der Wettbewerbsposition des Unternehmens nachzudenken. Insofern kann ich sie jedem empfehlen, der sich mit der Thematik tiefergehend beschäftigen will.

Leipzig, 11. April 2017

Prof. Dr. Ralf Diedrich

Vorwort

Diese Arbeit ist zum größten Teil in meiner Zeit als wissenschaftliche Mitarbeiterin am Institut für Unternehmensrechnung, Finanzierung und Besteuerung der Universität Leipzig entstanden. Im November 2016 wurde sie von der Wirtschaftswissenschaftlichen Fakultät der Universität Leipzig als Dissertation angenommen. Ich bedanke mich an dieser Stelle bei all denjenigen, die mich in meiner Zeit als Doktorandin unterstützt haben.

Mein Dank gilt an erster Stelle meinem betreuenden Hochschullehrer, Herrn Prof. Dr. Ralf Diedrich, der mir mit der Tätigkeit als wissenschaftliche Mitarbeiterin die Möglichkeit zur Promotion sowie zur Arbeit an seinem Lehrstuhl gab: Beides hat mir viel Freude bereitet und ließ mich vieles lernen. Durch die zahlreichen Diskussionen über meine Themenstellung habe ich immer wieder neue Impulse bekommen und konnte meinen Blick schärfen. Ich bedanke mich bei Herrn Prof. Dr. Jochen Beißer für die Übernahme des Zweitgutachtens und die zahlreichen guten Hinweise und Anmerkungen. Herrn Prof. Dr. Frank Schuhmacher danke ich für die Leitung der Promotionskommission. All meine LehrerInnen und HochschullehrerInnen haben durch ihr Engagement meine Ausbildung ermöglicht und mich so befähigt, diese Arbeit zu verfassen.

Ich danke meinen Kolleginnen und Kollegen für ihre Unterstützung bei dieser Arbeit. Auch durch die gemeinsamen Mittagessen, Eis- oder Kaffeepausen haben sie für eine schöne Zeit an der Uni Leipzig gesorgt. Dr. Florian Wetjen und Florian Tellge haben viele Kapitel meines Manuskripts gelesen und waren mir durch ihre Rückmeldung eine große Hilfe.

Besonders bedanken möchte ich mich bei meiner Familie. Meine Eltern haben mich während meiner gesamten Schul- und Hochschulzeit unterstützt und meine Liebe zum Lesen und Lernen von klein auf gefördert. Sie sind immer für mich da und ich bin sehr froh, sie zu haben. Ich danke meinem Bruder Christian für die Hilfe mit inhaltlichen, TEXnischen und moralischen Fragen des Doktoranden-Daseins. Ich danke Dr. Guy Buss für unser Zuhause mit dem Schreibtisch, an dem diese Arbeit vollendet wurde.

Carolin Stier

Inhaltsverzeichnis

5.3   Insolvenz und strategische Interaktion 162
   5.3.1   Der Effekt beschränkter Haftung im Wettbewerb . 165
   5.3.2   Direkte Transaktionskosten der Insolvenz und Wettbewerb 167
   5.3.3   Diskussion möglicher Effekte des Risikomanagements 169
5.4   Koordinationsprobleme und strategische Interaktion . . . 173
   5.4.1   Risikomanagement, Finanzierung und Investition . 173
   5.4.2   Risikomanagement, Information und Eintrittsabschreckung 177
5.5   Weitere Effekte des Risikomanagements an Realmärkten . 178
5.6   Risikomanagement als Commitment 180
   5.6.1   Preis-Hedging nach ALLAZ 181
   5.6.2   Einseitiges Kosten-Hedging im Duopol 184
      5.6.2.1   Gleichgewicht im Mengenwettbewerb . . 187
      5.6.2.2   Hedging-Strategie 191
      5.6.2.3   Vergleich des Hedging mit dem Nicht-Hedging 194
   5.6.3   Beidseitiges Kosten-Hedging im Duopol 196
      5.6.3.1   Gleichgewicht im Mengenwettbewerb . . 197
      5.6.3.2   Hedging-Entscheidung 200
      5.6.3.3   Implikationen der Ergebnisse und Einordnung in bestehende Forschung 205
5.7   Zwischenfazit: Monopoleffekte des Risikomanagements . . 206

6   Zusammenfassung und Schlussbetrachtung   211

A   Anhang   221
A.1   Effizienz und Monopol 221
A.2   Grundlagen der Neuen Institutionenökonomik 224
A.3   Mengenwettbewerb 226
   A.3.1   Gleichgewicht im Mengenwettbewerb bei einseitigem Hedging 226
   A.3.2   Gleichgewicht im Mengenwettbewerb bei beidseitigem Hedging 227
A.4   Hedging-Strategien 228
   A.4.1   Optimierung der Gewinnfunktion bei einseitigem Hedging 228

Tabellenverzeichnis

Abbildungsverzeichnis

Abkürzungsverzeichnis

A	Agent
AktG	Aktiengesetz
APV	Adjusted Present Value
BilMoG	Gesetz zur Modernisierung des Bilanzrechts
BilReG	Gesetz zur Einführung internationaler Rechnungslegungsstandards und zur Sicherung der Qualität der Abschlussprüfung
BSC	Balanced Scorecard
BWL	Betriebswirtschaftslehre
CAPM	Capital Asset Pricing Model
DAX	Deutscher Aktienindex
DCF	Discounted Cashflow
FCF	Free Cashflow
FD	Financial Distress
G-10	Group of Ten
HGB	Handelsgesetzbuch
i.e.S.	im engeren Sinne
IDW	Institut Deutscher Wirtschaftsprüfer
IO	Industrial Organization; Industrieökonomik
ISO	International Organization for Standardization
IRB-Ansatz	Internal Rating Based Approach
i.w.S.	im weiteren Sinne

KonTraG	Gesetz zur Kontrolle und Transparenz im Unternehmensbereich
LEN	Linear Exponential Normal (Model)
MDAX	Mid-Cap Deutscher Aktienindex
NIÖ	Neue Institutionenökonomik
NPV	Net Present Value; Kapitalwert
P	Prinzipal
RAROC	Risk adjusted Return on Capital
RBV	Resource-based view
ROA	Return on Assets
RORAC	Return on Risk adjusted Capital
TecDAX	Deutscher Aktienindex für Technologiewerte
VaR	Value at Risk
WACC	Weighted Average Cost of Capital

Symbolverzeichnis

$\tilde{.}$	kennzeichnet Zufallsvariable
$\hat{.}$	kennzeichnet Schrankenwert
$\mid$	kennzeichnet Vorbedingung
$.+$	kennzeichnet hohe/positive Ausprägung des Parameters
$.-$	kennzeichnet niedrige/negative Ausprägung des Parameters
$.^{*}$	kennzeichnet optimale Ausprägung
a	Prohibitivpreis; Parameter der inversen Nachfragefunktion
b	Steigung der inversen Nachfragefunktion
B	Insolvenzkosten
c	gesamte Stückkosten, $c_H + \Delta c$
C_{Ag}	Opportunitätskosten aus Agency-Beziehungen
C_{EL}	Opportunitätskosten aus Effizienzverlust
C_{dirIns}	Opportunitätskosten aus direkten Insolvenzkosten
C_{indIns}	Opportunitätskosten aus indirekten Insolvenzkosten
C_{Inv}	Opportunitätskosten aus unterlassenen Investitionen
C_{TS}	Opportunitätskosten aus entgangenen Tax Shields
c_H	gehedgte; vorab festgelegte Stückkosten
$Cov[.,.]; cov_{ij}$	Kovarianz von $[.,.]$, Kovarianz von i,j
d	vertraglich vereinbarte Zahlung an Fremdkapitalgeber
D	Marktwert des Fremdkapitals

E — Marktwert des Eigenkapitals

$E[.]$ — Erwartungswert

$f(.)$ — Wahrscheinlichkeitsdichtefunktion

$F_Z^{-1}(.)$ — Inverse Verteilungsfunktion der Zufallsvariablen $\tilde{Z}$

f_i — Forward-Verkäufe des Unternehmens i

G — Gewinn

$\cdot_H$ — kennzeichnet Hedging

H_i — Hedging-Strategiemenge

h_i — gehedgte; vorab festgelegte Produktionsmenge des Unternehmens i

i — Index; kennzeichnet etwa die entsprechende Variable des Unternehmens i

k — Gesamtkapitalkostensatz

ke — Eigenkapitalkostensatz

ke^l — Eigenkapitalkostensatz des verschuldeten Unternehmens

ke^u — Eigenkapitalkostensatz des unverschuldeten Unternehmens

kd — Fremdkapitalkostensatz

$\cdot^l$ — kennzeichnet Variable unter Einbezug der Verschuldung des Unternehmens

M — Markt; kennzeichnet als Index die entsprechende Variable des Markts

$P(.)$ — Wahrscheinlichkeit von (.)

p — Preis

p_H — vorab gehedgter/festgelegter Stückpreis

oH — kennzeichnet Größe ohne Hedging bzw. Strategie des Unternehmens, bei der die Hedgingmenge in keinem Fall ausreicht, um die Absatzmenge abzusichern

$\cdot^R$ — kennzeichnet die Reaktionsfunktion

r	Rendite
r_f	risikoloser Zins
S	Entlohnung aus Arbeitsvertrag
s	Umweltzustand
$.^u$	kennzeichnet Variable für das (fiktiv) unverschuldete Unternehmen
t	Zeitpunkt oder Periode
V	Marktwert des Unternehmens
VaR_α	Value at Risk mit Konfidenzniveau $1-\alpha$
$Var[.]$	Varianz
VTS	Marktwert der Tax Shields/ Steuervorteile der Fremdfinanzierung
w	Gewicht
WP	Wertpapier
x_i	produzierte/ abgesetzte Menge des Unternehmens i
X	Zahlungsstrom
$\tilde{Y}$	Zufallsvariable
z	Erfolgsfaktor
$\tilde{Z}$	Zufallsvariable
α	Quantil einer Verteilungsfunktion; $1-\alpha$ beschreibt das Konfidenzniveau des VaR
β	Betafaktor; systematisches Risiko
γ	Parameter, der die anteiligen Insolvenzkosten aus der Höhe der Zahlungsunfähigkeit bemisst
Δ	Delta; absoluter Änderungsbetrag der betreffenden Größe
$\Delta_E V$	Marktwertunterschied aus Effizienzeffekten
$\Delta_M V$	Marktwertunterschied aus Monopoleffekten

$\Delta_{RM}V$	Marktwertunterschied aus Effizienz- und Monopoleffekten des Risikomanagements
θ	Einflussfaktor auf die inverse Nachfragefunktion
κ	Zeitpunkt oder Periode
λ	Faktor
μ	erwartete Rendite
ρ	Korrelationskoeffizient
σ	Standardabweichung
σ_Z	Standardabweichung der Zufallsvariablen $\tilde{Z}$
τ	Unternehmensteuersatz

1 Einleitung

Im Grunde jede unternehmerische Entscheidung beinhaltet ein Abwägen von Risiko und (Ertrags-) Chance.[1] Zahlreiche Entwicklungen der letzten Jahre haben darüber hinaus dazu beigetragen, das Risikomanagement als eigenständige Aufgabe und Funktion in das Blickfeld der Unternehmensführung zu rücken. Nicht zuletzt die Finanzmarktkrise ab 2007 ließ scheinbar systemische Probleme im Umgang mit eingegangenen Risiken offenbar werden und so folgten regulatorische Vorgaben zur Risikofrüherkennung sowie zur Quantifizierung und Begrenzung von Risiken.[2]

1.1 Problemstellung

Risikomanagement als Gegenstand der Unternehmensführung befindet sich in einem Spannungsfeld zwischen der Notwendigkeit, Risiken einerseits zu begrenzen, und der Maßgabe, diese Risikobegrenzung andererseits in das Zielsystem des Unternehmens einzuordnen. Sowohl gesetzliche Vorgaben als auch ökonomische Überlegungen spielen hierfür eine Rolle und erschweren die Beantwortung der Frage nach einer klaren Aufgabenformulierung für das Risikomanagement.[3]

---

[1] Vgl. etwa KNIGHT, 1921, insb. S. 22-48.
[2] So etwa im Gesetz zur Kontrolle und Transparenz im Unternehmensbereich (KonTraG), in den Baseler Akkorden zur Mindestausstattung von Banken mit Eigenkapital und in den Solvency-Richtlinien für die Versicherungswirtschaft.
[3] Vgl. KÜRSTEN, 2006b, S. 180.

Vor allem bei kapitalmarktorientierten Unternehmen[4] hat sich seit den
1980er Jahren die wertorientierte Unternehmensführung etabliert, deren
übergeordnete ökonomische Zielgröße der Marktwert des Eigenkapitals
ist. Dass das Risikomanagement zur Maximierung des Marktwerts des
Eigenkapitals beitragen kann und somit wertrelevant ist, dazu existiert in
der Literatur eine Reihe von Argumenten.[5] Allerdings bewegen sich die
meisten dieser Argumente außerhalb der neoklassischen Kapitalmarkttheorie, die die theoretische Grundlage der Unternehmensbewertung und
damit der wertorientierten Unternehmensführung darstellt. Um die Substanz dieser Argumente erkennbar zu machen, bedarf es einer gründlichen
Auseinandersetzung mit ihrer Fundierung in der ökonomischen Theorie.
Das übergeordnete Ziel dieser Arbeit ist vor diesem Hintergrund die
kritische Erörterung und Einordnung, aber auch die Entwicklung von
Argumenten zur Wertrelevanz des Risikomanagements.

Bewertungsmaßstab im Rahmen der kapitalmarktorientierten Unternehmensbewertung ist der Kapitalkostensatz.[6] Dieser Bewertungsmaßstab
wird in einem entsprechenden Kapitalmarktmodell maßgeblich bestimmt
durch das Risiko der Zahlungsströme[7], die es zu bewerten gilt. Der Ka-

---

[4]Zu kapitalmarktorientierten Unternehmen zählen alle börsennotierten Gesellschaftsformen mit besonderen Publizitätspflichten. Das HGB definiert solche Kapitalgesellschaften als kapitalmarktorientiert, die durch ausgegebene Wertpapiere einen
organisierten Markt als Handelsplatz in Anspruch nehmen oder beantragt haben,
diesen in Anspruch zu nehmen. Vgl. § 264d HGB.
[5]Vgl. etwa STULZ, 1984; SMITH/STULZ, 1985; MAYERS/SMITH, 1990; FROOT/SCHARF-
STEIN/STEIN, 1993; NANCE/SMITH/SMITHSON, 1993; DEMARZO/DUFFIE, 1995; LE-
LAND, 1998; unter anderem versucht STRAUSS, 2009, auf dieser Basis ein Modell zur
Wertrelevanz des Risikomanagements bei Banken zu erarbeiten.
[6]Grundsätzlich möglich ist auch die Bewertung auf Basis der Sicherheitsäquivalentmethode, bei der die Berücksichtigung einer Risikoprämie durch
einen Risikoabschlag vom zu bewertenden Ergebnis bzw. Zahlungsstrom erfolgt. Vgl.
zu einer intensiven Diskussion der Sicherheitsäquivalenzmethode auch KÜRSTEN,
2002; DIEDRICH, 2003; WIESE, 2003; KÜRSTEN, 2003. Diese hat sich jedoch in der
Bewertungspraxis nicht durchgesetzt.
[7]Im Rahmen dieser Arbeit wird ein zahlungsstromorientierter Bewertungsansatz
zugrunde gelegt. Neben diesem existieren auch Bewertungsverfahren, die gewinn-
basierte Erfolgsgrößen zur Unternehmensbewertung nutzen. Vgl. KÜTING/EIDEL,
1999, zu einer knappen Gegenüberstellung.

pitalkostensatz ermittelt sich unter Einbezug der Finanzierung und der steuerlichen Verhältnisse je nach gewähltem Bewertungsverfahren als Eigenkapitalkostensatz oder als gewichtetes Mittel aus Eigen- und Fremdkapitalkostensatz. Zur Bestimmung des Eigenkapitalkostensatzes wird i.d.R. auf das Capital Asset Pricing Model (CAPM) zurückgegriffen, das auf den Annahmen eines vollkommenen Kapitalmarkts beruht.[8] Weitgehende Einigkeit besteht bezüglich der Irrelevanz des unternehmerischen Risikomanagements im Rahmen des neoklassischen Kapitalmarktmodells CAPM.[9]

Neben dem Eigenkapitalkostensatz sind im Discounted-Cashflow (DCF)-Modell der Unternehmensbewertung Fremdkapitalkostensatz, Kapitalstruktur und Cashflow maßgeblich für die Ausprägung des Marktwerts des Eigenkapitals. So gilt es, die Zielgröße auch mittels dieser Variablen zu optimieren. Die Schätzung der Größen bewegt sich außerhalb der Modellwelt des CAPM.[10] An diesem Punkt wird angesetzt und untersucht, welchen Einflüssen mit Bezug zum Risiko des Unternehmens Cashflow, Fremdkapitalkostensatz und Verschuldung unterliegen und wie sich diese Zusammenhänge abbilden lassen. Bewirkt ein Risikomanagement eine Veränderung der einzelnen Komponenten des Unternehmenswertkalküls, die nicht an anderer Stelle kompensiert wird, ist das Risikomanagement wertrelevant.

---

[8]Vgl. Pape, 2010, S. 95 f.

[9]Wobei die Irrelevanz des Risikomanagements außerdem einen vollständigen bzw. arbitragefreien Kapitalmarkt voraussetzt. Ein solcher Kapitalmarkt ist eine notwendige Annahme, um das CAPM für die Unternehmensbewertung nutzbar zu machen.

[10]Die Schätzung des erwarteten Cashflows erfolgt eher über eine Szenariobetrachtung als über die Schätzung einer Verteilungsfunktion, die prinzipiell über den Kapitalkostensatz nachgebildet werden soll. Der Fremdkapitalkostensatz wird nicht auf Basis des CAPM geschätzt, sondern wird aus marktüblichen Fremdkapitalzinsen und den damit verknüpften Ausfallwahrscheinlichkeiten abgeleitet. Auch die Kapitalstruktur wird heuristisch im Sinne einer angestrebten Finanzierungspolitik bestimmt.

Die meisten Literaturmotive des Risikomanagements knüpfen an die Theorie der Neuen Institutionenökonomik an.[11] Auch für die eng verwandte Untersuchung der Finanzierungspolitik von Unternehmen und deren Auswirkung auf den Unternehmenswert ist gemeinhin eine Analyse und Modellierung auf Basis der Neuen Institutionenökonomik[12] etabliert. Im Mittelpunkt der Betrachtung steht hier die Effizienz von ökonomischen Institutionen. Demgemäß wird untersucht, inwiefern das Risikomanagement in einer neoinstitutionalistischen Analyse die Effizienz des Unternehmens beeinflusst und auf diesem Wege auf den Unternehmenswert wirkt.

Während die neoinstitutionalistischen Argumente zur Wertrelevanz des Risikomanagements gemeinhin bekannt sind, blieben industrieökonomische Untersuchungen diesbezüglich bisher weitgehend außen vor.[13] Dabei sind gerade die Marktstruktur einer Branche und die Position des Unternehmens relativ zu seinen direkten Wettbewerbern maßgeblich für die Erwirtschaftung von Wertbeiträgen, wie sie im Interesse der wertorientierten Unternehmensführung sind. Wird der Fokus der Analyse von Unternehmensaktivitäten auf die Betrachtung dieser Produktmarktbeziehungen gelegt, steht für das einzelne Unternehmen das Bestreben im Vordergrund, einen relativen Vorteil gegenüber seinen Wettbewerbern zu erzielen: Im Rahmen dieser Arbeit ist vom Monopolzweck die Re-

---

[11]Vgl. STULZ, 1984; SMITH/STULZ, 1985; MAYERS/SMITH, 1990; FROOT/SCHARFSTEIN/ STEIN, 1993; NANCE/SMITH/SMITHSON, 1993; DEMARZO/DUFFIE, 1995; LELAND, 1998.

[12]Die Neuen Institutionenökonomik stellt Institutionen als sanktionierbare Erwartungen in den Mittelpunkt ihrer Betrachtungen. Beispiele für solche Institutionen sind etwa Verträge oder verschiedene Organisationsstrukturen. Insbesondere die Effizienz der Institutionen ist dabei von Bedeutung. Vgl. PICOT/DIETL/FRANCK, 2008, S. 45 f.

[13]Wie sich Instrumente des Risikomanagements auf den Wettbewerb auf Produktmärkten auswirken, ist eine Forschungsnische im Bereich der Industrieökonomik. Vgl. etwa die Arbeiten von ADAM/DASGUPTA/TITMAN, 2007; MELLO/RUCKES, 2005; LOSS, 2012. Dabei greifen die meisten dieser Arbeiten eine neoinstitutionalistische Motivation des Risikomanagements auf.

de.[14] Hier wird an Arbeiten angeknüpft, die eine Verbindung zwischen
Finanzierungs- und Produktmarktstrategien von Unternehmen untersuchen.[15] Es wird analysiert, inwiefern das Gleichgewicht am Produktmarkt
von einem unternehmensinternen Risikomanagement beeinflusst werden
kann.

Zusammenfassend setzt sich die vorliegende Arbeit mit der Fragestellung
auseinander, welche Effizienz- und Monopoleffekte von einem Risikomanagement innerhalb des Unternehmens ausgehen können und inwiefern
diese Effekte relevant für den Unternehmenswert sind. Dabei greifen die
Koordinationsformen des annähernd vollständigen Kapitalmarktes, unvollständiger Produktmärkte und des Unternehmens ineinander: Ziel der
Arbeit ist auch, zu verdeutlichen, dass im Rahmen der wertorientierten Unternehmensführung ein umfassender Blick auf Unternehmensaktivitäten
von Vorteil ist.

1.2 Einordnung der Arbeit

Bei der vorliegenden Dissertation handelt es sich um eine betriebswirtschaftliche Arbeit, die mit ihrer Fragestellung gemäß CHMIELEWICZ (1994)
sowohl wirtschaftstheoretische als auch wirtschaftsphilosophische Inhalte
thematisiert.[16] Die Wirtschaftstheorie stellt die Frage nach Ursache-
Wirkungs-Zusammenhängen. Diese Frage soll hier in Bezug auf das Risikomanagement und dessen Auswirkungen auf den Unternehmenswert
gestellt werden. Die Wirtschaftsphilosophie dagegen beschäftigt sich mit
der Vorgabe von Zielen. Auch in diesem Kontext ist der Inhalt der Arbeit

---

[14]An vielen Stellen wird in der Literatur die Verbindung zwischen Neoinstitutionalismus und Industrieökonomik aufgezeigt. Häufig werden die beiden als komplementäre
   Sichtweisen auf Unternehmen angeführt. Vgl. WILLIAMSON, 1990a, S. 26; Vgl. zur
   Theorie der Unternehmung mit dem Beispiel der vertikalen Integration TIROLE,
   1998, S.17.
[15]Vgl. etwa BRANDER/LEWIS, 1988.
[16]Vgl. zu dieser Unterscheidung CHMIELEWICZ, 1994, S. 8 ff.

relevant. Konkret wird die Sinnhaftigkeit der Zielsetzung einer Risikobegrenzung im Rahmen des Risikomanagements untersucht. Zwar wird
diese Zielsetzung zunächst als Zweck-Mittel-Beziehung zur Maximierung
des Unternehmenswerts untersucht, allerdings ist auch eine Risikobegrenzung als zusätzliches Ziel der Unternehmensführung Gegenstand der
Untersuchung.

Die Thematik der Arbeit ist verschiedenen (Forschungs-)Disziplinen der
Wirtschaftswissenschaften zuzuordnen. Der übergeordnete Rahmen der
Arbeit ist die Allgemeine Betriebswirtschaftslehre: Der Schwerpunkt der
Analyse liegt auf den Auswirkungen, die das Risikomanagement für die
Zielerreichung des einzelnen Unternehmens hat.

Die *kapitalmarktorientierte Unternehmensbewertung* stellt mit ihrer Fundierung in der neoklassischen Kapitalmarkttheorie die theoretische Grundlage zur Ermittlung der übergeordneten Zielgröße der wertorientierten
Unternehmensführung dar. Sie ist deshalb wichtiger Ausgangspunkt für
die folgenden Ausführungen. Die wertorientierte Unternehmensführung
ist allerdings nicht nur an einer Wertermittlung interessiert,[17] vielmehr
ist das Ziel einer derart gestalteten Unternehmensführung, Strategien
zu entwickeln und umzusetzen, die den Marktwert des Unternehmens
für die Anteilseigner maximieren. Wie ein solches Ziel zu erreichen ist,
ist Gegenstand der betriebswirtschaftlich ausgerichteten *strategischen
Unternehmensführung*. Die strategische Unternehmensführung beschäftigt
sich mit Möglichkeiten für Unternehmen, nachhaltig Wettbewerbsvorteile
zu erzielen. Diese dienen dazu, nachhaltig Überrenditen zu erwirtschaften
und so einen Unternehmenswert zu schaffen, der über dem Buchwert des
investierten Kapitals liegt.

Zudem ist jegliche Frage nach der Sinnhaftigkeit unternehmerischer Aktivitäten auch eine Frage der *Theorie der Unternehmung*. Die Theorie der

---

[17]Die Wertermittlung ist Gegenstand der kapitalmarktorientierten Unternehmensbewertung.

Unternehmung setzt sich grundsätzlich mit den Entstehungsursachen von Unternehmen als Institutionen auseinander und hat zum Untersuchungsgegenstand, welche Unterschiede und ggf. Vorteile die Organisation von Austauschbeziehungen innerhalb eines Unternehmens in Abgrenzung von deren Organisation an einem Markt birgt. Wird dem Risikomanagement bezüglich seiner Zuordnung zu einer marktlichen versus der unternehmensinternen Koordination eine Relevanz zu- bzw. abgesprochen, so gilt es, dies auch aus Perspektive der Theorie der Unternehmung zu untersuchen. Insbesondere die *Neue Institutionenökonomik* bietet einen Analyserahmen für die Koordination innerhalb des Unternehmens, der sich für die Betrachtung des Risikomanagements als nützlich erweist. Die *Industrieökonomik* als verwandte mikroökonomische Disziplin setzt sich mit der marktlichen Koordination im Rahmen des Produktmarktwettbewerbs auseinander. Die strategische Position des Unternehmens ist wiederum wesentlich für die Fähigkeit des Unternehmens, Überrenditen zu erzielen und damit Wert für Anteilseigner zu schaffen.

Offensichtlich besteht eine Vielzahl von Anknüpfungspunkten in den Wirtschaftswissenschaften für die Analyse des Risikomanagements im Rahmen der wertorientierten Unternehmensführung. Die genannten Theorien sind für die Zielsetzung der Arbeit wesentlich, einen möglichst vielschichtigen Einblick in die Wertrelevanz des Risikomanagements zu geben.

Mit der vorliegenden Arbeit wird die Wertorientierung insgesamt in den Kontext der Theorie der Unternehmung gestellt: Die Verbindung zwischen wertorientierter Unternehmensführung, Neuer Institutionenökonomik und Industrieökonomik klingt in diversen Forschungsarbeiten an. Die vorliegende Arbeit will das Risikomanagement ganz gezielt aus Sicht der Neuen Institutionenökonomik und der Industrieökonomik beleuchten und auf diesem Wege seine Relevanz für eine wertorientierte Unternehmensführung aufzeigen. Damit soll auch ein Weg geschaffen werden, das

Instrumentarium der Analyse von Unternehmensaktivitäten zu erweitern.

1.3 Aufbau der Arbeit

Die vorliegende Arbeit ist in vier auf die Einleitung folgende Hauptkapitel untergliedert. Kapitel zwei setzt sich als erstes Hauptkapitel mit den Grundlagen des Risikomanagements auseinander. Dazu wird zunächst eine Definition des Risikobegriffs vorgenommen und es findet eine Auseinandersetzung mit den Entstehungsursachen und der Begründung eines betrieblichen Risikomanagements statt. Schließlich wird das Risikomanagement im Rahmen der neoklassischen Kapitalmarkttheorie untersucht.

Im dritten Kapitel findet eine Auseinandersetzung mit der wertorientierten Unternehmensführung statt. Zunächst werden generelle Überlegungen zur Zielsetzung von Unternehmen präsentiert. Die Wertorientierung wird als eine mögliche Ausprägung eines unternehmerischen Zielsystems identifiziert. Der Unternehmenswertkalkül wird als DCF-Verfahren zur Ermittlung der Zielgröße erläutert und die Komponenten des Wertkalküls werden besprochen. Es folgt eine Einordnung der strategischen Unternehmensführung als Umsetzung der Wertorientierung. Auf dieser Basis werden Überlegungen zur weiteren Untersuchung der Auswirkungen des Risikomanagements auf die identifizierten Komponenten des Wertkalküls angestellt. Die Unterscheidung nach WILLIAMSON (1990a) in einen Monopol- und Effizienzzweck unternehmerischer Aktivitäten wird eingeführt, die die Basis für die Untergliederung der möglichen Werteffekte des Risikomanagements in den beiden nachfolgenden Kapiteln darstellt. Zusätzlich werden einige empirische Arbeiten zusammengefasst, die den Zusammenhang eines unternehmerischen Risikomanagements auf den Unternehmenswert bzw. den Marktpreis des Eigenkapitals untersuchen.

Im vierten Kapitel wird das Risikomanagement aus Sichtweise der Neuen Institutionenökonomik beleuchtet. Positive Werteffekte, die aus einer Reduktion von Transaktions- und Agency-Kosten resultieren, werden als Effizienzeffekte identifiziert. Dazu werden zunächst die Grundlagen der Theorie der Unternehmung beleuchtet. Anschließend werden verschiedene bestehende Theorien zur Wertrelevanz des Risikomanagements in diesen Kontext eingeordnet. Zum einen können Effizienzverluste und Transaktionskosten aus einer drohenden Insolvenz vermindert werden. Zum anderen ist Risiko mit Kosten für die Koordinationssysteme innerhalb des Unternehmens verbunden. Steuervorteile und komparative Kostenvorteile aus einem unternehmerischen Risikomanagement werden als weitere Vorteile aus der Transaktionskostenverminderung kategorisiert.

Im fünften Kapitel wird Risikomanagement als strategisches Instrument im Produktmarktwettbewerb betrachtet. Diese Betrachtung entspricht einer industrieökonomischen Herangehensweise und so wird zunächst die Theorie der Industrieökonomik vorgestellt. Werteffekte, die aus einer günstigeren (angestrebten) Wettbewerbssituation resultieren, werden als Monopoleffekte bezeichnet. Es werden strategische Effekte der Insolvenzgefahr besprochen und Überlegungen angestellt, wie sich in diesem Zusammenhang ein Risikomanagement auswirken könnte. Der darauffolgende Abschnitt bespricht Forschungsarbeiten, die direkt an neoinstitutionalistische Theorien anknüpfen und diese als Gründe für ein Risikomanagement nennen. Hedging[18] wird in diesen Arbeiten vor allem bezüglich seiner Wirkungsweise in bestimmten Marktkonstellationen des Produktmarktwettbewerbs betrachtet. Auf einen kurzen Überblick weiterer Arbeiten, die Hedging in Bezug zum Wettbewerb an Produktmärkten setzen, folgt

---

[18]Hedging ist eine Maßnahme des Risikomanagements, die die Absicherung des Unternehmens zum Ziel hat.

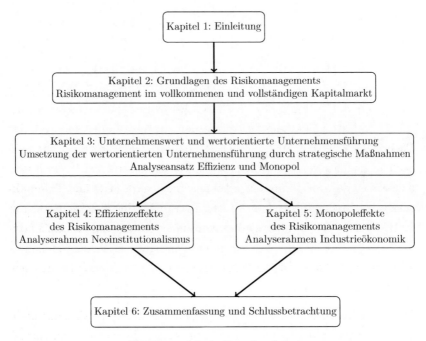

Abbildung 1.1: Aufbau der Arbeit

eine Analyse des Risikomanagements als Commitment-Instrument, also als Mittel zur glaubwürdigen Selbstverpflichtung.

Eine Schlussbetrachtung resümiert die Ergebnisse der Arbeit und gibt einen Ausblick auf weiteren Forschungsbedarf. Abbildung 1.1 fasst den Aufbau der Arbeit noch einmal schematisch zusammen.

2 Grundlagen des Risikomanagements

Die Übernahme von Risiken ist konstituierender Bestandteil der Unternehmenstätigkeit.[1] In den letzten Jahren, insbesondere seit den Finanzkrisen der 2000er Jahre, ist das Risikomanagement als eigenständiger Funktionsbereich mehr und mehr in den Fokus der Unternehmensführung gerückt.[2] Mittlerweile sind diese Auseinandersetzung mit der Risikoposition des Unternehmens und auch die Absicherung von Risiken im Unternehmensumfeld fest in die Führungssysteme der meisten Unternehmen integriert.[3]

Im Folgenden wird zunächst eine Einordnung und Definition der wichtigsten Begriffe des Risikomanagements vorgenommen. Außerdem wird auf die Relevanz von Risikomanagement-Systemen in der betrieblichen Praxis mit besonderem Bezug zu gesetzlichen Anforderungen eingegangen. Am Ende des Kapitels wird die Veränderung der Risikoposition eines Unternehmens durch betriebliches Risikomanagement aus Sicht der neoklassischen Kapitalmarkttheorie untersucht.

---

[1]Vgl. TÖPFER, 2005, S. 80 f.

[2]Vgl. etwa KÜRSTEN, 2006b, S. 180. Vor allem führten diese Krisen zu einer massiven Kritik an den bestehenden Risikomanagement-Systemen, was eine intensive Auseinandersetzung mit der Thematik nach sich zog, vgl. HULL, 2014, S. 152.

[3]Vgl. etwa SOIN/COLLIER, 2013, S. 82, die sich mit der gestiegenen Bedeutung des Risikomanagements im Internen Rechnungswesen auseinandersetzen. JORION, 1997, S. 4 f. nennt mit dem Zusammenbruch des festen Wechselkurssystems 1973 und dem Schwarzen Montag von 1987 und anderen einige weitere Krisen-Situationen an den Kapitalmärkten, die das Risikobewusstsein der ökonomischen Akteure beeinflusst haben. Vgl. auch FRANKE/HAX, 2009, S. 629.

2.1 Risikobegriff

Der Begriff „*Risiko*" umfasst eine Vielzahl von Bedeutungen.[4] Je nach
Kontext kann darunter eine Situation mit ungewissem (negativen) Ausgang, eine Wahrscheinlichkeit eines ungewissen (negativen) Ausgangs,
oder der ungewisse (negative) Ausgang einer zufälligen Situation verstanden werden, um nur eine Auswahl zu nennen. Im Folgenden werden
verschiedene Definitionen und damit auch Dimensionen des Risikobegriffs
erörtert, die im Kontext der Arbeit relevant sind.

2.1.1 Risikodefinition

In der betriebswirtschaftlichen Forschung und Lehre kommt dem Risikobegriff vor allem in Entscheidungssituationen eine besondere Bedeutung
zu. In der Entscheidungstheorie kennzeichnet das Risiko eine besondere
Art der unsicheren Erwartungsstruktur. Unsicherheit bedeutet, dass es
(a) Einflussfaktoren auf das Ergebnis gibt, die nicht dem Handlungs-
spielraum des Entscheiders zuzuordnen sind, sondern vielmehr exogen
bestimmt sind. Zusätzlich müssen, um das Kriterium der Unsicherheit zu
erfüllen, (b) mehrere Ausprägungen eines Einflussfaktors mit positiver
Wahrscheinlichkeit eintreten können. Jede dieser einander ausschließenden
Ausprägungen – bzw. Kombination von Ausprägungen bei verschiedenen exogen bestimmten Einflussfaktoren – wird als (Umwelt-)Zustand
bezeichnet.[5]

Es ist zwischen Situationen der Unsicherheit im engeren Sinne und des
Risikos als Subkategorien der Unsicherheit im weiteren Sinne gemäß
KNIGHT (1921) zu unterscheiden: Bei *Unsicherheit i.e.S.* kann der Ent-
scheider den verschiedenen möglichen Zuständen keine Wahrscheinlich-

---

[4]Vgl. DÖRSCHELL/FRANKEN/SCHULTE, 2009, S. 13; WOLF, 2003, S. 37.
[5]Vgl. LAUX, 2014, S. 32 ff.; SIEBEN/SCHILDBACH, 1994, S. 18 ff.

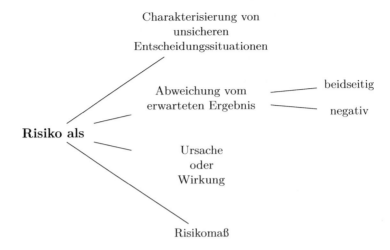

Abbildung 2.1: Dimensionen des Risikobegriffs (eigene Darstellung)

keiten zuordnen, während dies in *Risiko*-Situationen möglich ist.[6] Die Betriebswirtschaftslehre (BWL) hat sich die KNIGHTsche Unsicherheitsdefinition zu eigen gemacht und misst Risikosituationen eine größere Bedeutung bei.[7]

Wichtiges Instrumentarium für die Beurteilung von Risikosituationen im KNIGHTschen Sinne ist die Stochastik als Teilgebiet der Mathematik.

---

[6]Vgl. KNIGHT, 1921, S. 20; es wird zudem unterschieden zwischen der *a priori* Wahrscheinlichkeit – wie etwa beim Wurf eines perfekten Würfels – und der aus statistischen Erhebungen der Vergangenheit geschätzten Verteilung, vgl. KNIGHT, 1921, S. 233.

[7]Vgl. LAUX, 2014, S. 22; auch wenn sich über die Objektivierbarkeit der meisten dieser Wahrscheinlichkeiten im KNIGHTschen Sinne streiten lässt: Dieser differenziert klar zwischen einer Quantifizierung, die auf der schieren Ignoranz theoretisch verfügbarer Informationen aufbaut und der 'wahren' Wahrscheinlichkeit, vgl. KNIGHT, 1921, S. 218 f. In der Entscheidungstheorie und BWL dagegen ist die Nutzung von Wahrscheinlichkeiten bei einem bestimmten Informationsstand bzw. von subjektiven Wahrscheinlichkeitseinschätzungen ein Standardvorgehen, vgl. LAUX, 2014, S. 295 ff.; SIEBEN/SCHILDBACH, 1994, S. 26. KNIGHT, 1921, S. 20, benennt die grundlegende Eigenschaft von Unsicherheitssituationen im Gegensatz zu Risiko als Erklärung dafür, dass es sogar im langfristigen Gleichgewicht Gewinne für Unternehmer geben kann: „it is true uncertainty, and not risk, which forms the basis of a valid theory of profit".

Die Stochastik beschäftigt sich mit den Auswirkungen des Zufalls auf Vorgänge und Ereignisse und versucht, diese Zufallseinflüsse in mathematischen Modellen abzubilden.[8] In der Stochastik werden die Begriffe „Risiko" und „Wahrscheinlichkeit" häufig synonym verwendet.[9] In diesem Zusammenhang trägt der Ausdruck Risiko oftmals eine negativ wertende Konnotation. Er wird vor allem für die Eintrittswahrscheinlichkeit derjenigen Ereignisse verwendet, die weniger erwünscht sind.

Ein qualitativ-wertendes Verständnis des Risikos kommt auch in einer weiteren Risikodefinition zum Ausdruck: *Risiko im engeren Sinne* wird danach mit der Gefahr einer negativen Abweichung von einem angestrebten Ergebnis gleichgesetzt. Ein Risikobegriff, der sowohl negative als auch positive Abweichungen beinhaltet, wird als *Risiko im weiteren Sinne* bezeichnet.[10] Das Risiko kann ins Verhältnis zum Wagnis[11] als Risikoursache gesetzt werden. Die Chance ist das positive Gegenstück des Risikos i.e.S. bzw. ein Bestandteil des Risikos i.w.S.[12] Im Gegensatz zur Begriffsverwendung in der Stochastik wird hier unter einem Risiko meist das Ereignis an sich verstanden, und nicht dessen Eintrittswahrscheinlichkeit.[13]

In dieser Risikodefinition stellt das Risiko eine *Wirkung* dar. Andererseits wird der Begriff „Risiko" auch im Sinne einer *Ursache* für zufällige, unter Umständen negative, Auswirkungen verstanden.[14] Risikosituationen im betriebswirtschaftlichen Umfeld werden häufig nach den wahrgenomme-

---

[8] Die Stochastik beinhaltet die Teilgebiete der Wahrscheinlichkeitstheorie und der Statistik, vgl. HENZE, 2013, S. 1; MÖBIUS/PALLENBERG, 2013, S. 1 f.

[9] Bspw.: Das Risiko, dass Ereignis A eintritt, beträgt 20%.

[10] Vgl. BUSSMANN, 1955, S. 19: „Wagnis bzw. Risiko ist Verlustgefahr".

[11] Das Wagnis bezeichnet hier eine Handlung, die mit Gefahren und Risiken verbunden ist, aber auch eine Chance beinhaltet.

[12] Vgl. MÖBIUS/PALLENBERG, 2013, S. 1.

[13] Die Verwendung des Begriffs „Risiko" in diesem Sinne erfolgte schon im 14. Jahrhundert im Bereich der Seefahrt norditalienischer Stadtstaaten. Risiko stand hier für die Gefahr, dass das Schiff gekapert oder an Klippen zerschellen würde. Vgl. NGUYEN/ROMEIKE, 2012, S. 4.

[14] Vgl. BRAUN, 1984, S. 22, der Risikodefinitionen in ursachenbezogene und wirkungsbezogene Ansätze unterteilt.

nen Gründen für die Unsicherheitssituation in verschiedene *Risikoarten*
kategorisiert. Es wird benannt, welche Einflüsse dazu beitragen, dass das
Ergebnis einer Unsicherheit ausgesetzt ist.[15]

Der Risikobegriff im Sinne der Finanzwirtschaft wird meist gleichbedeutend verwendet mit einer Kenngröße, die die Abweichung von einem erwarteten Ergebnis ausdrückt.[16] JORION (1997) definiert Risiko
sogar geradeheraus als die Volatilität risikobehafteter Ergebnisse.[17] Dieses
Verständnis von Risiko setzt den Begriff gleich mit einer Quantifizierung
der Unsicherheit durch das Streuungsmaß einer Verteilungsfunktion. Ein
Risiko in diesem Sinne ist ein *Risikomaß*.

Nicht zuletzt die Vielfalt der Verständnismöglichkeiten des Risikobegriffs
erschweren den Umgang mit „dem" Risiko. Abbildung 2.1 zeigt die verschiedenen aufgeführten Interpretationen des Risikobegriffs nochmals zusammenfassend auf. Dabei sind die Grenzen dieser Auffassungsmöglichkei-
ten fließend, bzw. können mit dem Wort Risiko gleich mehrere dieser
Dimensionen angesprochen sein.

Im Rahmen dieser Arbeit wird ein Definitionsansatz zugrundegelegt, der
dem entscheidungstheoretischen Verständnis entspricht: Risiko beschreibt
den Umstand, dass das Ergebnis einer Aktionswahl mit Unsicherheit be-
haftet ist. Dabei lässt sich die Unsicherheit durch eine Verteilungsfunktion
der Ergebnisse beschreiben.

---

[15]Beispiele für Risikoarten sind systematische und unsystematische Risiken sowie
finanzwirtschaftliche und leistungswirtschaftliche Risiken, die im Abschnitt 2.1.3
besprochen werden.
[16]Vgl. DIGGELMANN, 1999, S. 32; PERRIDON/STEINER, 2007, S. 100 f.
[17]Vgl. JORION, 1997, S. 3. Tatsächlich wird hier der Terminus „Volatilität unerwarteter
Ergebnisse" verwendet, was eine Doppelung des Unsicherheitsbegriffs darstellt:
„*Risk* can be defined as the volatility of unexpected outcomes".

2.1.2 Risikomaße

Um eine Risikosituation gemäß KNIGHT (1921) messbar zu machen, müssen Umweltzuständen konkrete Wahrscheinlichkeiten zugeschrieben werden. Die Stochastik setzt sich mit möglichen Verteilungsfunktionen auseinander, die diese Wahrscheinlichkeiten für einen ganzen Zustandsraum[18] definieren.

Risikomaße zielen darauf ab, Handlungsalternativen hinsichtlich ihres Risikogehalts vergleichbar zu machen.[19] Sie sollen in verdichteter Form Informationen über Wahrscheinlichkeitsverteilungen liefern und dienen so der Entscheidungsvorbereitung.[20] Risikomaße sind in der Entscheidungstheorie aus verschiedenen Charakteristika von Verteilungsfunktionen abgeleitet. Vor allem Streuungsmaße, Lagemaße und Zusammenhangsmaße kommen zum Einsatz mit dem Ziel, „das Risiko" einer (Entscheidungs-) Situation messbar zu machen.[21]

Im Folgenden werden die im Rahmen der Arbeit relevanten Risikomaße der Varianz bzw. Standardabweichung, der Kovarianz, Korrelation und des daraus abgeleiteten Beta-Faktors sowie der Value at Risk vorgestellt.

2.1.2.1 Varianz und Standardabweichung

In der Stochastik dienen der Beschreibung von Abweichungen vom Mittelwert vor allem Streuungsmaße. Die Varianz $Var[\cdot]$ und die Standardabweichung $\sigma = \sqrt{Var[\cdot]}$ sind solche Streuungsmaße und beschreiben die Verteilung einer Zufallsvariablen um ihren Erwartungswert.[22] Sie

---

[18]Ein Zustandsraum ist die Menge aller möglichen Zustände.
[19]Vgl. LAUX, 2014, S. 96; NGUYEN/ROMEIKE, 2012, S. 6; FRANKE/HAX, 2009, S. 268.
[20]Vgl. FRANKE/HAX, 2009, S. 268.
[21]Vgl. NGUYEN/ROMEIKE, 2012, S. 6 ff.
[22]Vgl. NGUYEN/ROMEIKE, 2012, S. 7 f.; hier findet sich außerdem eine Übersicht stochastischer Streuungsmaße, die in der vorliegenden Arbeit nicht umfassend erläutert werden.

gelten als die am häufigsten verwendeten Risikomaße.[23] STULZ (1996) bezeichnet die Verringerung der Varianz von Cashflows als vorherrschende Zielsetzung des Risikomanagements.[24]

Die Varianz ist der Erwartungswert der quadrierten Abweichung der Zufallsvariablen vom Erwartungswert der Zufallsvariablen und entspricht der Standardabweichung σ_Z im Quadrat:[25]

$$Var[\tilde{Z}] = \sigma_Z^2 = E[(\tilde{Z} - E[\tilde{Z}])^2].$$

Die Varianz misst damit die Abweichung einer Zufallsvariablen von ihrem Erwartungswert in beide Richtungen und entspricht einem Verständnis des Risikos i.w.S.[26] Bei einer Varianz $Var[\tilde{Z}] = 0$ handelt es sich bei Z um eine sichere Größe.

Die häufige Verwendung der Varianz und der Standardabweichung als Risikomaße in der BWL geht nicht zuletzt zurück auf MARKOWITZ, der als Begründer der Portfoliotheorie gilt.[27] In seiner grundlegenden Veröffentlichung im *Journal of Finance* von 1952 werden die erwartete Rendite und die Varianz der erwarteten Rendite als Maßstab für die Auswahl und Kombination von risikobehafteten Wertpapieren beschrieben.[28]

---

[23]Vgl. FRANKE/HAX, 2009, S. 269.
[24]Vgl. STULZ, 1996, S. 8.
[25]Vgl. NGUYEN/ROMEIKE, 2012, S. 7 f.
[26]Vgl. NGUYEN/ROMEIKE, 2012, S. 7 f.
[27]Vgl. dazu auch Abschnitt 2.2.3.1.
[28]MARKOWITZ, 1952, S. 89, folgt der begrifflichen Einordnung, die Risiko mit dem Risikomaß in Form der Varianz quasi gleichsetzt: „The concepts "yield" and "risk" appear frequently in financial writings. Usually if the term "yield" were replaced by "expected yield" or "expected return," and "risk" by "variance of return," little change of apparent meaning would result."

2.1.2.2 Kovarianz, Korrelationskoeffizient und Beta-Faktor

Die Kovarianz und der Korrelationskoeffizient sind Zusammenhangsmaße. Sie geben die Richtung und die Stärke des Zusammenhangs von zwei Zufallsvariablen an. Aus der Kovarianz der Rendite eines Wertpapiers[29] mit der Rendite des Marktes ermittelt sich der Betafaktor des Wertpapiers.[30] Dieses Risikomaß ist für die wertorientierte Unternehmensführung von großer Bedeutung, weil es maßgeblichen Einfluss auf die Höhe des Eigenkapitalkostensatzes hat.[31]

Die Kovarianz gibt den Erwartungswert des Produkts der Abweichungen zweier Zufallsvariablen $\tilde{Z}$ und $\tilde{Y}$ von ihrem jeweiligen Erwartungswert an:[32]

$$Cov[\tilde{Y}, \tilde{Z}] = E[(\tilde{Y} - E[\tilde{Y}])(\tilde{Z} - E[\tilde{Z}])]$$
$$= E[\tilde{Y} \cdot \tilde{Z}] - E[\tilde{Y}]E[\tilde{Z}].$$

Bei zwei voneinander unabhängigen Variablen ergibt sich eine Kovarianz von Null.

Der Korrelationskoeffizient ist ein Maß für den linearen Zusammenhang von Zufallsvariablen. Er kann je nach Richtung und Größenordnung des Zusammenhangs Werte zwischen -1 und 1 annehmen.[33] Die Kor-

[29]Als Wertpapiere werden am Kapitalmarkt gehandelte Ansprüche auf zukünftige Zahlungen bezeichnet, vgl. DIEDRICH/DIERKES, 2015, S. 38. Wertpapiere des Unternehmens i sind gehandelte Unternehmensanteile und verbriefen Vermögensrechte, die ein Bündel von Nutzungs- und Verfügungsrechten beinhalten, vgl. GRÖGER, 2009, S. 29.
[30]Vgl. PERRIDON/STEINER, 2007, S. 270.
[31]Insofern zur Ermittlung des Eigenkapitalkostensatzes auf das Capital Asset Pricing Model zurückgegriffen wird. Vgl. dazu auch die Abschnitte 2.2.3.2 und 3.3.2.2.
[32]Vgl. NGUYEN/ROMEIKE, 2012, S. 9.
[33]Vgl. auch JORION, 1997, S. 151 f. Dabei steht ein positiver (negativer) Wert für einen positiven (negativen) linearen Zusammenhang der Zufallsvariablen. Bei einem Wert von Null besteht lineare Unabhängigkeit. Lineare Unabhängigkeit ist allerdings nicht gleichzusetzen mit Unabhängigkeit, vgl. HULL, 2014, S. 277

relation als Korrelationskoeffizient zweier Zufallsvariablen ergibt sich als:[34]

$$\rho[\tilde{Y}, \tilde{Z}] = \frac{Cov[\tilde{Y}, \tilde{Z}]}{\sqrt{Var[\tilde{Y}]Var[\tilde{Z}]}}.$$

Zusammenhangsmaße sind vor allem für die Beurteilung von Portefeuilles von Bedeutung. In der Portfoliotheorie werden sie benötigt, um Varianzen für das Gesamt-Portfolio zu ermitteln.[35] Je niedriger die Kovarianzen bzw. Korrelationen zwischen den Renditen einzelner Wertpapieren ausgeprägt sind, desto niedriger ist die Gesamtvarianz des Portfolios.[36]

Der Betafaktor ergibt sich aus der Kovarianz der Rendite eines einzelnen Wertpapiers r_i mit der Rendite des Marktes r_M und wird durch die Division mit der Marktvarianz auf Basis des Marktrisikos normiert:[37]

$$\beta = \frac{Cov[\tilde{r}_i, \tilde{r}_M]}{Var[\tilde{r}_M]}$$

Der Betafaktor ist ein relatives Risikomaß, das ausdrückt, inwiefern das Risiko eines einzelnen Wertpapiers[38] linear mit dem Risiko des Marktes korreliert ist.[39] Dieses Risikomaß wird auch als systematisches Risiko oder Marktrisiko bezeichnet.[40]

---

[34]Vgl. NGUYEN/ROMEIKE, 2012, S. 9.
[35]Vgl. FRANKE/HAX, 2009, S. 648 f.; PERRIDON/STEINER, 2007, S. 242 f.
[36]Vgl. PERRIDON/STEINER, 2007, S. 270.
[37]Vgl. PERRIDON/STEINER, 2007, S. 255.
[38]Wobei mit Risiko im Sinne der Portfoliotheorie hier die Standardabweichung gemeint ist.
[39]Vgl. PERRIDON/STEINER, 2007, S. 256.
[40]Vgl. dazu auch Abschnitt 2.1.3.2.

2.1.2.3 Value at Risk

Ausgehend von der Bankenbranche hat sich in den letzten Jahren der
Value at Risk (VaR) als Risikomaß verbreitet.[41] Hier besteht gemäß
Bankenregulierung die Möglichkeit, den Mindestbestand an regulatorisch
gefordertem Eigenkapital auf Basis des VaR zu ermitteln.[42] Der VaR wird
auch bei der Beurteilung der Insolvenzwahrscheinlichkeit eingesetzt.[43]
Die Verringerung der Insolvenzgefahr ist von zentraler Bedeutung für das
Risikomanagement[44] und so ist der VaR im Rahmen der vorliegenden
Untersuchung von besonderer Relevanz.[45]

Der VaR gibt eine Verlusthöhe in Geldeinheiten an, die mit einer bestimmten Wahrscheinlichkeit $1 - \alpha$[46] innerhalb eines bestimmten Zeitraums
nicht überschritten wird.[47] Er ist damit ein Lagemaß und entspricht dem
α-Quantil einer Verteilung.[48]

Für den VaR mit einem Konfidenzniveau $1 - \alpha$ gilt:[49]

---

[41] Der Vorstandsvorsitzende der US Bank JPMorgan, forderte den VaR ab Anfang
der 1990er Jahre als Bestandteil eines täglichen, umfangreichen Risikoberichts an.
Vgl. HULL, 2014, S. 222 f.

[42] Vgl. NGUYEN/ROMEIKE, 2012, S. 525; SCHIERENBECK/LISTER/KIRMSSE, 2014, S. 377
zum ersten Mal trat eine Vereinbarung zur Mindestausstattung mit Eigenkapital, die den VaR einbezieht, 1998 in Kraft. Vgl. HULL, 2014, S. 223; vgl. zur
Bankenregulierung auch Abschnitt 2.2.2.1.

[43] Vgl. FRANKE/HAX, 2009, S. 649; die Definition der Insolvenzschranke ist schwierig,
deshalb erfolgt die Vorgabe über ein maximal zulässiges Verlustpotential.

[44] Vgl. KÜRSTEN, 2006a, S. 6-8, 2006b, S. 188.

[45] Vgl. insbesondere die Abschnitte 4.4 und 5.3.

[46] Diese Wahrscheinlichkeit wird auch als Konfidenzniveau bezeichnet.

[47] Vgl. HULL, 2014, S. 223; JORION, 1997, S. 19.

[48] Vgl. FRANKE/HAX, 2009, S. 650. Für die Ermittlung des VaR müssen explizite oder
implizite Verteilungsannahmen getroffen werden. Vgl. dazu weiterführend etwa
WOLKE, 2015, S. 30 ff.

[49] Die Zufallsvariable $\tilde{Z}$ entspricht hier einer zufälligen Gewinngröße in Geldeinhei-
ten.Ein Verlust entspricht einem negativen Ergebnis und deshalb muss bei einem
Verlust, der größer gleich dem VaR ist, gelten: $\tilde{Z} \leq VaR_\alpha$. Es gibt sowohl die
Möglichkeit, den VaR aus einer Wahrscheinlichkeit von *Verlusten* zu
ermitteln – dann ist der VaR ein positiver Wert und Gewinne sind negativ – als
auch, die Wahrscheinlichkeitsverteilung in *Gewinnen* auszudrücken, vgl. HULL,
2014, S. 223. Im letzten Fall resultiert ein negativer VaR. In der vorliegenden Arbeit
wird der letzteren Konvention gefolgt.

$$P(\tilde{Z} \leq VaR_{1-\alpha}) = \alpha$$
$$= 1 - P(\tilde{Z} > VaR_{1-\alpha})$$

$$\Leftrightarrow \quad VaR_{1-\alpha} = F_{\tilde{Z}}^{-1}(\alpha).$$

Hier beschreibt $P(\tilde{Z} \leq VaR_{1-\alpha})$ die Wahrscheinlichkeit, dass der Verlust den VaR übersteigt.[50] Der VaR entspricht dem Wert der Umkehrfunktion der Verteilungsfunktion der Gewinne.

Der VaR spiegelt damit ein Verständnis des Risikos im engeren Sinne wider, das die negativ bewertete Abweichung von einem gewünschten bzw. erwarteten Ergebnis bedeutet. Dies wird als Vorteil des VaR gegenüber etwa der Standardabweichung als Risikomaß angeführt, weil gerade die Konsequenzen stark negativer Abweichungen, wie bspw. eine Insolvenz, in der Unternehmensführung abzuwehren sind.[51]

2.1.3 Risikoarten

Es gibt zahlreiche Ansätze zur Systematisierung von Risikoarten. Dabei orientiert sich der Systematisierungsansatz an der jeweiligen Fragestellung der Betrachtung.[52] Hilfreich für die Abgrenzung von Risikoarten kann die Bildung von dichotomischen Begriffspaaren sein.[53] Im Folgenden sollen zwei dieser Begriffspaare kurz erläutert werden.

2.1.3.1 Leistungswirtschaftliche und finanzwirtschaftliche Risiken

Die Aktivitäten eines Unternehmens lassen sich in einen leistungswirt-schaftlichen und einen finanzwirtschaftlichen Bereich kategorisieren. Ana-

---

[50]Weil der VaR als Verlust negativ ist, wird er formal unterschritten.
[51]Vgl. STULZ, 1996, S. 6-8.
[52]Vgl. WOLKE, 2015, S. 7.
[53]Vgl. SCHIERENBECK/LISTER/KIRMSSE, 2014, S. 371.

log dazu können auch die Risiken eingeordnet werden, denen das Unternehmen ausgesetzt ist.[54] Meist sind hier Risiken im engeren Sinne gemeint, also die Gefahr einer negativen Abweichung von einem Ziel.

Leistungswirtschaftliche Risiken sind verbunden mit der Güter- und Dienstleistungserstellung durch Unternehmen und deren Absatz an Märkten. WOLKE (2015) unterteilt diese Risiken weiter: Betriebsrisiken sind mit dem Prozess der Leistungserstellung verknüpft, Absatzrisiken betreffen das Erzielen von Umsatzerlösen und Beschaffungsrisiken hängen mit dem Bezug von materiellen und immateriellen Gütern zusammen.[55]

Finanzwirtschaftliche Risiken betreffen die Finanzierung und Liquidität des Unternehmens. Sie lassen sich untergliedern in Marktpreisrisiken[56], Kreditrisiken[57] und Liquiditätsrisiken[58].

Eine Abgrenzung finanzwirtschaftlicher und leistungswirtschaftlicher Risiken[59] ist dabei in vielen Fällen nicht vollständig möglich, bzw. erfolgt durch unterschiedliche Blickwinkel auf denselben Sachverhalt: So kann etwa ein Absatzrisiko mit der Gefahr eines Umsatzrückgangs ein Liquiditätsrisiko mit sich bringen – im Wesentlichen sind leistungs- und finanzwirtschaftliches Risiko also zwei Seiten einer Medaille.

---

[54]Vgl. WOLKE, 2015, S. 7; diese Systematisierung entspricht der Systematisierung von Zahlungsströmen des Unternehmens, die es im Rahmen der Unternehmensbewertung zu bewerten gilt, vgl. DIEDRICH/DIERKES, 2015, S. 35.

[55]Vgl. WOLKE, 2015, S. 257 ff.

[56]Diese Risiken können weiter kategorisiert werden in: Zinsänderungsrisiko, Wechselkursrisiko, Aktienkursrisiko und Immobilienpreisrisiko.

[57]Hier steht die Bonitätsbeurteilung im Vordergrund; damit verbunden sind das Ausfallrisiko und das Zinsänderungsrisiko.

[58]Diese bezeichnen das Risiko, dass eine Unternehmen nicht zu jeder Zeit seinen finanziellen Verpflichtungen nachkommen kann, bzw. sich benötigte Liquidität nicht oder nur zu prohibitiv hohen Kosten beschaffen kann. Vgl. WOLKE, 2015, S. 203.

[59]Auch die genannten Subkategorien finanzwirtschaftlicher und leistungswirtschaftlicher Risiken sind nicht überschneidungsfrei bzw. betrachten dieselbe Risikosituation aus unterschiedlicher Perspektive.

2.1.3.2 Systematisches und unsystematisches Risiko

Die Risikoarten systematisches und unsystematisches Risiko sind einer kapitalmarktbezogenen Betrachtung zuzuordnen.[60] Sie sind insbesondere in Bezug auf die Irrelevanz des Risikomanagements in der neoklassischen Kapitalmarkttheorie von besonderer Bedeutung.[61] Dieser Unterscheidung nach wird das Gesamtrisiko eines Wertpapiers bzw. eines Portfolios in zwei Komponenten aufgeteilt. Das Gesamtrisiko wird durch die Standardabweichung[62] der erwarteten Rendite gemessen.[63]

Die Aufteilung des Risikos in eine systematische und eine unsystematische Komponente entspricht der Weiterentwicklung des Portfolio-Selection-Modells zur Kapitalmarktlinie und schließlich zur Wertpapiermarktlinie des Capital Asset Pricing Model (CAPM).[64] Das Risiko des Marktportfolios σ_M ist das systematische Risiko des Marktes – es ist nicht weiter diversifizierbar und kann höchstens durch Kombination mit der risikolosen Anlage reduziert werden.[65]

Das CAPM zeigt auf, welche Größen in einem vollkommenen Markt Determinanten des Preises eines Wertpapiers i bzw. der erwarteten Rendite des Wertpapiers sind. Lediglich der Anteil des Gesamtrisikos σ_i nimmt hierauf Einfluss, der mit dem Risiko des Marktportfolios σ_M linear korreliert ist. Diese Komponente des Gesamtrisikos eines Wertpapiers ermittelt sich als $\rho_{i,M}\sigma_i$ und wird als dessen systematisches Risiko bezeichnet.[66] Der Zusammenhang der erwarteten Rendite eines Wertpapiers mit des-

---

[60]Vgl. PAPE, 2010, S. 88.
[61]Vgl. dazu Abschnitt 2.2.3.
[62]Bzw. durch die Varianz.
[63]Dies entspricht der Risikomessung im Rahmen des Portfolio-Selection-Modells. Vgl. MARKOWITZ, 1952. Ebenfalls entspricht diese Verwendung einem vielfach gebrauchten finanzwirtschaftlichen Verständnis des Risikobegriffs. Vgl. dazu auch Abschnitt 2.2.3.1 sowie DIGGELMANN, 1999, S. 32; PERRIDON/STEINER, 2007, S. 100 f.
[64]Vgl. die Abschnitte 2.2.3.1 und 2.2.3.2.
[65]Vgl. PERRIDON/STEINER, 2007, S. 252; DIEDRICH/DIERKES, 2015, S. 61 f.
[66]Vgl. SHARPE, 1964, S. 438 f.; DIEDRICH/DIERKES, 2015, S. 61.

sen systematischem Risiko wird im CAPM in der Wertpapiermarktlinie abgebildet.[67]

Das unsystematische Risiko lässt sich demnach durch Diversifikation vollständig eliminieren.[68] Jedoch verbleibt stets das systematische Risiko des Marktes, weshalb auch vom Marktrisiko die Rede ist. Das systematische Risiko ergibt sich für das Marktportfolio als Standardabweichung der Marktrendite. Für ein einzelnes Wertpapier bestimmt es sich aus der Kovariabilität der Wertpapierrendite mit der Marktrendite, da diese Kovariabilität bestimmend ist für den Beitrag des einzelnen Wertpapiers zum Gesamtrisiko des Marktportfolios. Der Betafaktor der Wertpapier-marktlinie ist ein relatives Maß für diese Kovariabilität und wird deshalb auch als Maß für das systematische Risiko genutzt.[69]

---

[67]Vgl. DIEDRICH/DIERKES, 2015, S. 60; vgl. auch Abschnitt 2.2.3.2.

[68]Vgl. PERRIDON/STEINER, 2007, S. 256.

[69]Vgl. PERRIDON/STEINER, 2007, S. 256; vgl. auch Abschnitt 2.1.2.2. Diverse Forschungsarbeiten zielen darauf ab, Eigenschaften des Unternehmens und des Unternehmensumfelds zu identifizieren, die bestimmend für das systematische Risiko des Unternehmens (bzw. der entsprechenden Wertpapiere) und damit den Betafaktor sind. Aus mikroökonomischer Perspektive werden als Determinanten des systematischen Risikos von CONINE, 1983, etwa genannt: die Preiselastizität der Nachfrage sowie Sicherheitsäquivalente der Nachfrageparameter und der variablen Kosten bzw. deren Kovarianz zum Cash Flow des Marktportfolios. LEE/THOMAS LIAW/RAHMAN, 1990, verknüpfen in ihrer Untersuchung Marktmacht und Kapitalintensität mit systematischem Risiko und kommen zu dem Ergebnis, dass beide Größen den Beta-Faktor vermindern. Allerdings wird der Einfluss der Kapitalintensität durch eine höhere Marktmacht abgeschwächt. Vgl. für ähnliche Ergebnisse in Bezug auf die Kapitalintensität auch BOOTH, 1991. Auch dem Operating Leverage wird ein Einfluss auf das systematische Risiko nachgesagt: Je größer der Anteil der Fixkosten im Vergleich zu variablen Kosten, desto größer ist demgemäß das resultierende systematische Risiko. Vgl. LEV, 1974. Auch DANTHINE/DONALDSON, 2002, stützen den Zusammenhang von Operating Leverage und systematischem Risiko: sie sehen hier eine Parallele zum Financial Leverage, also dem finanziellen Risiko, das ebenfalls ein höheres systematisches Risiko nach sich zieht. MOYER/CHATFIELD, 1983, finden einen Zusammenhang zwischen der Anbieterkonzentration einer Branche und deren systematischem Risiko; je höher die Konzentration des Marktes desto geringer ist in ihrer Untersuchung der Betafaktor. Vgl. zu den genannten und weiteren fundamentalen Einflussfaktoren auf das systematische Risiko auch umfassend SCHELD, 2013.

2.2 Risikomanagement

In den folgenden Abschnitten wird das Risikomanagement zunächst definiert. Im Anschluss werden mögliche Gründe für ein Risikomanagement
aus rechtlicher und ökonomischer Perspektive erörtert und schließlich
die Irrelevanz des Risikomanagements am neoklassischen Kapitalmarkt
gezeigt.

2.2.1 Risikomanagementdefinition

Ebenso wie der Risikobegriff selbst umfasst auch der Begriff Risikomanagement mehrere Verständnismöglichkeiten. Für den zweiten Teil des
Kompositums,[70] „Management", kann sowohl eine institutionelle als auch
eine funktionelle Bedeutung zugrunde gelegt sein. Management als *Funktion* betont die Prozesse und Aufgaben, die zur Planung, Organisation,
Kontrolle und Koordination innerhalb des Unternehmens notwendig sind.
Management als *Institution* legt den Fokus auf diejenigen Personengruppen und Instanzen, die solche Aufgaben wahrnehmen.[71]

Seinen Ursprung als betriebliche (a) Institution und (b) Funktion hat das
Risikomanagement als (a) niedrigrangige Position in den Treasury Abtei-
lungen amerikanischer Unternehmen, deren (b) Aufgabe hauptsächlich
im Abschluss von Versicherungen bestand.[72]

Wolke (2015) definiert Risikomanagement als Messung und Steuerung aller betriebswirtschaftlicher Risiken unternehmensweit.[73] Nguyen (2008)
bezeichnet Risikomanagement als „ein System zur Handhabung von

---

[70]Voranstehend wurden bereits grundlegend die im Rahmen der Arbeit relevanten
Bedeutungsmöglichkeiten und der Kontext des Grundmorphems Risiko erörtert.
[71]Vgl. Töpfer, 2005, S. 125; Nguyen, 2008, S. 20 f.
[72]Vgl. Nocco/Stulz, 2006, S. 8.
[73]Wolke, 2015, S. 1, wobei Risiken hier im engeren Sinne, also als Gefahren, aufgefasst
werden.

Risiken."[74] FRANKE/HAX (2009) nehmen eine weitaus umfassendere
Definition des Risikomanagements vor und bezeichnen es als „Gesamt-
heit von Investitions- und Finanzierungsmaßnahmen mit dem Ziel, die
Wahrscheinlichkeitsverteilung des Unternehmenserfolgs zu optimieren."[75]
Die Autoren kommen aber zu dem Schluss, dass eine solche Definition
fast die ganze Untnernehmenspolitik einschließen würde, weshalb sie
ein engeres Verständnis nachschieben: Danach hat Risikomanagement
zur Aufgabe, das Risiko aus der Investitionspolitik mit einer oberen
Schranke zu begrenzen, bzw. bei gegebener Investitionspolitik die Liquidität zu sichern und die Wahrscheinlichkeitsverteilung optimal zu
gestalten.[76]

Wird Risikomanagement als *Prozess* interpretiert, umfasst dieser Prozess
die Abfolge verschiedener Aufgaben: Die Risikoidentifikation dient dazu,
Risikoarten im betrieblichen Umfeld aufzudecken; die Risikomessung und
-analyse soll geeignete Risikomaße zur Beurteilung dieser Risiken ermitteln;
die Risikosteuerung kann in Form einer Vorsorge, Abwälzung, Kompensation oder auch Diversifikation geschehen – auch eine Risikoakzeptanz
ist möglich. Schließlich soll ein Risikocontrolling der Organisation des
Prozesses dienlich sein und Planungs-, Kontroll-, Informations- und Koordinationsaufgaben in diesem Rahmen übernehmen.[77]

Im Rahmen der vorliegenden Arbeit wird unter Risikomanagement die
aktive Absicherung von Risiken verstanden.[78] Diese Eingrenzung schließt
die umfassenderen Konzepte einer organisatorischen Risikomanagement-
Institution und -Funktion nicht aus. In Bezug auf die zu steuernden Risikomaße werden unter Risikomanagement solche Maßnahmen subsummiert,
die zu einer Verringerung der Volatilität im Cash Flow des Unternehmens

---

[74]NGUYEN, 2008, S. 21; hier ist der Risikobegriff breiter gefasst.
[75]FRANKE/HAX, 2009, S. 629.
[76]Vgl. FRANKE/HAX, 2009, S. 629 f.
[77]Vgl. WOLKE, 2015, S. 2-8; NGUYEN, 2008, S. 27.
[78]Vgl. etwa LAUX, 2006, S. 465.

beitragen.[79] Dieses Verständnis ist im Rahmen der Literatur, die eine *Wertrelevanz* des Risikomanagements diskutiert, gebräuchlich. Hedging wird dabei als konkrete Maßnahme des Risikomanagements verstanden und wird im Folgenden häufig als Überbegriff für Tätigkeiten verwendet, die Risiko verringern oder eliminieren. Eine Hedging-Maßnahme ist dabei eine Aktivität, die darauf abzielt, das Risikomaß der Standardabweichung von einer oder mehrerer risikobehafteter Komponenten des Cashflows zu verringern.

2.2.2 Motivation und Zielsetzung des Risikomanagements in der Unternehmenspraxis

Im Rahmen der Unternehmensführung werden unterschiedliche Begründungen als maßgeblich für ein Risikomanagement gesehen. Ausgangspunkt für den Bedeutungszuwachs des Risikomanagements in der betrieblichen Praxis sind auch die regulatorischen Entwicklungen im Bankenbereich und deren Widerhall in der gesamten betriebswirtschaftlichen Praxis.[80]

Im Folgenden wird auf die Begründungen eines betrieblichen Risikomanagements in Unternehmen eingegangen. Dazu werden einerseits die Entwicklungen der Regulierung des Bankensystems beleuchtet; andererseits werden auch die regulatorischen Anforderungen an börsennotierte Unternehmen im In- und Ausland erörtert, die Risikomanagement-Systeme

---

[79]Vgl. KÜRSTEN, 2006b, S. 180.

[80]MIKES, 2009, klassifiziert Risikomanagement-Praktiken in Unternehmen der Finanzindustrie nach ihrem institutionellen Hintergrund: Auf der einen Seite stehen die internationale Regulierung der Kapitalanforderungen an Banken je nach Risikoprofil und deren Widerhall in den Erwartungen von Rating-Agenturen; auf der anderen Seite steht der Imperativ der wertorientierten Unternehmensführung und der Versuch, Risikomanagement mit Performancemanagement im wertorientierten Sinne in Einklang zu bringen. Darüber hinaus nennt die Autorin Bestrebungen, mit Unsicherheit im engeren Sinne gezielt umzugehen, also mit solchen Unsicherheiten, die sich nicht quantifizieren lassen. Vgl. MIKES, 2009, S. 26, für eine Klassifizierung von Risikomanagement in diesem Sinne.

thematisieren. Schließlich wird vor diesem Hintergrund auf die vermeintliche ökonomische Relevanz des Risikomanagements im Sinne einer wertorientierten Unternehmensführung eingegangen.[81]

2.2.2.1 Rechtliche Hintergründe

Bereits 1988 wurde der Baseler Akkord (inzwischen auch Basel I genannt) von den G-10 Staaten verabschiedet: Bei den Wirtschaftsnationen bestand Besorgnis bezüglich der Eigenkapitalausstattung von Banken. Das Abkommen sollte internationale Standards zur Kapitaladäquanz von Banken festlegen – in Abhängigkeit des Risikoprofils und des Volumens ihrer Gesamtaktiva.[82] Grundsätzlich soll durch Eigenkapitalanforderungen an Banken der Fortbestand der Bank gewährleistet sein, auch bei außergewöhnlich hohen Verlusten: Diese Verluste müssen abgefedert werden können.[83] Die Anforderungen wurden dahingehend kritisiert, dass die Differenzierung von Kreditrisiken ungenügend sei und Methoden zur Risikoverminderung nicht berücksichtigt würden.[84] Aus dieser Kritik heraus

---

[81] Eine Herangehensweise, die in gesetzliche und ökonomische Anforderungen und damit Begründungen für ein Risikomanagement unterscheidet, ist gebräuchlich; so etwa in einem Thesenpapier des ARBEITSKREIS EXTERNE UND INTERNE ÜBERWACHUNG DER UNTERNEHMUNG DER SCHMALENBACH-GESELLSCHAFT FÜR BETRIEBSWIRTSCHAFT E. V. , KÖLN, 2010.

[82] Vgl. JORION, 1997, S. 44 f. HULL, 2014, S. 302; 305; ZIRKLER/HOFMANN/SCHMOLZ, 2015, S. VII f. In diesem ersten Akkord wurden die Forderungen der Banken in vier Risikokategorien unterteilt; je nach Risikokategorie wurde die Aktiva- bzw. Forderungssumme gewichtet. (0% für OECD Länder und Cash bis 100% für nicht Hypotheken-gesicherte Unternehmer- und Privatkredite.) Mindestens 8% dieser risikogewichteten Aktiva mussten als Eigenkapital vorgehalten werden. Die Regeln des Basler Ausschusses für Bankenaufsicht müssen von den beteiligten Nationen durch die Parlamente in geltendes Recht umgesetzt werden. In Deutschland sind davon das Kreditwesengesetz, die Solvabilitätsverordnung und die Mindestanforderungen an das Risikomanagement betroffen.

[83] Die besondere Notwendigkeit dieser Eigenkapitalanforderungen für die Bankenindustrie ergibt sich aus ihrer Systemrelevanz für das Funktionieren des gesamten Wirtschaftssystems; vgl. HULL, 2014, S. 300 f.

[84] Vgl. JORION, 1997, S. 47 f.

wurden die Eigenkapitalvorschriften nach Basel II entwickelt, die 2004 veröffentlicht wurden.[85]

Nach Basel II ist die vorgeschriebene Eigenkapital-Unterlegung von Krediten abhängig vom Kreditrisiko der Kreditnehmer. Dabei wird das Kreditrisiko entweder auf Basis des Standardansatzes bewertet, der Risikogewichte auf Basis von Ratings der Kreditnehmer zuschreibt; oder auf Basis eines Internal Ratings Based Approach (IRB-Ansatz).[86] An dieser Stelle wird die Bankenregulierung nun für Unternehmen anderer Branchen relevant: Je besser das Unternehmens-Rating nach Standard- oder IRB-Ansatz, desto weniger Eigenkapital muss die Bank für Unternehmenskredite vorhalten und desto günstiger können diese Kredite vergeben werden.[87]

Das unternehmensinterne Risikomanagement wird entsprechend als Mittel bewertet, das Rating zu verbessern. Einerseits kann schon die Ausgestaltung eines Risikomanagement-Systems ein Nachweis dafür sein, dass sich das Unternehmen systematisch mit Risiken auseinandersetzt, andererseits können Risiken unter Umständen tatsächlich vermindert werden: Beides kann positive Auswirkungen auf das Rating haben.[88] Die Relevanz des Risikomanagements für das Rating und die Fremdkapitalkosten – und auf diesem Wege für den Unternehmenswert – ist ein weithin anerkanntes Motiv für ein Risikomanagement im Sinne einer wertorientierten Unternehmensführung.[89]

---

[85]Vgl. HULL, 2014, S. 311; vgl. für die aktualisierten Vorschriften die Version aus dem Folgejahr: BASEL COMMITTEE ON BANKING SUPERVISION, 2005.

[86]Vgl. HULL, 2014, S. 312 ff. Der IRB-Ansatz beruht auf einer VaR Ermittlung; Genauer ist das vorzuhaltende Eigenkapital die Differenz aus VaR mit Zeithorizont von einem Jahr und Konfidenzniveau 99,9% und dem erwarteten Verlust, da dieser bereits in die Bepreisung der Kredite einbezogen wird; vgl. HULL, 2014, S. 315 ff.

[87]Vgl. zu den Auswirkungen der Bankenregulierung auf Unternehmen anderer Branchen bspw. BEYER/HACHMEISTER/LAMPENIUS, 2010, S. 120; EHRMANN, 2012, S. 52; 56 ff.

[88]Vgl. BEYER/HACHMEISTER/LAMPENIUS, 2010, S. 121; vgl. für eine ausführlichere Auseinandersetzung mit den Auswirkungen des Risikomanagements auf die Fremdkapitalkosten auch Abschnitt 4.4.2.

[89]Vgl. etwa LITTKEMANN/REINBACHER/DICK, 2014; vgl. auch Kapitel 4.

Durch die Finanzkrise ab 2007 wurde deutlich, dass es in den Vorschriften aus Basel II die Notwendigkeit für Überarbeitungen gab. So wurden zunächst einige Anpassungen vorgenommen, die auch als „Basel 2.5" bezeichnet werden. Diese Änderungen traten bereits im Dezember 2011 in Kraft und beinhalteten vor allem verschärfte Regelungen mit Bezug zu Marktrisiken und Verbriefungen. Im Jahr 2010 wurden die Baseler Vorschriften erneut zum Regelwerk Basel III novelliert.[90] Basel III soll über einen längeren Zeitraum eingeführt und bis Ende 2019 vollständig umgesetzt sein.[91] Die übergeordnete Zielsetzung der Richtlinien aus Basel III ist dabei eine Erhöhung der Stabilität des Bankensystems.[92] Für Unternehmen wird sich vor allem eine Verschärfung der Regeln zum Rating bemerkbar machen.[93]

Im deutschen Handelsrecht wird der Umgang mit Risiken durch Unternehmen in verschiedener Form direkt thematisiert. Den höchsten Stellenwert in dieser Hinsicht haben das Gesetz zur Kontrolle und Transparenz im Unternehmensbereich (KonTraG)[94] sowie das Gesetz zur Modernisierung des Bilanzrechts (BilMoG)[95]. Auch aus dem Gesetz zur Einführung internationaler Rechnungslegungsstandards und zur Sicherung der Qualität der Abschlussprüfung (BilReG)[96] lässt sich ein Passus der Berichterstattung des Risikomanagement-Prozesses zuordnen.

Das KonTraG hat eine Verbesserung der Steuerung und Kontrolle von Unternehmen zum Ziel[97] und formuliert explizite Anforderungen mit

---

[90]Vgl. für die überarbeitete Fassung BASEL COMMITTEE ON BANKING SUPERVISION, 2011.

[91]Vgl. HULL, 2014, S. 330.

[92]Vgl. BASEL COMMITTEE ON BANKING SUPERVISION, 2011; EHRMANN, 2012, S. 226; Für eine Darstellung der Auswirkungen von Basel III auf die Steuerung von Banken in zusammengafasster Form vgl. HINZE/SASSEN, 2014.

[93]Vgl. ZIRKLER/HOFMANN, 2015; EHRMANN, 2012, S. 227; für eine Übersicht der Auswirkungen von Basel III auf Unternehmen auch S. 233 ff.

[94]Vgl. KONTRAG, 1.05.1998.

[95]Vgl. BILMOG, 29.05.2009.

[96]Vgl. BILREG, 4.12.2004.

[97]Vgl. EHRMANN, 2012, S. 39; PAUSENBERGER/NASSAUER, 2005, S. 264.

Bezug zum Risikomanagement in Hinblick auf das Berichtswesen[98], die Unternehmensführung[99] und die Abschlussprüfung[100].[101] Zwar ist die Einrichtung eines Risikomanagementsystems gemäß KonTraG nur für Aktiengesellschaften geregelt, allerdings wird von einer Ausstrahlungswirkung auf andere Gesellschaftsformen ausgegangen.[102]

Das KonTraG spezifiziert insbesondere die Pflicht zur Einrichtung eines Früherkennungssystems für Risiken.[103] Eine Umsetzung eines solchen Systems lässt sich über die Institutionalisierung des Risikomanagementprozesses realisieren.[104] Die Ausgestaltung dieses Systems soll dabei in Abhängigkeit von Unternehmensgröße und Branche erfolgen.[105] Der Risikobegriff an sich wird nicht genau spezifiziert und weder im Gesetz noch in der Gesetzesbegründung definiert.[106]

Im Jahr 2004 wurde das Gesetz zur Einführung internationaler Rechnungslegungsstandards und zur Sicherung der Qualität der Abschlussprüfung (Bilanzrechtsreformgesetz, BilReG)[107] verabschiedet, das neben

---

[98]Vgl. §§ 289, 315 HGB: im Rahmen der Darstellung des Geschäftsverlaufs und der Lage ist „auch auf die Risiken der künftigen Entwicklungen einzugehen."

[99]Vgl. § 91 Abs. 2 AktG: der Vorstand einer AG ist dazu verpflichtet, „geeignete Maßnahmen zu treffen, insbesondere ein Überwachungssystem einzurichten, damit den Fortbestand der Gesellschaft gefährdende Entwicklungen früh erkannt werden."

[100]Vgl. § 317 Abs. 4 HGB: es ist zu prüfen, „ob der Vorstand die nach § 91 Abs. 2 des Aktiengesetzes obliegenden Maßnahmen in einer geeigneten Form getroffen hat und ob das [...] Überwachungssystem seine Aufgaben erfüllen kann."

[101]Für eine Übersicht zu den wichtigsten Inhalten des KonTraG mit Bezug zum Risikomanagement vgl. PAUSENBERGER/NASSAUER, 2005, S. 268 f. Für eine schematische Übersicht zu den Gesetzesänderungen vgl. FIEGE, 2006, S. 30.

[102]Vgl. NGUYEN/ROMEIKE, 2012, S. 25; EHRMANN, 2012, S. 40; FIEGE, 2006, S. 27 ff. Das KonTraG findet seine Entsprechung in der amerikanischen Gesetzgebung mit dem Sarbannes-Oxley-Act, der durch den Enron-Skandal ausgelöst wurde und einen verbesserten Investorenschutz bewirken sollte, vgl. FIEGE, 2010, S. 303.

[103]Vgl. § 91 Abs. 2 AktG; NGUYEN/ROMEIKE, 2012, S. 25. Vor Inkrafttreten des KonTraG ließ sich eine entsprechende Verantwortung etwa aus der Sorgfaltspflicht des Vorstands nach § 93 AktG ableiten; vlg. auch PAUSENBERGER/NASSAUER, 2005, S. 265.

[104]Vgl. Abschnitt 2.2

[105]Vgl. FIEGE, 2010, S. 310; NGUYEN, 2008, S. 2.

[106]Vgl. FIEGE, 2006, S. 37; NGUYEN, 2008, S. 2.

[107]Vgl. BILREG, 4.12.2004.

den im Titel genannten Inhalten auch Implikationen für das unternehmerische Risikomanagement hat. Es wird hier explizit darauf hingewiesen,
dass im Lagebericht auf wesentliche Chancen und Risiken eingegangen werden soll. Die jüngste Gesetzesänderung des Handelsrechts mit
Auswirkungen für das Risikomanagement ist das Gesetz zur Modernisierung des Bilanzrechts (Bilanzrechtsmodernisierungsgesetz, BilMoG).[108]
Grundsätzlich sollte mit diesem Gesetz eine Anpassung des deutschen an
internationales Bilanzrecht angestrebt werden.[109] Laut BilMoG soll der
Lagebericht um eine Beschreibung des Risikomanagementsystems ergänzt
werden.[110]

Offensichtlich ergibt sich für Unternehmen aus der Regulierung der Finanzindustrie auf der einen Seite und aus der Gesetzgebung des Handels-
und Gesellschaftsrechts auf der anderen Seite die Veranlassung bzw. Notwendigkeit, ein Risikomanagementsystem zur Führungsunterstützung zu
nutzen. KÜRSTEN (2006b) verwendet in diesem Kontext gar den Begriff
„regulierungsinduziertes Risikomanagement"[111].

2.2.2.2 Ökonomische Relevanz

Oftmals wird das ökonomisch motivierte Risikomanagement ohne Weiteres einer wertorientierten Unternehmensführung bzw. einer an den
Unternehmenseigentümern ausgerichteten Unternehmensführung zugeordnet. Diese Zuordnung basiert im wesentlichen auf zwei Effekten, die
einer Risikoreduktion zugesprochen werden:

---

[108]Vgl. APPEL/HOFFJAN, 2014, S. 65.
[109]Vgl. EHRMANN, 2012, S. 51.
[110]§ 289 Abs. 5 HGB: „Kapitalgesellschaften [...] haben im Lagebericht die wesentlichen Merkmale des internen Kontroll- und Risikomanagementsystems [...] zu
beschreiben."
[111]KÜRSTEN, 2006b, S. 180.

Diversifikationsmöglichkeit für Eigenkapitalgeber

Während jeglicher Kapitalgeber theoretisch die Möglichkeit hätte, ein perfekt diversifiziertes Marktportfolio zu halten,[112] ist in der Realität zu beobachten, dass einzelne Investoren(gruppen) größere Anteile ihres Vermögens in ein Unternehmen investiert haben als im Marktportfolio repräsentiert. Daraus resultiert, dass diese unterdiversifizierten Anteilseigner ein Interesse an Diversifikation ihres Risikos auf Unternehmensebene haben.[113]

Reduktion des systematischen Risikos ohne Einbußen beim erwarteten Gewinn

Grundsätzlich kann ein Risikomanagement innerhalb des Unternehmens dann einen positiven Wertbeitrag generieren, wenn die Risikoreduktion nicht gleichzeitig mit Einbußen bei den zukünftig erwarteten Zahlungsströmen einhergeht.

Im Folgenden werden beide Argumente im Lichte der neoklassischen Kapitalmarkttheorie erörtert, die maßgeblich ist für die wertorientierte Unternehmensführung.

2.2.3 Risikomanagement in der Neoklassischen Kapitalmarkttheorie

Eine der Disziplinen der Wirtschaftswissenschaften, die sich extensiv mit der Bewertung von Risiken bzw. risikobehafteten Investitionen auseinandersetzt, ist die Finanzwirtschaft. In diesem Rahmen dient vor allem die Kapitalmarkttheorie einer systematischen Auseinandersetzung mit

---

[112]Sodass lediglich das systematische Risiko eines Wertpapiers relevant für dessen Bewertung ist.
[113]Vgl. MAYERS/SMITH, 1990, S. 22.

der Frage, wovon die am Kapitalmarkt notierten Preise abhängen.[114] COPELAND/WESTON/SHASTRI (2005) beschreiben die Möglichkeit, Risiken zu quantifizieren, als eine der wichtigsten theoretischen Errungenschaften der letzten Jahrzehnte.[115] Die Möglichkeit zur Beurteilung und Bewertung von Risiken für die Unternehmensbewertung und für die wertorientierte Unternehmensführung ergibt sich durch Kapitalkostensätze.[116]

Diese Kapitalkostensätze spiegeln den Preis des Risikos im Rahmen der Unternehmensbewertung wider.[117] Die Unternehmensbewertung bedient sich zur Ableitung dieser Kapitalkostensätze der Kapitalmarkttheorie; insbesondere des Capital Asset Pricing Models (CAPM). Auf Basis des CAPM werden erwartete Renditen geschätzt, die wiederum der Ermittlung von Kapitalkostensätzen in der Unternehmensbewertung dienen. Im Folgenden wird das Capital Asset Pricing Model mit seinen Ursprüngen in der Portfoliotheorie knapp dargestellt und dessen Implikationen für ein unternehmensseitiges Hedging erörtert. Im Anschluss wird auf Basis einer Arbitrage-Argumentation nachvollzogen, welche Auswirkungen Hedging durch Unternehmen auf einem vollständigen Kapitalmarkt haben kann.

2.2.3.1 Portfoliotheorie

Das Capital Asset Pricing Model baut auf der Portfoliotheorie von MARKOWITZ (1952) auf.[118] Die Portfoliotheorie untersucht die Investitionsentscheidung unter Risiko in einem einperiodigen Modell. Die Abbildung der

---

[114]Vgl. DIEDRICH/DIERKES, 2015, S. 56.
[115]Vgl. COPELAND/WESTON/SHASTRI, 2005, S. 101.
[116]Vgl. DIEDRICH/STIER, 2013, S. 237: „In das Zielsystem der wertorientierten Unternehmensführung findet diese Risikobeachtung Eingang über Kapitalkostensätze als Bewertungsmaßstab."
[117]Vgl. DIEDRICH/DIERKES, 2015, S. 48 ff.
[118]Vgl. DIEDRICH/DIERKES, 2015, S. 56.

Präferenzen der Anleger erfolgt über das (μ, σ)-Prinzip[119] – das heißt,
für die Investitionsentscheidung relevant sind die erwartete Rendite eines
Wertpapiers bzw. des Portfolios und dessen Standardabweichung. Wird
nun bei der Portfolioselektion immer die Zusammenstellung riskanter
Wertpapiere ausgewählt, bei der mit gegebener erwarteter Rendite die
minimale Standardabweichung erzielt wird; bzw. bei der mit gegebener
Standardabweichung die maximale erwartete Rendite verbunden ist, so
ist von einem effizienten Portfolio die Rede. Handeln die Anleger gemäß
(μ, σ)-Prinzip, so werden sie nur solche Portfolios wählen, die in diesem
Sinne effizient sind.

Dabei ergibt sich die erwartete Rendite des Portfolios aus den mit ihren
Anteilen w gewichteten erwarteten Renditen μ der einzelnen Wertpapiere i:[120]

$$\mu_P = \sum_{i=1}^{n} w_i \mu_i$$

unter Beachtung von $\sum_{i=1}^{n} w_i = 1$. Für die Standardabweichung bzw.
Varianz des Portfolios gilt:

$$\sigma_P^2 = \sum_{i=1}^{n} \sum_{j=1}^{n} w_i w_j Cov_{ij}.$$

Die wichtigsten Erkenntnisse der Portfoliotheorie das Risiko betreffend
sind folgende: (1) Durch Kombination von risikobehafteten Wertpapieren,
die nicht perfekt korreliert sind[121] lässt sich das Risiko des Portfolios im
Vergleich zur gewichteten Summe der Einzelrisiken verringern. (Diversifikation) (2) Für das Risiko im Sinne der Standardabweichung des Portfolios
ist die Korrelation bzw. die Kovarianz der Wertpapiere untereinander
entscheidend.

---

[119]Vgl. PERRIDON/STEINER, 2007, S. 240 ff.
[120]Vgl. PERRIDON/STEINER, 2007, S. 241 ff.
[121]Wobei unter Korrelation eine lineare Korrelation ρ_{ij} verstanden wird.

2.2.3.2 Capital Asset Pricing Model

Das Capital Asset Pricing Model (CAPM) stellt eine Erweiterung von
MARKOWITZ' Portfoliotheorie dar. Während das Portfolio-Selection-
Modell eine normative Aussage zu der individuellen Anlageentscheidung
am Kapitalmarkt trifft, geht das CAPM einen Schritt weiter und un-
tersucht die Zusammenhänge von Risiko, Rendite und Marktpreisen im
Kapitalmarktgleichgewicht in einem einperiodigen, statischen Modell.
Das CAPM wurde ungefähr zeitgleich in drei verschiedenen Arbeiten
publiziert, deren Autoren unabhängig voneinander arbeiteten: SHARPE
(1964), LINTNER (1965) und MOSSIN (1966) gelten als Begründer dieses
Modells.[122]

Das CAPM beruht auf folgenden Annahmen eines vollkommenen Kapitalmarkts:[123]

(1) Investoren sind risikoavers und maximieren den erwarteten Nut-
    zen ihres Vermögens mittels Portfoliobildung. Die Portfolioauswahl
    geschieht ausschließlich auf der Basis von Erwartungswert und Stan-
    dardabweichung der Wahrscheinlichkeitsverteilung des Vermögens
    aus der Portfoliobildung.[124]

(2) Investoren haben identische Informationen bezüglich der erwarteten
    Renditen, Standardabweichungen und Kovarianzen von Wertpapieren.

---

[122]Vgl. etwa FRANKE/HAX, 2009, S. 354 f.; LAUX/SCHABEL, 2009, S. 174 ff.; DIEDRICH/
DIERKES, 2015, S. 56.

[123]Vgl. zum vollkommenen Kapitalmarkt etwa DIEDRICH/DIERKES, 2015, S. 38 ff.
FRANKE/HAX, 2009, S. 347; im Rahmen des CAPM konkretisierte Annahmen
finden sich in LAUX/SCHABEL, 2009, S. 174.

[124]Dies entspricht einer Entscheidung auf Basis des (μ, σ)-Prinzips. Bei Bernoulli-
Entscheidern kann eine solche Annahme durch eine quadratischen Nutzenfunktionen
der Anleger oder normalverteilten Renditen bei beliebiger Nutzenfunktion gerecht-
fertigt sein. Vgl. für eine genauere Ausführung dieser und zusätzlicher Annahmen,
die Grundlage für die Modellierung einer Entscheidung auf Basis des (μ, σ)-Prinzips
sein können BREUER, 2010, S. 140-151; S. 225-226. TOBIN, 1958, S. 74 ff. zeigt, dass
risikoaverse Nutzenmaximierer ihr Portfolio diversifizieren.

(3) Investoren sind Preisnehmer, das heißt, Marktpreise sind ein Datum und durch einzelne Marktteilnehmer nicht zu beeinflussen.

(4) Es gibt einen risikolosen Zinssatz, zu dem Investoren in unbegrenztem Umfang Geld anlegen oder aufnehmen können.

(5) Alle Wertpapiere sind beliebig teilbar und in fester Quantität vorhanden.

(6) Der Markt für Wertpapiere ist friktionsfrei und Informationen sind allen Marktteilnehmern gleichzeitig und frei verfügbar.

(7) Es gibt keine Marktunvollkommenheiten wie Steuern oder Einschränkungen von Leerverkäufen.

Insbesondere die Annahme (2) bezüglich homogener Erwartungen ist gegenüber der Portfoliotheorie hervorzuheben:[125] Durch diese Annahme sind die Rendite-Risiko-effizienten Portfeuilles gemäß MARKOWITZ (1952) für alle Investoren gleich. Daraus ergibt sich, dass im Kapitalmarktgleichgewicht alle Investoren das Marktportfolio halten und dies in Abhängigkeit von ihrer individuellen Risikoaversion mit der risikolosen Anlage kombinieren.

Auch für das Preisgefüge sowie Preise und Renditen der einzelnen Wertpapiere lassen sich Zusammenhänge zum Risiko ableiten. Im Kapitalmarktgleichgewicht gilt für die erwartete Rendite μ des Wertpapiers i:

$$\mu_i = r_f + \frac{\mu_M - r_f}{\sigma_M^2} Cov_{iM}$$
$$= r_f + (\mu_M - r_f)\beta_{iM},$$

wobei r_f den risikolosen Zinssatz bezeichnet und der Index M jeweils die erwartete Rendite μ und die Standardabweichung σ des Marktportfolios kennzeichnet. Die Kovarianz Cov_{iM} ist ein Maß für den linearen

---

[125]Vgl. PERRIDON/STEINER, 2007, S. 250; FRANKE/HAX, 2009, S. 355.

Zusammenhang zwischen der Rendite des einzelnen Wertpapiers i und der Rendite des Marktes. Dieser Zusammenhang wird in der Regel normiert durch die Varianz des Marktportfolios ausgedrückt in dem Risikomaß des Betafaktors $\beta_{iM} = \frac{Cov_{iM}}{\sigma_M^2}$.[126] Diese Gleichung wird auch als Wertpapiermarktlinie bezeichnet.[127]

Im Kapitalmarktgleichgewicht besteht ein Zusammenhang zwischen dem Risiko eines Wertpapiers und dessen erwarteter Rendite. Allerdings beschränkt sich dieser Zusammenhang auf den Anteil des Risikos[128], der durch den Zusammenhang mit dem Marktrisiko auszudrücken ist, bzw. der Anteil am Gesamtrisiko des Marktportfolios hat, nämlich $\frac{Cov_{iM}}{\sigma_M} = \rho_{iM}\sigma_i$. Dieser Anteil wird, wie der Betafaktor, als systematisches Risiko bezeichnet.[129] Nur für die Übernahme systematischer Risiken wird am Kapitalmarkt eine Risikoprämie bezahlt.

Soll ein solcher Kapitalmarkt zur Ableitung von Wertmaßstäben im Rahmen der Unternehmensbewertung genutzt werden, so ist zusätzlich die Annahme der Vollständigkeit des Kapitalmarkts notwendig.[130] An einem solchen Markt ist jeder beliebige Zahlungsstrom handelbar. Die Vollständigkeit des Kapitalmarkts schließt Möglichkeiten zur Arbitrage – also zum risikolosen Gewinn – aus. Nur bei vollständigem Kapitalmarkt ist garantiert, dass aus den Preisen am Kapitalmarkt auch Wertmaßstäbe für die Unternehmensbewertung abgeleitet werden können.[131]

---

[126]Vgl. auch Abschnitt 2.1.2.2.
[127]Vgl. DIEDRICH/DIERKES, 2015, S. 60; FRANKE/HAX, 2009, S. 356.
[128]Wobei hier das Risikomaß der Standardabweichung gemeint ist.
[129]Vgl. DIEDRICH/DIERKES, 2015, S. 61 sowie Abschnitt 2.1.3.2.
[130]Die Vollständigkeit des Kapitalmarkts ist durch das CAPM nicht gegeben, vgl. LAUX/SCHABEL, 2009, S. 174.
[131]In abgeschwächter Form genügt die Erfüllung der Spanning-Prämisse, vgl. DIEDRICH/DIERKES, 2015, S. 42 f.; S. 46.

2.2.3.3 Die Bedeutung des Risikomanagements im vollkommenen und vollständigen Kapitalmarkt

Im Lichte der vorgestellten Zusammenhänge der neoklassischen Kapitalmarkttheorie, die den Ausgangspunkt für die Ableitung von Wertmaßstäben in Form von Kapitalkostensätzen bilden, gilt es, die ökonomische Relevanz des Risikomanagements zu beleuchten. Im Folgenden wird vorgestellt, welche Rolle Risikomanagement im Rahmen dieser Kapitalmarktmodelle spielen kann. Hierzu wird auf die Argumente aus Abschnitt 2.2.2.2 eingegangen.

Die Vollkommenheit und Vollständigkeit des Kapitalmarktes – wie im voranstehenden Abschnitt erläutert – sind Voraussetzungen dafür, dass aus Kapitalmarktdaten Wertmaßstäbe für die Unternehmensbewertung abgeleitet werden können.[132]

Diversifikationsmöglichkeit für Eigenkapitalgeber

Das Capital Asset Pricing Model leitet einen Zusammenhang der Risiken und Preise von Wertpapieren im Kapitalmarktgleichgewicht her. In diesem Gleichgewicht ist lediglich das systematische Risiko eines Wertpapiers für dessen Bewertung und damit dessen Preis relevant. Machen nun einzelne Investoren oder Investorengruppen nicht von der Möglichkeit Gebrauch, das unsystematische Risiko ihres Portfolios durch Diversifikation zu eliminieren, so ändert das nichts an der Bewertung eines Unternehmens durch den Kapitalmarkt.[133]

Eliminiert ein Unternehmen unsystematische Risiken via Risikomanagement, so mögen schlecht diversifizierte Eigentümer dies wertschätzen – in

---

[132]Vgl. DIEDRICH/DIERKES, 2015, S. 38.

[133]Solch „irrationales Verhalten" ist durch die Prämissen des CAPM in der relevanten Modellwelt ohnehin ausgeschlossen. Werden nun Annahmen des Modells außer Kraft gesetzt – wie das rationale Verhalten der Anleger – so kann nicht das Ergebnis dieses Modells nach Belieben und Intuition beibehalten bzw. modifiziert werden.

einer Bewertung am Kapitalmarkt allerdings schlägt es sich nicht nieder und ist damit im Sinne einer wertorientierten Unternehmensführung irrelevant, die von den Prämissen der kapitalmarktorientierten Bewertung ausgeht. Verringert ein Unternehmen sein unsystematisches Risiko, so ist der idealisierte Investor dieser Maßnahme gegenüber indifferent, da er ein perfekt diversifiziertes Portfolio halten *kann*, in dem unsystematische Risiken eliminiert sind. Die unsystematische Risikokomponente wird vom Kapitalmarkt nicht entgolten.[134]

Reduktion des systematischen Risikos ohne Einbußen beim erwarteten Gewinn

An und für sich ist eine Wertrelevanz des Risikomanagements dann denkbar, wenn die herbeigeführte Risikoreduktion nicht mit Einbußen beim erwarteten Gewinn einhergeht. Dies ist allerdings durch die Vollständigkeit des Kapitalmarkts in der neoklassischen Modellwelt ebenfalls ausgeschlossen:[135] Ändert sich das systematische Risiko eines Unternehmens durch Risikomanagement, so ändert sich die vergoltene Risikoprämie im gleichen Maße. Ein Investor ist dieser Maßnahme gegenüber indifferent, weil er sie durch eine entsprechende Portfoliozusammensetzung selbst vornehmen kann.

Diese Argumentation wird häufig als Analogie zum MODIGLIANI/MILLER-Theorem angeführt und wird auch als home-made Hedging bezeichnet.[136] Das Irrelevanz-Theorem der Finanzierungspolitik[137] impliziert, dass auf vollkommenen Märkten ohne Transaktionskosten und Steuern eine Fremdfinanzierung auf Unternehmensebene nicht relevant für den Unternehmens-

---

[134]Vgl. DIEDRICH/DIERKES, 2015, S. 61.

[135]Die Vollständigkeit des Kapitalmarkts wird in abgeschwächter Form auch durch die Spanning-Prämisse erfüllt. Nur bei vollständigem Kapitalmarkt oder Erfüllung der Spanning Prämisse kann dieser Markt zur Ableitung von Kapitalkostensätzen als Wertmaßstab herangezogen werden.

[136]Vgl. etwa SMITH/STULZ, 1985, S. 392.

[137]Vgl. MODIGLIANI/MILLER, 1958.

wert und somit den Eigenkapitalgeber ist. Jegliche Fremdfinanzierungs-Maßnahme kann vom einzelnen Investor repliziert oder umgekehrt werden. MACMINN (1987a) applizieren das Irrelevanz-Theorem nach MODIGLIA-NI/MILLER auf das Hedging und zeigen, dass in einer Welt ohne Steuern ohne Bedeutung ist, ob das Unternehmen oder der einzelne Investor eine Risikoreduktion vornimmt.[138]

Im Folgenden soll diese Irrelevanz des Hedgings mittels State-Preference-Ansatz[139] für einen einfachen, einperiodigen Fall eines vollständigen Kapitalmarkts mit zwei möglichen Umweltzuständen gezeigt werden. Zu untersuchen ist hierfür, ob die Absicherung eines unsicheren Zahlungsstroms einen Marktwertzuwachs[140] bewirken kann.

Der Kapitalmarkt sei vollständig definiert durch zwei Arrow-Debreu-Wertpapiere WP_1, WP_2 mit dem Preis p_1, p_2 zum Zeitpunkt $t = 0$. Das Wertpapier WP_1 generiert zum Zeitpunkt $t = 1$ im Umweltzustand $s = 1$ einen Zahlungsstrom mit dem Wert 1, ansonsten (in $s = 2$) ist der Zahlungsstrom 0. Das Wertpapier WP_2 generiert zum Zeitpunkt $t = 1$ im Umweltzustand $s = 2$ einen Zahlungsstrom mit dem Wert 1, ansonsten (in $s = 1$) ist der Zahlungsstrom 0. In einem Markt mit einem zukünftigen Zeitpunkt mit zwei möglichen Umweltzuständen ist das Preissystem damit vollständig definiert und jeglicher unsichere Zahlungsstrom kann bewertet werden.

Ein Unternehmen generiere nun in $t = 1$ einen unsicheren Zahlungsstrom: Für $s = 1$ wird ein niedriger Zahlungsstrom X_- realisiert; für $s = 2$ ein ho-

---

[138]Vgl. MACMINN, 1987a, S. 1169-1173; vgl. auch MACMINN, 1987b, für eine ähnliche Argumentation in Bezug auf eine Versicherung und PERRIDON/STEINER, 2007, S. 517 ff., für Arbitrageüberlegungen zum Risikomanagement: Hier wird ein Beispiel konstruiert, das der Bewertung von Optionen mittels Binomialmodell entspricht und demonstriert, dass Hedging keinen positiven Marktwert hat.

[139]Der State-Preference-Ansatz geht zurück auf ARROW, 1964 und DEBREU, 1959 und ist ein hilfreicher Analyseansatz zur Bewertung von unsicheren Zahlungsansprüchen im diskreten Zustandsraum. Bei Eindeutigkeit des Preissystems mit Arrow-Debreu-Wertpapieren ist der so definierte Kapitalmarkt vollständig. vgl. auch DIEDRICH/DIERKES, 2015, S 42 f.; FRANKE/HAX, 2009, S. 394; LAUX/SCHABEL, 2009, S. 167 ff.

[140]Bzw. einen Marktwertunterschied.

her Zahlungsstrom X_+. Aufgrund der vorgegebenen zustandsabhängigen Zahlungsansprüche p_1, p_2 beträgt der Marktwert des Unternehmens in $t = 0$ $p_1 X_- + p_2 X_+$. Soll nun durch eine Hedging-Maßnahme die Unsicherheit im Zahlungsstrom des Unternehmens eliminiert werden, so kann bspw. im Zustand $s = 1$ die Hälfte der Differenz aus dem hohen und dem niedrigen Zahlungsstrom zusätzlich generiert werden ($\frac{X_+ - X_-}{2}$) und im Zustand $s = 2$ dieser Betrag von X_+ abgezogen werden. Eine solche Maßnahme ist wiederum zu bewerten und hat in $t = 0$ einen Marktwert $\frac{X_+ - X_-}{2}(p_1 - p_2)$, den das Unternehmen für die Hedging-Maßnahme aufzubringen hat. Zu diesem Zweck ist ein Kredit aufzunehmen, der in $t = 1$ einen sicheren Zahlungsrückfluss zur Folge hat.

Im Ergebnis kommt für das gehedgte Unternehmen keine Veränderung des Marktwerts bei Absicherung der Zahlungsströme in $t = 1$ zustande. Die Anlage in diesen abgesicherten Zahlungsstrom wird mit einer Verzinsung zum sicheren Zinssatz $r_f = \frac{1}{p_1 + p_2} - 1$ entgolten. Vergleiche dazu auch Tabelle 2.1.

Tabelle 2.1: Irrelevanz des Hedging bei vollständigem Kapitalmarkt[*]

Zeitpunkt	Marktwert in t_0	Zahlungsstrom in t_1	
Umweltzustand		s_1	s_2
zustandsabhängige Zahlungsansprüche	p_1	1	0
	p_2	0	1
Unternehmen	$p_1 X_- + p_2 X_+$	X_-	X_+
Hedging	$-\frac{X_+ - X_-}{2}(p_1 - p_2)$	$\frac{X_+ - X_-}{2}$	$-\frac{X_+ - X_-}{2}$
Kredit	$\frac{X_+ - X_-}{2}(p_1 - p_2)$	$-\frac{X_+ - X_-}{2}\frac{p_1 - p_2}{p_1 + p_2}$	$-\frac{X_+ - X_-}{2}\frac{p_1 - p_2}{p_1 + p_2}$
Gehedgtes Unternehmen	$p_1 X_- + p_2 X_+$	$\frac{p_1 X_- + p_2 X_+}{p_1 + p_2}$	$\frac{p_1 X_- + p_2 X_+}{p_1 + p_2}$

[*] eigene Darstellung

3 Unternehmenswert und wertorientierte Unternehmensführung

Um die Sinnhaftigkeit des Risikomanagements im Rahmen der wertorientierten Unternehmensführung zu analysieren, bedarf es zunächst einer genaueren Auseinandersetzung mit diesem Zielsystem.[1] Die Wertmaximierung als übergeordnetes Ziel dieses Systems der Unternehmensführung ist weithin etabliert.[2] Im Folgenden soll zunächst dargestellt werden, wie unternehmerische Ziele gesetzt werden und worin sie sich begründen. Die Eigentümerorientierung, die einer Wertorientierung zugrunde liegt, wird als Handlungsmaxime der Unternehmensführung dargestellt und erörtert. Außerdem wird knapp darauf eingegangen, warum der kapitalmarktorientierte Unternehmswert eine sinnvolle Repräsentation der Eigentümerorientierung darstellen kann.

Im Anschluss wird der Bewertungskalkül, der der Ermittlung des Unternehmenswerts dient, genauer betrachtet. Free Cashflow, Eigenkapitalkostensatz und Fremdkapitalkostensatz werden als bestimmende Komponenten des Kalküls identifiziert. Für die Ausprägung dieser Größen ist die Geschäfts-, Investitions- und Finanzierungstätigkeit des Unternehmens maßgeblich. Diese Tätigkeiten beinhalten Beziehungen zu Stakeholdern und Wettbewerbern des Unternehmens und werden diesbezüglich beleuchtet.

---

[1]HEINEN, 1971, S. 431, definiert ein Zielsystem als eine Kombination mehrerer Ziele.
[2]Vgl. COENENBERG/SALFELD, 2007, S. 3.

Schließlich wird die strategische Unternehmensführung als Operationalisierung der Wertorientierung dargestellt. Sowohl der marktorientierte als auch der ressourcenorientierte Ansatz bieten wichtige Anknüpfungspunkte für die wertorientierte Unternehmensführung. Vor diesem Hintergrund werden Überlegungen zur Wertrelevanz des Risikomanagements angestellt.

3.1 Definition der wertorientierten Unternehmensführung

Unternehmen agieren am Markt als wirtschaftliche Einheit. Dabei werden die Ressourcen des Unternehmens zur Leistungserstellung genutzt. Die Transformation von Ressourcen - sowohl materieller als auch immaterieller Art - zu Produkten und Dienstleistungen wird als Wertschöpfung bezeichnet.[3] Dieser Transformationsprozess erfolgt durch das koordinierte und gezielte Zusammenspiel von Aktivitäten innerhalb des Unternehmens. Entscheidend für die Existenz und Definition des Unternehmens als solches und dessen (erfolgreichen) Fortbestand ist zunächst die Formulierung von Zielen und schließlich die Ausrichtung der Aktivitäten an diesen Zielen. Einen solchen Zielbezug herzustellen und laufend zu überprüfen ist Aufgabe der *Unternehmensführung*.[4]

Unternehmensführung[5] kann sowohl als *Institution* als auch als *Funktion* verstanden werden. Die Institution Unternehmensführung besteht aus den Menschen, die die notwendigen Führungsaufgaben übernehmen. Die Funktion Unternehmensführung bezeichnet die Tätigkeit und den Pro-

---

[3]Vgl. zum Begriff Wertschöpfung HALLER, 2002, Sp. 2131–2142; vgl. auch REIM, 2015, S. 8-10.

[4]Vgl. zur Unternehmensführung etwa HUNGENBERG/WULF, 2011, S. 20 ff.

[5]Der Begriff Management wird oftmals als Synonym für die Unternehmensführung verwendet. Vgl. HUNGENBERG/WULF, 2011, S. 23.

zess der Führungshandlung.[6] Im Mittelpunkt der Unternehmensführung
stehen Entscheidungen.[7] Für den Entscheidungsprozess der Unternehmensführung sind *Ziele* wesentlich und dienen als Grundlage für die Alter-
nativenauswahl bei verschiedenen Handlungsmöglichkeiten.[8]

Für die Unternehmensführung relevant sind mindestens zwei Perspektiven
auf unternehmerisches Handeln und Ziele. Zum einen die realwirtschaftliche Perspektive, die sich mit dem Leistungsangebot auseinandersetzt
und zum anderen die finanzwirtschaftliche Perspektive, die den Bestand
und die Aktivitäten des Unternehmens monetär messbar macht. Letzten Endes ergänzen und bedingen sich beide Sichtweisen: Auf der einen
Seite stehen die Produkte und Dienstleistungen und deren Erzeugung
– nur wenn diese im Vergleich zum genutzten Input einen Mehrwert
bieten, hat das Unternehmen seine Funktion erfüllt. Dieser Mehrwert
spiegelt sich auf der anderen Seite im finanziellen Erfolg eines Unternehmens wider.[9] Bezüglich der inhaltlichen Zielsetzung von Unternehmen
wird demgemäß in Sachziele und Wertziele[10] der Unternehmensführung
unterschieden. Sachziele beziehen sich auf die Geschäftstätigkeit des Unternehmens und haben Aussagekraft bezüglich des Produktportfolios oder
der Märkte, die ein Unternehmen bedienen will. Wertziele beziehen sich
auf finanzwirtschaftliche Größen, die das Ergebnis der Geschäftstätigkeit
widerspiegeln.[11]

---

[6]Vgl. HUNGENBERG/WULF, 2011, S. 21.

[7]Vgl. zum entscheidungstheoretischen Ansatz der Betriebswirtschaftslehre: HEINEN,
1971; HUNGENBERG/WULF, 2011, S. 23 ff.

[8]Vgl. HEINEN, 1971, S. 430 f.: „Als Bewertungsmaßstäbe [...] dienen *betriebswirtschaftliche Ziele* [...]. Sie stellen Zustände dar, die als Ergebnis eines Entscheidungs-
prozesses angestrebt werden. Unter bestimmten Umständen [...] ermöglichen diese
Entscheidungskriterien eine Ordnung und Auswahl von Alternativen."

[9]Vgl. HUNGENBERG, 2014, S. 12ff.

[10]Auch: Formalziele.

[11]Vgl. HUNGENBERG/WULF, 2011, S. 50.

Die *wertorientierte Unternehmensführung* ist insofern als finanzwirtschaftliche Ausprägung der normativen Unternehmensführung[12] einzuordnen und orientiert sich an einem Wertziel:[13] Sie gibt als übergeordnetes Entscheidungskriterium das Ziel der Maximierung des (kapitalmarktorientierten) Unternehmenswerts vor. Sachziele dienen im Rahmen der wertorientierten Unternehmensführung der Operationalisierung des übergeordneten Wertziels.

In der jüngeren Geschichte der Betriebswirtschaft lässt sich die Verbreitung dieses Konzepts[14] vor allem auf RAPPAPORT (1986) mit dem populären Werk *Creating shareholder value: The new standard for business performance* zurückverfolgen. Der englischsprachige Ausdruck „Shareholder Value" grenzt die deutsche Begrifflichkeit „Wert" bereits weiter ein und bezieht diesen auf die Wertvorstellungen der Anteilseigner des Unternehmens. Der Shareholder Value Ansatz[15] stellt die „Mehrung des Aktionärsvermögens"[16] in den Mittelpunkt der Unternehmensführung und legt den „Marktwert der Aktien des Unternehmens"[17] als Zielgröße für die

---

[12]Aufgabe der normativen Unternehmensführung ist es, grundlegende Ziele des Unternehmens zu definieren. Vgl. HUNGENBERG/WULF, 2011, S. 26.

[13]Unter dem Begriff der *Wertorientierung* wird in Theorie und Praxis grundsätzlich eine Ausrichtung der unternehmerischen Aktivitäten „an den finanzwirtschaftlichen Interessen", LAUX, 2006, S. 1, der Eigentümer verstanden.

[14]Die begriffliche Vielfalt für diesen Leitgedanken der Unternehmensführung schließt diverse Ausdrücke ein, die den „Shareholder Value" oder die „Wertorientierung" mit Synonymen der Unternehmensführung (etwa: Unternehmenssteuerung, Management) kombinieren.

[15]RAPPAPORT, 1998, S. 32 definiert diesen Ansatz: „The ‚shareholder value approach' estimates the economic value of an investment by discounting forecasted cash flows by the cost of capital. These cash flows, in turn, serve as the foundation for shareholder returns from dividends and share-price appreciation."

[16]COENENBERG/SALFELD, 2007, S. 3.

[17]LAUX, 2006, S. 3.

Steuerung des Unternehmens zugrunde. Der Marktwert ist der „erzielbare Marktpreis"[18] eines Vermögensgegenstands.[19,20]

Dass eine wertorientierte Unternehmensführung keinesfalls selbstverständlich ist, zeigt unter anderem die Debatte um eine mögliche Ausrichtung der Unternehmensaktivitäten nicht final an den Eignern, sondern stattdessen mehr oder weniger gleichberechtigt an den Zielen aller mit dem Unternehmen verbundenen Interessengruppen. Eine solche sogenannte Stakeholder-Orientierung wird gerne als Gegenentwurf des Shareholder-Leitgedankens präsentiert. Aufgrund ihrer multidimensionalen Ausrichtung wird ihr ein größerer gesellschaftlicher Nutzen nachgesagt: Es erfolgt eine explizite Berücksichtigung der Ziele aller an der Unternehmenstätigkeit beteiligten Personengruppen bei der Unternehmensführung.[21]

3.2 Zielbezug der Unternehmensführung

Ein Unternehmen existiert als wirtschaftliche Einheit als Geflecht von Verträgen[22] zwischen Individuen. Da das Unternehmen als solches nicht über

---

[18]MOXTER, 1982, S. 31.

[19]Vgl. auch DIEDRICH/DIERKES, 2015, S. 34: „Der Marktwert eines Unternehmens entspricht demjenigen Betrag, der auf einem idealisierten Kapitalmarkt für die Finanzierungstitel des Unternehmens aufzuwenden wäre."

[20]Obwohl die Mehrung des Aktionärsvermögens im Vordergrund der Wertorientierung steht, erfolgt die Unternehmensführung auf Basis des Marktwerts als *erzielbarem Marktpreis* – im Gegensatz zu einer Ausrichtung am tatsächlichen Aktienkurs bzw. der Aktienrendite am Kapitalmarkt. RAPPAPORT, 1998, S. 4, nennt hierfür drei Hauptgründe: „First, movements in a company's stock price may well be greatly influenced by factors beyond management control such as the overall state of the economy and stock market. Second, shareholder returns may be materially influenced by [...] unduly optimistic or pessimistic market expectations at the beginning or end of the performance measurement period. And third, divisional and business unit performance cannot be directly linked to stock price." Vgl. zu einer möglichen Diskrepanz zwischen tatsächlichem Marktpreis und Marktwert auch COENENBERG/SALFELD, 2007, S. 17 f.

[21]Für einen Überblick verschiedener Aspekte der Stakeholder-Orientierung siehe auch DONALDSON/PRESTON, 1995.

[22]Dies entspricht der „Nexus of Contracts"-Sichtweise, vgl. auch JENSEN/MECKLING, 1976, S. 310; GUNTHER, 1997, S. 42

die Fähigkeit zur eigenständigen „Willensbildung" verfügt, spielen für die Formulierung von Unternehmenszielen all diejenigen Personen eine Rolle, die mit dem Unternehmen in Verbindung stehen.[23]

Mit einer solchen Verbindung von verschiedenen Personen zu einer übergeordneten Einheit setzt sich die Koalitionstheorie auseinander. Die Koalitionstheorie stellt das Unternehmen als Koalition von Individuen bzw. Gruppen dar, die eine Beziehung mit dem Unternehmen eingehen, um eigene Ziele zu erreichen. Diese Beziehung dient also einerseits dazu, eigenen Nutzen zu stiften, andererseits muss ein individueller Beitrag zur Existenz und zum Fortbestand des Unternehmens geleistet werden.[24] Die Personen, die am Unternehmen beteiligt sind, werden nach Art ihrer Beiträge und dem für sie gestifteten Nutzen in Interessensgruppen oder auch Stakeholder-Gruppen zusammengefasst.[25]

Die Ziele der unterschiedlichen Stakeholder-Gruppen können sich unterschiedlich zueinander verhalten: Sie können identisch, indifferent, komplementär oder konfliktär sein.[26] So stellt sich die Frage, wie die verschiedenen Ziele der unterschiedlichen Interessensgruppen im Rahmen der Unternehmensführung koordiniert werden.[27]

---

[23]Vgl. HUNGENBERG/WULF, 2011, S. 52; PERRIDON/STEINER, 2007, S. 14; Diese Auffassung wird auch als methodologischer Individualismus bezeichnet. Vgl. LAUX, 2014, S. 387

[24]Dabei hängt der Fortbestand des Unternehmens maßgeblich davon ab, ob es gelingt, für die beteiligten Personengruppen einen Nutzen zu generieren; vgl. HILLMAN/KEIM, 2001, S. 127; TÖPFER/DUCHMANN, 2006, S. 5

[25]Vgl. HUNGENBERG/WULF, 2011, S. 52; FRANKE/HAX, 2009, S. 2; vgl. zur Koalitionstheorie auch BARNARD, 1938; CYERT/MARCH, 1992.

[26]Vgl. HUNGENBERG/WULF, 2011, S. 53; FREILING, 2010, S. 355 f. Vor allem der konfliktäre Aspekt wird hier häufig betont, vgl. auch TÖPFER/DUCHMANN, 2006, S. 5. Auch HEINEN, 1971, S. 431, ordnet Zielbeziehungen allgemein in die „Relationstypen Komplementarität, Konkurrenz und Indifferenz".

[27]MITCHELL/AGLE/WOOD, 1997, klassifizieren Stakeholder-Gruppen nach den drei Eigenschaften der Macht (power), Dringlichkeit (urgency) und Legitimität (legitimacy). Sie argumentieren, dass eine Berücksichtigung der Interessen der Stakeholder durch die Unternehmensführung auf Basis dieser drei Dimensionen erfolgen sollte.

3.2.1 Funktionen von Unternehmenszielen

Unternehmensziele erfüllen wesentliche Funktionen, die für die Unternehmensführung eine entscheidende Rolle spielen. Es kann unterschieden werden in folgende Zwecke von Zielvorstellungen:[28]

(1) Entscheidungsfunktion: Diese Funktion entspricht der entscheidungsorientierten Sicht der Betriebswirtschaftslehre.[29] Ziele dienen demgemäß der Auswahl von Handlungsalternativen.[30] Nur wenn Zielkriterien bekannt sind, kann aus einem Entscheidungsfeld die für die Zielsetzung günstigste Alternative gewählt werden.

(2) Koordinationsfunktion: Die verschiedenen Teilaktivitäten des Unternehmens sowie die beteiligten Personen und Personengruppen müssen abgestimmt werden; ein Ziel dient dazu, diese Aktivitäten zu koordinieren und auszurichten.[31]

(3) Motivationsfunktion: Ziele haben Vorgabecharakter und sollen Anreize für die beteiligten Personengruppen schaffen, auf diese Ziele hin zu arbeiten.[32]

(4) Informationsfunktion: Sowohl externe als auch interne Adressaten gewinnen durch die Kommunikation von Unternehmenszielen eine

---

[28] Vgl. BEA/HAAS, 2005, S. 73 ff.; FREILING, 2010, S. 349 ff.

[29] Vgl. HEINEN, 1971.

[30] Vgl. LAUX, 2014, S. 5.

[31] Die Koordinationsfunktion kann als Erweiterung der Entscheidungsfunktion auf ein komplexes Entscheidungsproblem bewertet werden, das mehrere Einzelentscheidungen beinhaltet. Vgl. LAUX, 2014, S. 8; S. 10 f.

[32] Diese Funktion von Zielen ist auch Gegenstand der psychologischen Zielsetzungstheorie. LOCKE/LATHAM, 2002, identifizieren in einem Übersichtsartikel zur Zielsetzungstheorie vier Auswirkungen von Zielen auf die Motivation: (1) Sie richten Aufmerksamkeit auf Aktivitäten, die zur Erreichung des Ziels beitragen und weg von denen, die das nicht tun. (2) Die Höhe der Ziele wirkt sich auf das Anstrengungsniveau aus: höhere Ziele regen zu höherer Anstrengung an. (3) Ziele beeinflussen die Ausdauer im Rahmen einer anstrengenden Tätigkeit. (4) Ziele können zur Entdeckung und Nutzung von neuem Wissen und neuen Strategien führen, die bei der Erreichung des Ziels dienlich sind. Vgl. LOCKE/LATHAM, 2002, S. 706 f.; vgl. auch LOCKE, 1996; LATHAM/LOCKE, 1979.

Vorstellung davon, was die künftigen Aktivitäten des Unternehmens sein werden. Dadurch kann ein Bezug zum individuellen Zielsystem hergestellt werden.

(5) Kontrollfunktion: Nur durch die Vorgabe von Zielen kann überprüft werden, ob das Unternehmen den (durch die beteiligten Stakeholdergruppen) formulierten Anforderungen gerecht wird.

(6) Legitimationsfunktion: Schließlich sollen Ziele auch eine Aussage zur Existenzberechtigung des Unternehmens beinhalten.[33]

3.2.2 Shareholder Value als Unternehmensziel

Wie zum Anfang des Kapitels erwähnt, setzt die wertorientierte Unternehmensführung die Maximierung des Marktwerts des Eigenkapitals an die oberste Stelle des Zielsystems der Unternehmensführung.[34] Proponenten des Shareholder Value Gedanken sprechen ihm zu, dass er sowohl die Interessen der beteiligten Stakeholder-Gruppen berücksichtigt, als auch eine eindeutige Zielformulierung ermöglicht. So können auch die Funktionsanforderungen an Unternehmensziele umfänglich erfüllt werden.[35]

---

[33]Vgl. zu den Funktionen von Unternehmenszielen auch HUNGENBERG/WULF, 2011, S. 61 f.

[34]Dabei spiegelt der Marktwert den erzielbaren Marktpreis des Unternehmens wider, vgl. auch Abschnitt 3.1. COENENBERG/SALFELD, 2007, S. 18, formuliert für den via Discounted Cashflow-Verfahren ermittelten Unternehmenswert: „Für börsennotierte Unternehmen sollte man erwarten, dass der auf diesem Wege ermittelte Wert weitestgehend deckungsgleich ist mit dem Börsenwert des Unternehmens."

[35]Vgl. PAPE, 2010, S. 152; HUNGENBERG, 2014, S. 31 f.; KOLLER/GOEDHART/WESSELS, 2015, S. 6-10, bemerken allerdings Probleme des Shareholder Value Gedanken in Bezug auf Externalitäten: Wichtige ökologische und soziale Konsequenzen sind unter Umständen nicht im Unternehmenswertkalkül einbezogen.

3.2.2.1 Normative Begründung der Orientierung an Eigentümerinteressen

Die Berücksichtigung der Interessen anderer Stakeholder-Gruppen – neben denjenigen der Eigenkapitalgeber – erfolgt in der wertorientierten Unternehmensführung mittels der (meist fixen) Verpflichtungen, die durch explizite und implizite Verträge mit diesen Personengruppen entstehen: Der Kunde, der ein Produkt oder eine Dienstleistung erwirbt, erhält den Mehrwert, den dieses Produkt ihm bietet, gegen Zahlung des Kaufpreises. Der Mitarbeiter erhält für seine Tätigkeit eine Entlohnung. Dem Staat fließen Steuern zu. Zudem wird die Wahrung der Interessen von Stakeholder-Gruppen durch gesetzliche Regelungen angestrebt.[36] Die Ziele dieser Stakeholder werden so als Nebenbedingungen im Kalkül der Marktwertmaximierung berücksichtigt. Wie einleitend erwähnt, werden die an der Unternehmenstätigkeit beteiligten Akteure nur gewillt sein, am Fortbestand des Unternehmens mitzuwirken, wenn der eigene Nutzen hieraus den geleisteten Beitrag überwiegt.[37]

Häufig wird argumentiert, dass eine Eigentümerorientierung der Unternehmensführung ganz im Sinne von ADAM SMITHs unsichtbarer Hand der Allgemeinheit zu Gute kommt. SMITH (1776) führt an, dass ein von Eigeninteressen geleitetes Handeln unter Umständen das Gemeinwohl besser fördern kann als ein solches, das das Gemeinwohl zum direkten Ziel hat. So kann auch eine erfolgreiche, den Eigentümerinteressen folgende Unternehmensführung Arbeitsplätze schaffen und Steuereinnahmen generieren, ohne dies als explizite Ziele zu deklarieren.[38]

---

[36]So ist etwa der Gläubigerschutz im deutschen Handelsrecht konsequent verankert; vgl. TÖPFER, 2005, S. 348.

[37]Vgl. Abschnitt 3.2; HILLMAN/KEIM, 2001, S. 127; CLARKSON, 1995, S. 107; FRANKE/ HAX, 2009, S. 2 f.

[38]Vgl. KOLLER/GOEDHART/WESSELS, 2015, S. 6-8; COENENBERG/SALFELD, 2007, S. 5 f.

Die Privilegierung der Interessen der Eigenkapitalgeber gegenüber den anderen Stakeholdergruppen wird vor allem mit dem *Risiko* begründet, das Investoren mit der Unternehmensgründung und der Bereitstellung von Kapital eingehen.[39] Dieses Risiko im engeren Sinne ergibt sich aus der Gefahr, dass bei ungünstiger Geschäftsentwicklung Verluste getragen werden müssen. Die Reihenfolge der Befriedigung der Ansprüche der Stakeholder-Gruppen sieht zunächst die Erfüllung der vertraglich fixen Zahlungen vor. An erster Stelle müssen gesetzliche Vorgaben erfüllt werden, Mitarbeiter bezahlt, bezahlte Produkte geliefert, Zinszahlungen auf Fremdkapital geleistet werden und erst an letzter Stelle stehen die finanziellen Ansprüche der Eigenkapitalgeber. Im Zweifel werden die Ansprüche anderer Stakeholder-Gruppen aus dem investierten Vermögen der Eigenkapitalgeber erfüllt. So ergibt sich aus dem Risiko der Stellung als Residualgewinnempfänger auch das Recht, über die ultimative Zielsetzung des Unternehmens zu entscheiden. Andernfalls sähe sich das Unternehmen vor großen Schwierigkeiten, Kapitalgeber zu finden, die einerseits nicht über die Verwendung ihres Kapitals zu entscheiden hätten, andererseits aber das Risiko aus der Kapitalverwendung tragen sollten.[40] Insofern kann auch die Ausrichtung der Unternehmensführung an den (finanzwirtschaftlichen) Zielen der Eigenkapitalgeber als Bedingung für deren Beteiligung am (Fort-)Bestand des Unternehmens interpretiert werden.[41]

Gegner des Shareholder Value Gedankens sehen die Gefahr dieser Zielkonzeption darin, dass eine solche Maximierung unter Nebenbedingungen im Optimum eben immer nur die minimalen Ansprüche der anderen Stakehol-

---

[39] Vgl. etwa HUNGENBERG/WULF, 2011, S. 56. FAMA/JENSEN, 1983 argumentieren, dass die Form der Risikoteilung, die sich über eine Marktwertmaximierung an den Interessen der Eigentümer orientiert, eine überlegene Organisationsform darstellt. Vgl. zum Verhältnis von Risiko und Gewinn, der den Eigentümern zufließt, KNIGHT, 1921, S. 22-48.

[40] Vgl. etwa HUNGENBERG/WULF, 2011, S. 55 ff.; zur Durchsetzung von Interessen innerhalb des Unternehmens auch FRANKE/HAX, 2009, S. 3 ff.

[41] Vgl. FRANKE/HAX, 2009, S. 8.

dergruppen befriedigt; bzw. dass eine Erhöhung des Shareholder Value im Zweifel zu Lasten der anderen Interessensgruppen geht.[42] Demgegenüber steht die Argumentation, dass gerade die fixen Ansprüche gegenüber dem Unternehmen auch in Zeiten schlechter geschäftlicher Entwicklung abgedeckt werden müssen. Ein Polster zum Auffangen von Verlusten muss zur Verfügung gestellt werden. Das ist nur möglich durch eine Kapitalgebergruppe, die keine fixen, sondern nur residuale Ansprüche hat und mit mindestens dem eingesetzten Kapital für Verluste haftet.[43]

Während in den USA und im angelsächsischen Raum ideologisch und in der Rechtssprechung die größte Verbundenheit zum Shareholder Value Gedanken besteht,[44] wird in Kontinentaleuropa größerer Wert auf die Vertretung der Interessen auch anderer Stakeholder-Gruppen gelegt, etwa im Aufsichtsrat von Unternehmen.[45] Letzten Endes ist eine Ausrichtung der Unternehmensaktivitäten an den finanziellen Interessen der Eigentümer eine normative Vorgabe,[46] die allerdings zusätzlich funktionelle Vorteile bietet.

3.2.2.2 Funktionelle Begründung der Wertorientierung

Ein Vorteil des Shareholder Value Gedankens besteht auch in seiner klaren Hierarchisierung und Fokussierung auf ein Zielkriterium, das sich operationalisieren lässt.[47] Werden die Ziele der einzelnen Stakeholdergruppen oder gar Einzelpersonen als gleichgeordnet nebeneinandergestellt, gestaltet sich die Unternehmensführung und die Erfüllung der genannten Funktio-

---

[42]Vgl. TÖPFER/DUCHMANN, 2006, S. 7; COFF, 1999, argumentiert, dass vor allem die Verhandlungsmacht der Stakeholder-Gruppen entscheidend ist, wer den durch das Unternehmen generierten Mehrwert für sich beanspruchen kann.
[43]Vgl. FRANKE/HAX, 2009, S. 7.
[44]Hier zeigt sich die größte Verbindung zu ADAM SMITHs Gedanken zur Förderung des Gemeinwohls.
[45]Vgl. KOLLER/GOEDHART/WESSELS, 2015, S. 6; FRANKE/HAX, 2009, S. 6 ff.
[46]Vgl. HUNGENBERG, 2014, S. 29.
[47]Vgl. LAUX, 2014, S. 414.

nen von Unternehmenszielen deutlich schwieriger:[48] Die Berücksichtigung mehrerer Zielgrößen erfordert notwendigerweise ein System, das diese Einzelziele gewichtet, bzw. in eine Rangfolge bringt.[49] Die Shareholder Value Orientierung bietet *ein* solches System.[50]

Die Wertorientierung bietet über die Aggregation der Interessen der Eigenkapitalgeber auf eine Zielgröße, nämlich den kapitalmarktorientierten Unternehmenswert, zudem den Vorteil einer „Objektivierung" der Wertgröße durch den Kapitalmarkt.[51]

3.2.2.3 Kapitalmarktbezogene Begründung der Wertorientierung

RAPPAPORT (1998) selbst begründet die Etablierung des Shareholder Value Ansatzes in der Unternehmenspraxis vor allem mit der gestiegenen Bedeutung von Kapitalmärkten:[52] Durch die gestiegene Transparenz und Liquidität der Märkte können Aktionäre Unternehmensanteile ohne größere Probleme kaufen und verkaufen. Unternehmen, deren Marktpreis durch die ineffiziente Ressourcennutzung oder unprofitable Investitionen niedrig ist, werden zum Ziel von Übernahmen. Der Unterschied zwischen dem Marktpreis bei einer solchen nicht-wertorientierten Unternehmensführung und dem Marktwert als erzielbarem Marktpreis bei einer

---

[48]Bzw. „wenig praktikabel", PAPE, 2010, S. 149. Vgl. auch JENSEN, 2001 für eine Problematisierung der Berücksichtigung mehrerer Zielgrößen bei der Unternehmensführung.

[49]Vgl. LAUX, 2014, S. 7 f. Das Unmöglichkeits-Theorem von ARROW, 1963 zeigt, dass es nicht möglich ist, aus individuellen Präferenzen eine kollektive Präferenzfolge zu aggregieren. Vgl. ARROW, 1963; LAUX, 2014, S. 549 ff. BAMBERG/COENENBERG/ KRAPP, 2012, S. 216 ff. ARROW, 1963 formuliert ein Axiomensystem für die Aggregation von Gruppenentscheidungen. Das Unmöglichkeitstheorem besagt, dass diese Anforderungen für die Alternativenwahl aus mehr als zwei Alternativen nicht erfüllt sein kann.

[50]Vgl. LAUX, 2006, S. 3, betont zudem, dass „die Maximierung des Marktwertes der Aktien des Unternehmens nur *eine* der möglichen Kompromißzielfunktionen" möglicher Unternehmensziele für Anteilseigner ist.

[51]Zur Objektivierung durch den Marktwert eines Vermögensgegenstands vgl. MOXTER, 1982, S. 26 f.

[52]Vgl. RAPPAPORT, 1998, S. 1.

optimal ausgerichteten wertorientierten Unternehmensführung wird auch als „value gap"[53], also als Wertlücke, bezeichnet. Orientieren sich Unternehmen an der Mehrung des Aktionärsvermögens und spiegelt sich das im Marktpreis des Unternehmens wider, werden sie demzufolge weniger häufig das Ziel von Übernahmeaktionen.[54]

Die Möglichkeit einer Unternehmensübernahme stellt zudem eine Motivation für die Institution Unternehmensführung dar, sich an der Wertmaximierung zu orientieren: Kommt es zur Unternehmensübernahme, folgt häufig auch die Einsetzung von neuem Führungspersonal. So bietet der „Market for Corporate Control"[55], also der Markt, an dem Kontrollrechte von Unternehmen veräußert und erworben werden, einen Anreiz für die Unternehmensführung, wertorientierte Strategien zu verfolgen. Es entsteht ein Wettbewerb um Positionen der Unternehmensführung und diejenigen Manager, die größeren Erfolg bei der Umsetzung wertorientierter Strategien haben, sind in einer vorteilhaften Position.[56]

3.3 Unternehmensbewertung und Unternehmenswert

Im Rahmen einer wertorientierten Unternehmensführung ist die zu maximierende Zielgröße der Marktwert des Unternehmens. Sollen Maßnahmen der Unternehmensführung in Bezug auf ihre Wertrelevanz hin evaluiert werden, so muss zunächst erfasst werden, wie sich dieser Unternehmenswert bestimmt.

---

[53]RAPPAPORT, 1998, S. 2.
[54]Vgl. RAPPAPORT, 1998, S. 1 f.; vgl. auch PAPE, 2010, S. 36 f.
[55]Vgl. JENSEN/RUBACK, 1983.
[56]Vgl. JENSEN/RUBACK, 1983; RAPPAPORT, 1998, S. 4 f.; PAPE, 2010, S. 37 f.

3.3.1 Marktwert des Unternehmens

Die kapitalmarktorientierte Unternehmensbewertung definiert den Marktwert des Unternehmens als denjenigen Betrag, der an einem vollständigen und vollkommenen Kapitalmarkt für die Finanzierungstitel des Unternehmens zu entrichten wäre.[57] Die wertorientierte Unternehmensführung orientiert sich i.d.R. an diesem kapitalmarktorientierten Unternehmenswert. Im Folgenden wird dem Discounted Cashflow (DCF) Ansatz gefolgt.[58] Meist wird der Unternehmenswert in einem Barwertkalkül zunächst als gesamter erwarteter Marktwert des Unternehmens ermittelt, also als Summe aus bewertetem Fremd- und Eigenkapital.[59] Hierfür stehen verschiedene Bewertungsmethoden zur Verfügung; im Folgenden wird der Free Cashflow (FCF) Ansatz dargestellt.[60]

Der Marktwert des Unternehmens als Summe von Eigen- und Fremdkapital ermittelt sich als Summe der diskontierten erwarteten Free Cashflows X der jeweiligen Periode t über die gesamte Lebensdauer des Unternehmens T:[61]

---

[57] Vgl. DIEDRICH/DIERKES, 2015, S. 34.

[58] Vgl. dazu auch RAPPAPORT, 1998, S. 32 ff.

[59] Diese Herangehensweise wird als Entity Methode bezeichnet. Demgegenüber steht die Equity Methode, bei der der Marktwert des Eigenkapitals direkt ermittelt wird.

[60] Der Free Cashflow Ansatz wird auch WACC (Weighted Average Cost of Capital) Ansatz genannt; vgl. GUNTHER, 1997, S. 105; PAPE, 2010, S. 95. Bei gleichen Annahmen führen die verschiedenen Bewertungsmethoden zum selben Ergebnis, vgl. DIEDRICH/DIERKES, 2015, S. 131. Neben dem FCF Verfahren hat sich für die meisten Branchen vor allem der Adjusted Present Value (APV) Ansatz durchgesetzt. Der FCF Ansatz ist vorteilhaft bei einer wertorientierten Finanzierungsstrategie, während das APV-Verfahren bei einer autonomen Finanzierung anzuwenden ist. Für einen Überblick zu den verschiedenen Bewertungsansätzen vgl. PAPE, 2010, S. 94 ff.; BALLWIESER/HACHMEISTER, 2013, S. 140 ff. Bei hybriden Finanzierungsannahmen können hybride Bewertungskalküle zum Einsatz kommen. Vgl. bspw. DIERKES/GRÖGER, 2010.

[61] Vgl. etwa BALLWIESER/HACHMEISTER, 2013, S. 175 f.; DÖRSCHELL/FRANKEN/SCHULTE, 2009, S. 6; hier wird in der Bewertungsgleichung zunächst ein periodenunabhängiger Kapitalkostensatz dargestellt.

$$V = \sum_{t=1}^{T} \frac{E[\tilde{X}_t]}{\prod_{\kappa=1}^{t}(1 + k_\kappa)}.$$

Im Free Cashflow Verfahren wird die Zahlungsflussgröße X ohne Berücksichtigung der Finanzierung ermittelt. Der periodenbezogene Kapitalkostensatz k_t bezieht die anteilige Fremdfinanzierung und daraus resultierende Steuervorteile aus der Abzugsfähigkeit der Fremdkapitalkosten mit ein.[62],[63]

Grundsätzlich sind im Bewertungskalkül sowohl Unternehmensteuern als auch die Besteuerung auf persönlicher Ebene zu berücksichtigen.[64] Von der Besteuerung auf persönlicher Ebene wird im Rahmen dieser Arbeit aus Vereinfachungsgründen abstrahiert bzw. deren Kongruenz in Cashflow- und Kapitalkostengröße vorausgesetzt.[65] Eine solche Kongruenz führt dazu, dass Vorsteuer- und Nachsteuerrechnung gleichzusetzen sind und deshalb von der einfacheren Vorsteuerrechnung ausgegangen werden kann.[66]

Für den Marktwert des Eigenkapitals E gilt:[67]

$$E = V - D$$

---

[62]Vgl. DÖRSCHELL/FRANKEN/SCHULTE, 2009, S. 38.

[63]Auf eine zusätzliche explizite Berücksichtigung des nicht betriebsnotwendigen Vermögens wird im Rahmen der vorliegenden Arbeit verzichtet.

[64]Vgl. PAPE, 2010, S. 110; BALLWIESER/HACHMEISTER, 2013, S. 9; DRUKARCZYK/ SCHÜLER, 2009, S. 14; 93; IDW, 2014, Kap. A, Tz. 339.

[65]Vereinfachungsgründe werden etwa von BALLWIESER/HACHMEISTER, 2013, S. 205 als Argument für die Nutzung einer Vorsteuerrechnung angeführt. Dabei handelt es sich in der Bewertungspraxis um ein gängiges Vorgehen, vgl. etwa PAPE, 2010, S. 110.

[66]Vgl. DIEDRICH/DIERKES, 2015, S. 53; S. 67 f.; S. 251; DÖRSCHELL/FRANKEN/SCHULTE, 2009, S. 11; IDW, 2014, Kap. A, Tz. 340: im WP Handbuch wird die Voraussetzung dieser Kongruenz als mittelbare Typisierung der persönlichen Steuerverhältnisse bezeichnet.

[67]Vgl. BALLWIESER/HACHMEISTER, 2013, S. 175 f.

Dieser ergibt sich demgemäß aus dem Marktwert des gesamten Unternehmens V abzüglich des Marktwerts des Fremdkapitals D.

3.3.2 Komponenten des Bewertungskalküls

Im Folgenden soll genauer auf die Komponenten des Bewertungskalküls eingegangen werden. Dazu wird zunächst erläutert, wie sich die Zahlungsflussgröße aus der Ergebnisrechnung des Unternehmens ableiten lässt und im Anschluss wird die Ermittlung der Kapitalkosten als gewichtete Summe von Eigen- und Fremdkapitalkosten besprochen.

3.3.2.1 Free Cashflow – Ermittlung, Einflussfaktoren und Risiko

Der Wert des Unternehmens für die Kapitalgeber entspricht dem Wert der in ihrem Eigentum befindlichen Finanzierungstitel. Finanzierungstitel verbriefen ein Recht auf zukünftige Zahlungsströme. Diese Zahlungsströme sind dementsprechend maßgeblich für den Unternehmenswert.[68] Der Free Cashflow stellt eine mögliche Spezifikation einer wertbestimmenden Zahlungsflussgröße dar und steht als Residualgröße grundsätzlich für die Ausschüttung an Fremd- und Eigenkapitalgeber zur Verfügung.

Die Zahlungsströme eines Unternehmens lassen sich zunächst dem Leistungsbereich und dem Finanzierungsbereich des Unternehmens zuordnen. Im Rahmen des Free Cashflow Verfahrens wird der Free Cashflow als finanzierungsneutrale Größe bestimmt, das heißt, er bezieht nur die Tätigkeit des Unternehmens aus dem Leistungsbereich mit ein.[69] Im

---

[68]Vgl. DIEDRICH/DIERKES, 2015, S. 34.

[69]Vgl. MANDL/RABEL, 1997, S. 312 f. GUNTHER, 1997, S. 119 definiert den Free Cashflow „als Veränderung des Fonds der liquiden Mittel vor Außenfinanzierung". Dem Leistungsbereich zugeordnet werden meist vereinfachend Positionen des Netto-Umlaufvermögens (z.B. Lieferantenverbindlichkeiten), die durchaus Fremdkapitalcharakter haben können. Veränderungen dieser Positionen und (implizite) Kapitalkosten müssen dann in der Cashflow-Größe berücksichtigt werden. Vgl. MANDL/

Free Cashflow kommen zahlreiche leistungswirtschaftliche Risiken zum Tragen.[70]

Zahlungsströme aus dem Leistungsbereich ergeben sich aus der laufenden Geschäftstätigkeit. Dies beinhaltet etwa Umsatzerlöse, Löhne und Gehälter sowie sonstige zahlungswirksame Herstellkosten des Umsatzes. Außerdem einbezogen sind Zahlungen aus der Investitionstätigkeit im Rahmen des Anlage- und Umlaufvermögens.

Zahlungsströme aus dem Finanzierungsbereich umfassen die Zahlungsströme von und an die Kapitalgeber. Diese Zahlungsströme bestimmen den Wert des Unternehmens für Eigentümer und Fremdkapitalgeber.[71] Der Freie Cashflow als finanzierungsunabhängige Größe der Veränderung des Finanzmittelfonds steht den Kapitalgebern grundsätzlich zur Entnahme zur Verfügung und ist somit wertbestimmend.[72]

Grundsätzlich lässt sich der Free Cashflow eines Unternehmens sowohl auf direktem als auch auf indirektem Wege ermitteln. Dabei wird bei der direkten Methode direkt von zahlungswirksamen Einzahlungen ausgegangen und diese werden um entsprechende Auszahlungen vermindert.[73] Bei der indirekten Methode werden handelsrechtliche Größen der Erfolgsrechnung für die Ermittlung zugrunde gelegt.[74] Dazu wird das Periodenergebnis um Zinsaufwendungen und Steuern auf Einkommen und Ertrag bereinigt. So gelangt man zu den Earnings before Interest and Taxes (EBIT).[75] Im nächsten Schritt werden die auf den EBIT bezogenen Unternehmensteuern ermittelt. Der Differenzbetrag stellt den Net Operating Profit Less

---

RABEL, 1997, S. 313. Zu einer Problematisierung der Abgrenzung von Leistungs- und Finanzierungsbereich vgl. MANDL/RABEL, 1997, S. 349 ff.

[70] Vgl. dazu auch Abschnitt 2.1.3.1.

[71] Vgl. DIEDRICH/DIERKES, 2015, S. 35.

[72] Vgl. PAPE, 2010, S. 106 f.

[73] Vgl. PAPE, 2010, S. 104.

[74] Vgl. für eine Gegenüberstellung der direkten und der indirekten Methode zur Herleitung bewertungsrelevanter Überschüsse auch DRUKARCZYK/SCHÜLER, 2009, S. 99.

[75] Vgl. DIEDRICH/DIERKES, 2015, S. 218.

Tabelle 3.1: Schematische Darstellung der Ermittlung des Free Cashflow auf Basis von rechnungswesenorientierten Größen[*]

	Umsatzerlöse
+	Bestandsveränderungen
+	Aktivierte Eigenleistungen
=	**Gesamtleistung**
+	Sonstige betriebliche Erträge
−	Materialaufwand
=	**Rohergebnis**
−	Personalaufwand
−	Abschreibungen
−	Sonstige betriebliche Aufwendungen
=	**Betriebsergebnis**
+	Zinserträge
=	**Earnings before Interest and Taxes (EBIT)**
−	Zahlungswirksame Steuer auf EBIT
=	**Net Operating Profit less adjusted Taxes (NOPLAT)**
+	Abschreibungen auf Gegenstände des Anlagevermögens
−	Gewinn aus dem Abgang des Anlagevermögens
+	Wertberichtigungen auf Forderungen aus Lieferungen und Leistungen
+	Zuführung/ Auflösung von Rückstellungen
+	Sonstige zahlungsunwirksame Aufwendungen/ Erträge
=	**Brutto Cashflow**
−	Investitionen in das Nettoumlaufvermögen
−	Investitionen in das Anlagevermögen
=	**Free Cashflow (FCF)**

[*] DIEDRICH/DIERKES, 2015, S. 214 ff.; insb. 228 f.

Adjusted Taxes (NOPLAT) dar. Schließlich müssen nicht zahlungswirksame Aufwendungen und Erträge hinzuaddiert bzw. abgezogen werden. Im nächsten Schritt werden Investitionen und Desinvestitionen in das Nettoumlaufvermögen und ins Anlagevermögen einbezogen, um zum Free Cashflow zu gelangen.[76]

---

[76]Vgl. DIEDRICH/DIERKES, 2015, S. 218-226; PAPE, 2010, S. 105-107. Für eine schematische Darstellung der Herleitung des Free Cashflow aus rechnungswesenorientierten Größen vgl. Tabelle 3.1.

Bei zukünftigen Zahlungsströmen handelt es sich um risikobehaftete Größen, da nicht mit Sicherheit feststeht, in welcher Höhe Zahlungen aus der betrieblichen Tätigkeit anfallen werden. Im Rahmen der Unternehmensbewertung erfolgt die Berücksichtigung und Bewertung dieses Risikos über den Kapitalkostensatz. Im Kalkül werden die erwarteten freien Cashflows mit risikoadäquaten Kapitalkostensätzen diskontiert.

Schon anhand der Ableitung der Cashflows aus Rechnungslegungsgrößen lässt sich erkennen, dass eine Vielzahl von Einflussfaktoren sowohl innerhalb als auch außerhalb des Unternehmens prägend für die Höhe des Cashflows sind. Im Folgenden soll knapp auf die wichtigsten Größen des Ermittlungsschemas eingegangen werden. Dabei soll besonderes Augenmerk auf den Zufallseinfluss und damit das Risiko gelenkt werden, dem die einzelnen Komponenten unterliegen. Risikomanagement-Maßnahmen zielen laut Definition der vorliegenden Arbeit darauf ab, eine oder mehrere Komponenten des Cashflows abzusichern.[77]

Umsatzerlöse/ Gesamtleistung: Marktposition und Risiko

Die Erlöse eines Unternehmens lassen sich grundsätzlich auf ein Preis-Mengen-Gerüst zurückführen.[78] Die Ausprägung dieser beiden Größen hängt zum einen von der Preis-Absatz-Funktion des betreffenden Absatzmarktes ab, zum anderen von der Intensität des Wettbewerbs. Diese sind maßgeblich für Angebot und Nachfrage am betreffenden Markt. Sowohl die Absatzmenge als auch der Absatzpreis unterliegen für sich genommen Risiken, stehen aber zusätzlich in einer Wechselbeziehung.[79]

---

[77]Vgl. Abschnitt 2.2.1; vgl. dazu auch FROOT/SCHARFSTEIN/STEIN, 1993, S. 92; DISATNIK/DUCHIN/SCHMIDT, 2014, S. 715; CAMPELLO u. a., 2011, die empirisch belegen, dass Hedging mit einer geringeren Cashflow Volatilität einhergeht, vgl. insb. S. 1622.

[78]Vgl. WOLKE, 2015, S. 281 f.

[79]Vgl. GLEISSNER, 2011, S. 86.

KOLLER/GOEDHART/WESSELS (2015) schlagen für die Prognose der Umsatzerlöse entweder einen „top-down" marktbasierten Ansatz oder einen „bottom-up" Ansatz vor, wobei auf Basis der existierenden Kunden und interner Prognosen zur Kundenentwicklung vorgegangen wird. Im Rahmen des marktbasierten Ansatzes werden die Größe des Gesamtmarkts, der Marktanteil des Unternehmens und die Preisentwicklung im Markt als wichtigste Größen prognostiziert. Ob und wie stark der oder die Absatzmärkte des Unternehmens wachsen können, hängt von deren Reifegrad ab: In reifen und gesättigten Märkten hängt das Wachstum am ehesten von der Gesamtkonjunktur ab. Ob ein Unternehmen seine Umsätze erhöhen kann, ist vor allem dadurch bestimmt, ob es gegenüber seinen Wettbewerbern Marktanteile ausbauen kann.[80] Zusätzlich spielt die Kapazität des Unternehmens eine Rolle dafür, ob die Absatzmenge ausgebaut werden kann.

Zufallseinflüsse, die den Absatz beeinflussen, lassen sich verschiedenen Faktoren im Unternehmensumfeld zuordnen: Die Konjunktur insgesamt sowie deren Auswirkungen auf die Nachfragesituation am Absatzmarkt des Unternehmens im Speziellen sind ebenso von Bedeutung wie die Entwicklung und Verbreitung neuer Technologien.[81] Im Wesentlichen bestimmen sich die Umsatzerlöse aus der Wettbewerbsposition des Unternehmens. Diese Wettbewerbsposition beinhaltet die Nachfrage durch Kunden[82], eingebettet in konjunkturelle Zusammenhänge und das Verhältnis zu direkten und indirekten Wettbewerbern.[83]

---

[80]Vgl. KOLLER/GOEDHART/WESSELS, 2015, S. 235; DIEDRICH/DIERKES, 2015, S. 233 zu grundlegenden Fragen bei der Prognose von Umsatzerlösen.

[81]Vgl. GLEISSNER, 2011, S. 84-86.

[82]RAPPAPORT, 1998, S. 8, betont die Wichtigkeit der Kundenzufriedenheit bzw. den Nutzen, den Unternehmen mit ihrem Produkt beim Kunden stiften müssen: „without customer value there can be no shareholder value".

[83]Vgl. hierzu auch Abschnitt 3.4.2.2.

Materialaufwand: Marktposition und Risiko

Für die Ausprägung des Materialaufwands wiederum sind Angebot und Nachfrage an den Absatzmärkten der Zulieferer bestimmend, auf die ein Unternehmen zur Erstellung des eigenen Produkts zurückgreift. Auch hier spielen Marktkonstellationen eine große Rolle für die Ausprägung des Materialaufwands sowie für das Risiko, dem dieser aus Perspektive der Nachfrageseite unterliegt.[84] Die Effizienz beim Ressourcenverbrauch ist ebenso von Bedeutung für die Ausprägung dieser Komponente des Free Cashflows.

Die Preise der Güter, die Unternehmen zur Erstellung ihres Absatzprodukts benötigen, unterliegen Zufallseinflüssen und sind ursächlich für das leistungswirtschaftliche Risiko des Unternehmens.[85] Auch die Korrelationen der Preise der eingekauften Güter sind für das Risiko des Materialaufwands von großer Bedeutung.[86,87]

Personalaufwand: Personalstruktur und Risiko

Der Aufwand eines Unternehmens für die Entlohnung seiner Mitarbeiter wird bestimmt durch die Zahl, aber auch die Struktur der Beschäftigten. Entsprechend ist im Rahmen der Unternehmensbewertung eine detaillierte Abbildung der Beschäftigungsstruktur eines Unternehmens vonnöten.[88] Arbeitnehmer mit guter Ausbildung, deren Wissen und Fähigkeiten knapp sind gemessen an der Nachfrage durch Unternehmen, müssen besser entlohnt werden als Arbeitnehmer mit weniger anspruchsvoller Tätigkeit,

---

[84]Vgl. GLEISSNER, 2011, S. 87 f.
[85]Vgl. WOLKE, 2015, S. 257.
[86]Vgl. GLEISSNER, 2011, S. 89.
[87]Neben den direkten Preisrisiken liegen existieren für das Unternehmen weitere Unsicherheiten der Beschaffung, insbesondere in Bezug auf die Lieferantenauswahl, die geschlossenen Verträge, Verfügbarkeit der benötigten Güter sowie deren Qualität; vgl. GLEISSNER, 2011, S. 90-92. Diese Risiken können sich sowohl im Materialaufwand, als auch an anderer Stelle des FCF auswirken.
[88]Vgl. DIEDRICH/DIERKES, 2015, S. 161.

die in großer Zahl verfügbar sind. Zusätzlich spielen sogenannte „weiche" Faktoren eine Rolle für die Beschäftigung und Entlohnung: Können sich Angestellte mit ihrem Unternehmen identifizieren, bietet es angenehme Arbeitsbedingungen und hat eine gute Reputation, kann das Unternehmen gegenüber vergleichbaren Arbeitgebern eine geringere Entlohnung anbieten.[89] Mit der Personalstruktur des Unternehmens sind strategische Unsicherheiten verbunden: Die Mitarbeiter müssen zur (angestrebten) Marktposition passen. Ist der Erfolg des Unternehmens von einzelnen Mitarbeitern abhängig, stellt deren möglicher Verlust eine ernste Bedrohung dar.[90]

Außerdem wird in der Agency Theorie davon ausgegangen, dass Arbeitnehmer auch die Risikostruktur ihrer Entlohnung bewerten:[91] Um Arbeitnehmer zu motivieren, auf das übergeordnete Unternehmensziel hinzuarbeiten, werden Anreizsysteme verwendet, die die Entlohnung variabel an Leistungsindikatoren für die Arbeitsleistung knüpfen. In der Regel wird angenommen, dass die Arbeitsleistung[92] insbesondere bei wissensbasierter Arbeit nicht unmittelbar messbar ist bzw. dass diese Messung mit prohibitiv hohen Kosten verbunden wäre. Die Alternativen sind eine fixe Entlohnung – etwa auf Basis der Arbeitszeit – oder eine variable Entlohnung, die an einen Leistungsindikator geknüpft ist. Dieser Leistungsindikator leitet sich meist aus dem Zielsystems des Unternehmens ab und soll so verdeutlichen, inwiefern die Arbeit des einzelnen zur übergeordneten Zielsetzung beiträgt. Als Indikator weist diese Größe allerdings lediglich eine Korrelation zur tatsächlichen Leistung der Arbeitnehmer auf und unterliegt außerdem einem Zufallseinfluss.

Unter der Annahme, dass Arbeitnehmer risikoavers sind, erwarten sie bei einer (teilweise) variablen Bezahlung also zusätzlich zur Bezahlung

---

[89]Vgl. STRITZKE, 2010, S. 185 f., zu möglichen Kostenvorteilen, die aus einer starken Position als Arbeitgeber im Sinne einer „employer brand" ergeben können.
[90]Vgl. GLEISSNER, 2011, S. 71-78.
[91]Vgl. Abschnitt 4.3.4.
[92]im Sinne von Arbeit pro Zeit

ihrer Arbeitsleistung auch eine Prämie für das übernommene Risiko. Aus dieser komplexen Beziehung entstehen Interdependenzen zwischen Entlohnung, Risikoübernahme durch Arbeitgeber und Arbeitnehmer, der geleisteten Arbeit und dem für die Zielsetzung des Unternehmens relevanten Leistungsindikator.[93]

Auch Erwägungen zum nachhaltigen Erfolg des Unternehmens spielen für Arbeitnehmer eine wichtige Rolle: Eine etwaige Insolvenz ist für sie unter Umständen mit dem Verlust des Arbeitsplatzes verbunden, der Einkommenseinbußen und Suchkosten für einen neuen Arbeitsplatz nach sich ziehen kann.[94]

Investitionen

Investitionen – insbesondere ins Anlagevermögen – sollten unter der Prämisse einer wertorientierten Unternehmensführung immer dann durchgeführt werden, wenn der Marktwert der Investitionsrückflüsse den Investitionsbetrag übersteigt.[95] Die Planung von Investitionen ist Bestandteil der strategischen Unternehmensführung.[96]

Das Investitionsprogramm des Unternehmens ist dementsprechend eng verknüpft mit dem bestehenden und geplanten Leistungsangebot des Unternehmens. So macht etwa eine Ausdehnung des Absatzvolumens durch Erhöhung des Marktanteils oder wachsende Märkte unter Umständen eine Kapazitätserhöhung nötig, für die Investitionen erforderlich sein können. Auch der Einsatz neuer Technologien oder der Ersatz von Sachanlagevermögen, das zur Absatzerstellung notwendig ist, sorgt für Investitionsbedarf.[97]

---

[93]Vgl. Abschnitt 4.5.1.1.

[94]Vgl. Abschnitt 4.4.3.

[95]Eine Bewertung eines Investitionsvorhabens ist dementsprechend ebenfalls Gegenstand einer Discounted-Cashflow-Betrachtung. Vgl. RAPPAPORT, 1998, S. 1.

[96]Vgl. dazu Abschnitt 3.4.

[97]Vgl. DIEDRICH/DIERKES, 2015, S. 233.

3.3.2.2 Kapitalkostensätze – Ermittlung, Einflussfaktoren und Risiko

Die zukünftigen Zahlungsströme sind einerseits wertbestimmend für die Inhaber der verbrieften Zahlungsansprüche,[98] andererseits stellt sich zusätzlich die Frage, wie Unterschiede im zeitlichen Anfall und der Risikostruktur der Zahlungsströme berücksichtigt werden sollen bzw. können. Die Unternehmensbewertung nutzt als Wertmaßstab für die entziehbaren Zahlungsströme zu diesem Zweck Kapitalkostensätze. Diese Kapitalkostensätze leiten sich aus erwarteten Renditen[99] einer angemessenen Alternativanlage[100] ab und berücksichtigen so das Risiko und die zeitliche Struktur der Zahlungsströme.[101,102]

Grundsätzlich muss der Kapitalkostensatz bezüglich der Finanzierungsannahmen kongruent zu den zu diskontierenden Zahlungsströmen sein. Im Free Cashflow Ansatz ergibt sich der periodenspezifische Gesamtkapitalkostensatz k deshalb als gewichtetes Mittel aus Eigenkapitalkostensatz ke und Fremdkapitalkostensatz kd. Der Fremdkapitalkostensatz wird um

---

[98]Vgl. DIEDRICH/DIERKES, 2015, S. 34.

[99]Zur Definition von Kapitalkostensätzen im Rahmen der Unternehmensbewertung und dem Zusammenhang mit erwarteten Renditen vgl. DIEDRICH/DIERKES, 2015, S. 50 ff.; LAITENBERGER, 2006; KRUSCHWITZ/LÖFFLER/LORENZ, 2012; GRÖGER, 2009, S. 50 ff.

[100]Bzw. des Duplikationsportfolios, vgl. DIEDRICH/DIERKES, 2015, S. 66. Auf einem vollkommenen und vollständigen Kapitalmarkt ist „[d]ie beste nicht ergriffene Alternative [...] stets das Duplikationsportfolio." GRÖGER, 2009, S. 52.

[101]Vgl. DÖRSCHELL/FRANKEN/SCHULTE, 2009, S. 9.

[102]Obwohl im Rahmen der Bewertung die Planung der Zahlungsströme des Unternehmens grundsätzlich über die gesamte Lebensdauer des Unternehmens und damit mehrperiodig erfolgt, wird für die Ableitung von Kapitalkostensätzen regelmäßig die „Grundform des CAPM in Gestalt eines Einperiodenmodells verwendet", IDW, 2014, Kap. A, Tz. 334. Zur Anwendung des Standard-CAPM im Mehrperiodenkontext vgl. FAMA, 1977.

den Unternehmenssteuersatz τ vermindert.[103],[104] So wird die steuerliche Abzugsfähigkeit der Fremdkapitalzinszahlungen und der resultierende Steuervorteil der Fremdfinanzierung berücksichtigt. Der gewichtete Kapitalkostensatz k (Weighted Average Cost of Capital, WACC) ergibt sich für die Periode t als:[105]

$$k_t = ke_t \frac{E[\tilde{E}_{t-1}]}{E[\tilde{V}_{t-1}]} + kd_t(1 - \tau)\frac{E[\tilde{D}_{t-1}]}{E[\tilde{V}_{t-1}]}.$$

Die Gewichtungsfaktoren entsprechen den anteiligen erwarteten Marktwerten des Fremd- und Eigenkapitals, $E[\tilde{E}_{t-1}]$ und $E[\tilde{D}_{t-1}]$ zum Endzeitpunkt der Vorperiode $t - 1$, im Verhältnis zum erwarteten Marktwert des Gesamtkapitals $E[\tilde{V}_{t-1}]$.[106] Grundsätzlich liegt hier ein Zirkularitätsproblem vor: Erst aus den erwarteten Marktwerten des Eigen- und Fremdkapitals ergibt sich die entsprechende Eigen- und Fremdkapitalquote.[107] Gerade der Marktwert des Eigen- bzw. Gesamtkapitals des Unternehmens ist aber Gegenstand der Unternehmensbewertung, in deren Rahmen Kapitalkostensätze gebraucht werden. Dieses Problem wird meist umgangen, indem eine Zielkapitalstruktur angenommen wird. Alternativ kann mittels mathematischer Iteration eine Lösung angenähert werden.[108]

---

[103]Der Free Cashflow wird als finanzierungsunabhängige Größe ermittelt, die sowohl Fremd- als auch Eigenkapitalgebern zur Verfügung steht. Der gewichtete Kapitalkostensatz muss dementsprechend sowohl Fremd- als auch Eigenkapitalkosten berücksichtigen. Die steuerliche Abzugsfähigkeit der Fremdkapitalzinszahlungen und daraus resultierende Vorteile sind im Free Cashflow nicht berücksichtigt und kommen deshalb im Gesamtkapitalkostensatz durch den Fremdkapitalkostensatz nach Steuern $kd(1 - \tau)$ zum Ausdruck; vgl. KOLLER/GOEDHART/WESSELS, 2015, S. 146.

[104]Vgl. auch DIEDRICH/DIERKES, 2015, S. 251; PAPE, 2010, S. 107 f.

[105]Vgl. KOLLER/GOEDHART/WESSELS, 2015, S. 148 f.; DÖRSCHELL/FRANKEN/SCHULTE, 2009, S. 7 GRÖGER, 2009, S. 59, für eine Definition des WACC ohne Steuern; S. 70 für eine verallgemeinerte Form unter Berücksichtigung des Marktwert des Tax Shields.

[106]Vgl. DIEDRICH/DIERKES, 2015, S. 133 f.

[107]Vgl. DIEDRICH/DIERKES, 2015, S. 74 zur Definition der Fremdkapitalquote.

[108]Vgl. MANDL/RABEL, 1997, S. 322

Eigenkapitalkostensatz

Der Eigenkapitalkostensatz wird in der kapitalmarktorientierten Unternehmensbewertung regelmäßig auf Basis des Capital Asset Pricing Model ermittelt.[109] Gemäß CAPM entspricht der Eigenkapitalkostensatz eines Unternehmens dem risikolosen Zinssatz zuzüglich einer Risikoprämie für das systematische Risiko.[110]

Die Risikoprämie für das systematische Risiko ergibt sich aus der Marktrisikoprämie multipliziert mit dem unternehmensbezogenen Beta-Faktor β_{iM} der Rendite der Wertpapiere[111] des Unternehmens. Der Beta-Faktor entspricht der Kovarianz der Rendite des einzelnen Wertpapiers mit dem Marktportfolio im Verhältnis zur Varianz des Marktportfolios.[112]

Wird das CAPM als Modell zur Ableitung des Eigenkapitalkostensatzes herangezogen, so ist dieser durch die Kovarianz der erwarteten Aktienrendite des Unternehmens mit der Marktrendite geprägt.[113] Korreliert diese Rendite weniger stark mit derjenigen des Marktes, so resultiert ein geringeres Risiko für die Eigenkapitalgeber, für das sie eine Vergütung erwarten können. Geht man von der Duplikationsidee[114] aus, entspricht diese Ko-

---

[109]Vgl. z.B. DÖRSCHELL/FRANKEN/SCHULTE, 2009, S. 19; GRÖGER, 2009, S. 65; ASHTON, 1995. In der Regel wird für Vorsteuer-Rechnungen von der vorgestellten Standard-Variante des CAPM ausgegangen, allerdings stehen verschiedene Varianten zur Verfügung. Vgl. DIEDRICH/DIERKES, 2015, S. 253.

[110]Vgl. für eine ausführlichere Darstellung des CAPM Abschnitt 2.2.3.2; DÖRSCHELL/FRANKEN/SCHULTE, 2009, S. 19 ff. PAPE, 2010, S. 114.

[111]Für nicht börsennotierte Unternehmen wird vom IDW für Zwecke der objektivierten Bewertung empfohlen, die entsprechenden Größen auf Basis branchenverwandter, börsennotierter Vergleichsunternehmen zu ermitteln. Vgl. IDW, 2014, Kap. A, Tz. 334.

[112]$\beta_{iM} = \frac{\rho_{iM}}{\sigma_M^2}$; vgl. 2.2.3.2; DÖRSCHELL/FRANKEN/SCHULTE, 2009, S. 20.

[113]Vgl. LINTNER, 1965, S. 26; vgl. auch PAPE, 2010, S. 87.

[114]Im vollständigen Kapitalmarkt können beliebige Zahlungsströme durch die Bildung eines Portfolios dupliziert werden. Der Preis des Duplikationsportfolios entspricht dann dem Marktwert der Zahlungsströme, vgl. LAUX, 2014, S. 388. Vgl. auch DIEDRICH/DIERKES, 2015, S. 45 f. sowie S. 48-51 zur Definition des Kapitalkostensatzes auf Basis von Duplikationsportfolios. Vgl. auch GRÖGER, 2009, S. 49: „Bei der Unternehmensbewertung kommt zur Umsetzung der Duplikationsidee das Kapitalkostenkonzept Anwendung."

varianz der Rendite der Aktie mit dem Marktportfolio der Kovarianz des Cashflows des Unternehmens mit dem Cashflow des Gesamtmarktes.

Bestimmend für das systematische Risiko bzw. den Beta-Faktor eines Unternehmens und damit den Eigenkapitalkostensatz ist einerseits das operative Risiko, das sich aus der Geschäftstätigkeit ableitet und andererseits das finanzielle Risiko, das aus einer Verschuldung des Unternehmens resultiert.[115]

$$ke_t^l = ke_t^u + (ke_t^u - kd_t)\frac{1 + kd_t(1 - \tau)}{1 + kd_t}L_{t-1}.$$

Der Eigenkapitalkostensatz des verschuldeten Unternehmens ke_t^l ergibt sich demgemäß aus dem Eigenkapitalkostensatz des unverschuldeten Unternehmens ke_t^u zuzüglich einer Risikoprämie, die in einem linearen Zusammenhang zum Verschuldungsgrad L_{t-1} steht. Während sich Finanzierungsstruktur und Eigenkapitalkosten aus Arbitrageüberlegungen heraus in einen funktionalen Zusammenhang bringen lassen, sind die Zusammenhänge zwischen operativer Geschäftstätigkeit und operativem Risiko – ausgedrückt durch das Asset Beta bzw. den Eigenkapitalkostensatz des unverschuldeten Unternehmens – nicht annähernd so klar und eindeutig zu bestimmen. Im wesentlichen spielen all diejenigen Faktoren eine Rolle, die sich als Zufallseinflüsse in der Ergebnishöhe bemerkbar machen können. Dazu gehören alle Einflüsse auf das Preis- und Men-

---

[115]Das operative Risiko wird auch bezeichnet als: Investitionsrisiko, Geschäftsrisiko, Business Risk. Finanzielles Risiko ist synonym zu den Begriffen Finanzierungsrisiko, Kapitalstrukturrisiko und Financial Risk. Vgl. DIEDRICH/DIERKES, 2015, S. 79 f. PERRIDON/STEINER, 2007, S. 487/ 493 verwendet den Begriff „leistungswirtschaftliches Risiko" als Synonym für das operative Risiko. Dieses Begriffspaar teilt das mittels Betafaktor quantifizierte Risiko eines Unternehmens im Capital Asset Pricing Model in zwei Komponenten auf. Eine Komponente entspringt der operativen Tätigkeit und damit dem Investitionsprogramm – also dem leistungswirtschaftlichen Bereich – und eine Komponente hat in der Kapitalstruktur des Unternehmens ihre Ursache.

gengerüst des Absatzes, auf die Herstellkosten des Umsatzes und auf Investitionen.[116]

Fremdkapitalkostensatz

Theoretisch könnte auch die Ermittlung des Fremdkapitalkostensatzes kd_t auf Basis des CAPM erfolgen. Stattdessen wird aber in der Bewertungspraxis an die vertraglich vereinbarten Zahlungen an die Fremdkapitalgeber angeknüpft.[117] Teilweise wird sogar der Fremdkapitalzins als Fremdkapitalkostensatz genutzt.[118] Bei höherer Ausfallwahrscheinlichkeit wird diese in die Ermittlung des Fremdkapitalkostensatzes einbezogen.[119] Ausgangspunkt bleibt dennoch die vertraglich vereinbarte Zahlung.[120]

Analog zur Struktur der Eigenkapitalkostensätze kann auch der Fremdkapitalzins als Summe aus risikolosem Zins und Risikoprämie dargestellt werden. Diese Risikoprämie wird als Credit Spread bezeichnet. Der Credit Spread soll die Fremdkapitalgeber für das von ihnen übernommene Risiko kompensieren; vor allem aber für das Ausfallrisiko.[121] Dieses Risiko besteht darin, dass das Unternehmen als Schuldner die vertraglich vereinbarten Zahlungen ganz oder teilweise nicht leisten könnte.

---

[116] Insofern die entsprechenden Größen zahlungswirksam sind und sich im Free Cashflow des Unternehmens niederschlagen. Vgl. zur Zusammensetzung des Free Cashflow den voranstehenden Abschnitt 3.3.2.1.

[117] Vgl. DIEDRICH/DIERKES, 2015, S. 290.

[118] MANDL/RABEL, 1997, S. 327, etwa schlagen die Effektivverzinsung der einzelnen Fremdkapitalpositionen als Fremdkapitalkostensatz vor. Dies erscheint insbesondere bei sehr guter Bonität des Unternehmens vertretbar, vgl. etwa DIEDRICH/DIERKES, 2015, S. 295; KOLLER/GOEDHART/WESSELS, 2015, S. 304.

[119] KOLLER/GOEDHART/WESSELS, 2015, S. 307 empfehlen bei Unternehmen, die ein schlechteres Rating als „investment-grade" aufweisen, also eine relativ hohe Ausfallwahrscheinlichkeit haben, die Anwendung des Adjusted Present Value Verfahrens. In diesem Fall kann der vertraglich vereinbarte Zins zur Ermittlung des Barwerts der Tax Shields angesetzt werden. Vgl. auch DIEDRICH/DIERKES, 2015, S. 295.

[120] Vgl. KOLLER/GOEDHART/WESSELS, 2015, S. 307; DIEDRICH/DIERKES, 2015, S. 295 f. für die Ermittlung des Fremdkapitalkostensatzes unter expliziter Berücksichtigung der Ausfallwahrscheinlichkeit.

[121] Vgl. zu den Fremdkapitalkosten der Insolvenzgefährdung Abschnitt 4.4.2.

Je höher dieses Risiko eingeschätzt wird, desto höher ist der Credit Spread.[122]

In der Regel verfügt ein Unternehmen über einen Fremdkapitalbestand, der sich aus verschiedenen Positionen zusammensetzt, denen unterschiedliche Fremdkapitalkosten zuzuordnen sind.[123] Diese verschiedenen Fremdkapitalkategorien mit unterschiedlichen Kostensätzen können einzeln einbezogen werden oder als gewichtetes Mittel in der WACC Formel zum Ausdruck kommen.[124]

Kapitalstruktur, Finanzierungspolitik und Tax Shields

Im Free Cashflow Kalkül ohne Einbezug von persönlichen Steuern wird sowohl in der Cashflow- als auch in der Kapitalkostengröße die Besteuerung auf Unternehmensebene berücksichtigt. Während im Free Cashflow eine Unternehmensteuerzahlung zugrunde gelegt wird, die anfiele, wäre das Unternehmen unverschuldet,[125] kommt im WACC die steuerliche Abzugsfähigkeit der Fremdkapitalzinszahlung zum Ausdruck.[126] Entsprechend wirken sich die Finanzierungspolitik des Unternehmens bzw. dessen Kapitalstruktur und die Steuerersparnisse, die mit einer Fremdfinanzierung einhergehen (Tax Shields) im Rahmen des Free Cashflow Kalküls auf die Kapitalkostensätze aus.

MODIGLIANI/MILLER (1958) weisen für eine Betrachtung ohne Steuern auf Basis eines Arbitragearguments nach, dass die Kapitalstruktur eines Unternehmens für den Gesamtkapitalkostensatz und damit für den Un-

---

[122]Vgl. DIEDRICH/DIERKES, 2015, S. 292 ff., für den Zusammenhang zwischen Ausfallrisiko, Rating und Credit Spread. Ein Rating ist eine standardisierte Einschätzung der Bonität eines Unternehmens.

[123]Es bestehen etwa Unterschiede bei der Fristigkeit der Fremdkapitalschuld.

[124]Vgl. MANDL/RABEL, 1997, S. 326; DIEDRICH/DIERKES, 2015, S. 252.

[125]Vgl. Abschnitt 3.3.2.1.

[126]Vgl. PAPE, 2010, S. 109 f.

ternehmenswert irrelevant ist.[127] Wird allerdings eine Unternehmensteuer und eine steuerliche Abzugsfähigkeit der Fremdkapitalzinszahlungen berücksichtigt, so resultiert ein Wertvorteil aus der Fremdfinanzierung, da deren Steuerwirkung nicht auf privater Ebene rekonstruiert werden kann.[128]

Die Planung der Verschuldung des Unternehmens im Zuge der Unternehmensbewertung kann sowohl auf Basis des Fremdkapitalbestands (autonome Finanzierungspolitik) als auch auf Basis des Verschuldungsgrads erfolgen. Bei einer autonomen Finanzierungspolitik wird von einer Fixierung des Fremdkapitalbestands und damit einhergehend von einer deterministischen Zinszahlung und resultierenden Steuerersparnis ausgegangen. Bei einer wertabhängigen Finanzierungspolitik[129] wird von einem Zielverschuldungsgrad ausgegangen. Aus dieser Finanzierungsannahme resultieren unsichere zukünftige Zinsaufwendungen und Steuerersparnisse.[130] Daraus folgt ein geringerer Marktwert der Tax Shields bei wertabhängiger Finanzierung bei gleichem angenommenen Marktwert des Fremdkapitals.[131]

Dies würde grundsätzlich heißen, dass eine autonome Finanzierungspolitik im Rahmen der wertorientierten Unternehmensführung von Vorteil ist, weil sie zu einem höheren Unternehmenswert führt. Allerdings wird eine deterministische Planung des Fremdkapitalbestands über die gesamte Lebensdauer des Unternehmens als unrealistisch angesehen.[132] Wird eine Bewertung auf Basis des Free Cashflow Verfahrens durchgeführt, so

---

[127]Vgl. auch DIEDRICH/DIERKES, 2015, S. 78 ff. Wie in Abschnitt 3.3.2.2 erläutert, geht mit einem höheren Verschuldungsgrad ein höherer Eigenkapitalkostensatz einher.

[128]Vgl. MODIGLIANI/MILLER, 1963; vgl. auch DIEDRICH/DIERKES, 2015, S. 87 ff.

[129]In der Literatur auch „wertorientierte" Finanzierungspolitik genannt.

[130]Vgl. DÖRSCHELL/FRANKEN/SCHULTE, 2009, S. 39; DIEDRICH/DIERKES, 2015, S. 75 f.

[131]Mit Sicherheit im Sinne des sicheren Fremdkapitalbestands ist dessen Modellierung als deterministische Variable im Bewertungskalkül im Gegensatz zu einer Zufallsvariablen bei Unsicherheit gemeint, nicht aber die Ausfallsicherheit des Fremdkapitals, die sich in der Höhe des wiederum als deterministisch angenommenen Fremdkapitalkostensatzes niederschlägt. Vgl. DIEDRICH/DIERKES, 2015, S. 91.

[132]Vgl. DIEDRICH/DIERKES, 2015, S. 105.

ist zusätzlich der Eigenkapitalkostensatz des verschuldeten Unternehmens, der zur Ermittlung des WACC benötigt wird, unter Einbezug einer autonomen Finanzierungspolitik nicht konsistent mit der mehrperiodigen Anwendung des CAPM.[133] Soll der Gesamtkapitalkostensatz für die Annahme einer wertabhängigen Finanzierungspolitik direkt aus dem Eigenkapitalkostensatz des unverschuldeten Unternehmens abgeleitet werden, um den Effekt der Finanzierung besser abzubilden, so gilt:

$$k_t = ke_t^u - \tau kd_t \Theta_{t-1} \frac{1 + ke^u}{1 + kd}.$$

Die Fremdkapitalquote $\Theta_{t-1} = \frac{E[\bar{D}_{t-1}]}{E[\bar{V}_{t-1}]}$ lässt sich durch den Verschuldungsgrad ausdrücken mit $\Theta_{t-1} = \frac{L_{t-1}}{L_{t-1}+1}$. Offensichtlich führt ein höherer Verschuldungsgrad ceteris paribus also zu einem geringeren Gesamtkapitalkostensatz, woraus sich ein höherer Unternehmenswert ableitet.[134]

3.3.3 Zusammenfassung der grundlegenden Werttreiber

Wie aus den voranstehenden Ausführungen ersichtlich ist, wirken zahlreiche Einflussfaktoren sowohl innerhalb als auch außerhalb des Unternehmens auf die Höhe und das Risiko der Cashflows, auf die Kapitalkostensätze und mittels dieser Größen auf den Unternehmenswert ein. RAPPAPORT (1998) destilliert aus den Komponenten des Unternehmenswertkalküls sogenannte Werttreiber als grundlegende Parameter, die bestimmend für den Unternehmenswert sind. Er benennt diese als Umsatzwachstum, Gewinnmarge, Unternehmensteuer, Investition ins

---

[133]Vgl. DIEDRICH/DIERKES, 2015, S. 75. Vgl. FAMA, 1977, für die Bedingungen einer mehrperiodigen Anwendung des CAPM.

[134]Für eine ausführlichere Auseinandersetzung mit der Auswirkung der Verschuldung und Finanzierungspolitik auf die Kapitalkostensätze vgl. DIEDRICH/DIERKES, 2015, S. 84-105.

Anlage- und Umlaufvermögen, Kapitalkosten und die Dauer der Wertsteigerung.[135] Auch KOLLER/GOEDHART/WESSELS (2015) identifizieren als werttreibende Größen den NOPLAT, dessen Wachstumsrate sowie das Verhältnis des Wachstums zum Return on Invested Capital (ROIC) und schließlich den WACC.[136] Diese Größen beinhalten im wesentlichen RAPPAPORTs Werttreiber. Abbildung 3.1 greift das Konzept der Werttreiber auf und stellt die im voranstehenden Abschnitt 3.3.2 besprochenen Größen in einen schematischen Zusammenhang mit Entscheidungen der Unternehmensführung.

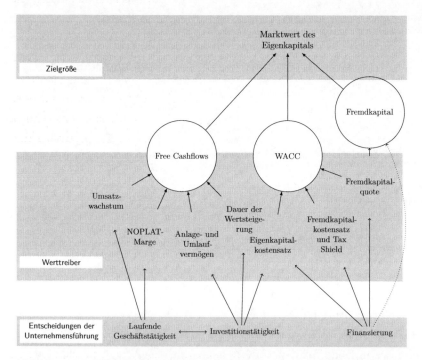

Abbildung 3.1: Werttreiber und Unternehmenswert; in Anlehnung an RAPPA-
PORT, 1998, S. 56

---

[135]Vgl. RAPPAPORT, 1987, S. 60; PAPE, 2010, S. 159.
[136]Vgl. KOLLER/GOEDHART/WESSELS, 2015, S. 29-33.

Zusätzlich zu den wesentlichen Größen, die für Free Cashflow und den WACC bestimmend sind, wird deutlich, dass die zeitliche Entwicklung eine große Rolle für den Unternehmenswert spielt. Je länger das Unternehmen Rückflüsse generieren kann, die über den Erwartungen der Kapitalgeber aus den Kapitalkosten liegen, desto höher ist der Unternehmenswert als Barwert der diskontierten Rückflüsse.

Die Entscheidungen, die die Ausprägung der Komponenten des Unternehmenswertkalküls maßgeblich beeinflussen, obliegen der strategischen Unternehmensführung, auf die im Folgenden eingegangen wird. Sämtliche Größen, die als Werttreiber identifiziert werden, ergeben sich aus den relationalen Zusammenhängen, in denen sich das Unternehmen befindet: sowohl mit den Stakeholdern, die gemäß Koalitionstheorie eine Zusammenarbeit mit dem Konstrukt „Unternehmen" eingegangen sind, als auch aus den marktlichen Verflechtungen – sei es über den Kapitalmarkt oder den Produktmarkt. Soll der Marktwert des Eigenkapitals erhöht werden, geschieht das über eine verbesserte Wettbewerbsposition gegenüber den Konkurrenten des Unternehmens[137], über eine Verbesserung der Kostenposition bei der Absatzerstellung oder über eine Verringerung der Kapitalkosten.[138]

---

[137] KOLLER/GOEDHART/WESSELS, 2015, S. 235 formulieren in Bezug auf die Prognose der Umsatzerlöse und der daraus abzuleitenden Free Cashflows, dass entscheidend ist: „which companies have the capabilities and resources to compete effectively and capture share".

[138] DIEDRICH/DIERKES, 2015, S. 183 fassen diesbezüglich zusammen: „Die Zahlungen, die ein Unternehmen an seine Kapitalgeber leisten kann, sind davon abhängig, inwieweit es dem Unternehmen gelingt, seine Produkte zu Preisen abzusetzen, die die Produktionskosten überschreiten."

3.4 Strategische Unternehmensführung als Operationalisierung der Wertorientierung

Die wertorientierte Unternehmensführung steht in enger Verbindung zur strategischen Unternehmensführung[139]: Einerseits ist der Shareholder Value grundsätzlich das übergeordnete Kriterium zur *Strategiebeurteilung,*[140] andererseits ist die *Analyse* der strategischen Position von Unternehmen fester Bestandteil der Planung und Prognose im Rahmen der Unternehmensbewertung. Theorien der strategischen Unternehmensführung finden sich in vielen Standardwerken zur wertorientierten Unternehmensführung, zum Shareholder Value und zum wertorientierten Controlling.[141]

Seinen Einzug in die Wirtschaftswissenschaften fand der Strategiebegriff über die Spieltheorie, wo eine Strategie als ein vollständiger Plan einer Abfolge von Handlungen definiert ist. Eigene Handlungen hängen dabei sowohl von den eigenen vorherigen Entscheidungen, als auch von denen der Mitspieler ab.[142] CHANDLER (1990) definiert „Strategie" als die Bestimmung der langfristigen Unternehmensziele und des damit verbundenen Handlungsplans sowie der zur Zielerreichung notwendigen Ressourcenallokation.[143] Laut ANSOFF (1965) sind Strategien Maßnahmen zur Sicherung des langfristigen Erfolgs eines Unternehmens.[144] MINTZBERG (1987) definiert Strategie entlang der „5 Ps": „as plan, ploy, pattern, position, and

---

[139]Zum Begriff der Unternehmensführung vgl. Abschnitt 3.1.

[140]Vgl. GUNTHER, 1997, S. 62; MANDL/RABEL, 1997, S. 283, nennen diese Aufgabe in Abgrenzung zu transaktionsbezogenen Unternehmensbewertungen. HUNGENBERG, 2014, S. 31.

[141]Vgl. GUNTHER, 1997, S. 336-398: hier werden verschiedene Instrumente des strategischen Managements in Bezug zum wertorientierten Controlling gesetzt; PAPE, 2010 DIEDRICH/DIERKES, 2015, S. 183-196; zum Verhältnis von Unternehmensstrategie und Unternehmensbewertung vgl. auch RAPPAPORT, 1998, S. 59-99, 1987.

[142]Vgl. HUNGENBERG, 2014, S. 5; BEA/HAAS, 2005, S. 51; zur Definition von strategischen Entscheidungen im Rahmen der Spieltheorie vgl. auch Kapitel 5.

[143]Vgl. CHANDLER, 1990, S. 13.

[144]Vgl. ANSOFF, 1965; vgl. auch BEA/HAAS, 2005, S. 51

perspective"[145] – also als Plan, als eine Art von List, als Muster, als Position und als Blickwinkel. MINTZBERG (1987) betont diese mehrdimensionale Deutung des Strategiebegriffs sowie die Zusammenhänge zwischen den „5 Ps".

Geht man von einer Shareholder-Orientierung der Unternehmensführung aus, so ist der Shareholder Value „ein geeignetes Kriterium für die Bewertung von Strategien"[146].[147] Gleiches sollte für das Risikomanagement gelten: Grundlage für die Bewertung ist der Marktwert der Strategien, in die Risikomanagement-Maßnahmen eingebettet sind.

Die Theorien der strategischen Unternehmensführung beschäftigen sich insbesondere mit der Beziehung des Unternehmens zu seinen Stakeholdern, seinen Wettbewerbern und seiner Umwelt,[148] also genau denjenigen Faktoren, die entscheidenden Einfluss auf die Ausprägung der Größen des Unternehmenswertkalküls haben. Aus diesem Grund soll im Folgenden auf das Verhältnis des Unternehmenswerts und der wertorientierten Unternehmensführung zu Konzepten und Ansätzen des strategischen Managements eingegangen werden.

3.4.1 Gegenstand und Aufgaben der strategischen Unternehmensführung

Die strategische Unternehmensführung setzt das Handeln des Unternehmens in Beziehung zu seiner Umwelt. Dabei ist Grundgedanke der „strategische Fit"[149], also die Passgenauigkeit von Ressourcen und Strukturen

---

[145]MINTZBERG, 1987, S. 11.

[146]BEA/HAAS, 2005, S. 81.

[147]Vgl. dazu auch RAPPAPORT, 1998, insb. S. 77-99.

[148]Vgl. PAPE, 2010, S. 13; BEA/HAAS, 2005, S. 16 ff. betonen die Notwendigkeit der Umsetzung von Anforderungen aus dem Unternehmensumfeld; HUNGENBERG, 2014, S. 7, hebt die dafür entscheidenden Erfolgsfaktoren der Marktpositionierung und Ressourcenbasis hervor.

[149]BEA/HAAS, 2005, S. 16.

innerhalb des Unternehmens zueinander sowie zum Unternehmensumfeld.[150] Gegenstand der strategischen Unternehmensführung sind die Strategien, Systeme und Strukturen des Unternehmens. Strategien beinhalten Ziele und deren Umsetzung in Planung, Steuerung und Kontrolle. Systeme beziehen sich auf die Führung des Unternehmens und insbesondere die verbundenen Koordinationsaufgaben, Beispiele sind etwa Anreiz- und Informationssysteme. Der Begriff „Strukturen" bezeichnet die Organisationsstruktur, durch die Arbeitsteilung und diesbezügliche Koordinationsaufgaben umgesetzt werden.[151]

3.4.2 Ansätze der strategischen Unternehmensführung und Unternehmenswert

Erst die Konzepte der strategischen Unternehmensführung zeigen Möglichkeiten auf, *wie* ein Mehrwert für die Eigentümer des Unternehmens generiert werden kann. Um überhaupt nachhaltig Gewinne erzielen zu können, sodass alle Kosten inklusive Kapitalkosten abgedeckt sind und überstiegen werden, muss das betreffende Unternehmen über *Wettbewerbsvorteile* verfügen.[152]

Ein Wettbewerbsvorteil ist die Fähigkeit eines Unternehmens, gegenüber seinen Konkurrenten einen Vorsprung zu erzielen. Dieser Vorsprung entsteht durch die Fähigkeit, sich von seinen Wettbewerbern zu unterscheiden und abzugrenzen sowie durch diese Unterschiede (höhere) Gewinne zu erzielen. Ein Vorsprung kann sowohl dann entstehen, wenn ein Produkt

---

[150]Vgl. BEA/HAAS, 2005, S. 16 f.
[151]Vgl. HUNGENBERG, 2014, S. 7 f.; HAHN, 2006, S. 34.
[152]Vgl. BOWMAN/AMBROSINI, 2000, S. 5: „Both resource-based theory and theories of competitive strategy deriving from industrial organization (IO) economics [...] are concerned to explain the nature and source of super-normal profits. These are usually defined in relation to some notion of a cost of capital, and the view taken is that 'true' profits only exist when the firm achieves an overall profit performance in excess of its cost of capital. 'Strategy' can be conceived of as a search for long-lived rents, or competitive advantage, which are relative concepts."

zu niedrigeren Preisen angeboten werden kann, als auch dann, wenn das eigene Produkt einen höheren Kundennutzen im Vergleich zu denjenigen Produkten der Wettbewerber bietet.[153] Ein solcher Wettbewerbsvorteil des Unternehmens gegenüber seinen Konkurrenten kann einerseits aus einer nach innen gerichteten Perspektive beleuchtet werden (ressourcenorientierter Ansatz) sowie andererseits aus der Betrachtung der Positionierung am Markt (marktorientierter Ansatz).

Ein Gewinn eines Unternehmens erklärt sich im Gleichgewicht des Produktmarkts durch unvollständigen Wettbewerb.[154] Auf Dauer kann sich ein Markt mit unvollständigem Wettbewerb ohne Wettbewerbsvorteile bzw. ohne heterogene Ausstattung der Wettbewerber nicht halten, weil in einen solchen Markt neue Unternehmen eintreten. Die zunehmende Konkurrenz führt zu einer Erosion der Gewinne.[155] Eine wertorientierte Unternehmensführung kann insofern dann nur dem Abdecken der Ansprüche der Eigenkapitalgeber dienen. Erst durch strategische Wettbewerbsvorteile kann ein Unternehmen seine Gewinne nachhaltig gegen Wettbewerber verteidigen.[156]

Im Folgenden werden der ressourcenorientierte und der marktorientierte Ansatz des strategischen Managements kurz vorgestellt. Beide Ansätze schließen sich keinesfalls aus, sondern können als unterschiedliche Blickwinkel auf Wettbewerbsvorteile interpretiert werden.

---

[153]Vgl. HUNGENBERG, 2014, S. 78-80.
[154]Vgl. Abschnitt 5.2.
[155]Vgl. VARIAN, 2011, S. 483; Vgl. auch SCHOPPE, 1995, S. 11 f.: bei „vollständiger Konkurrenz" ist „das Gewinnmaximum gleich null".
[156]Vgl. zu einer Kontrastierung der Sichtweise der neoklassischen Mikroökonomie zum ressourcenorientierten Ansatz der Wettbewerbsvorteile FREILING, 2001, S. 63-65.

3.4.2.1 Ressourcenorientierter Ansatz

Der ressourcenorientierte Ansatz[157] der strategischen Unternehmensführung erklärt Wettbewerbsvorteile über die Ressourcen, die zur Leistungserstellung genutzt werden, und richtet damit den Blick ins Innere des Unternehmens. Ressourcen sind sowohl materielle als auch immaterielle Vermögenswerte, die dem Unternehmen zur Verfügung stehen.[158]

Aus Ressourcen kann laut BARNEY (1991) allerdings erst dann ein Wettbewerbsvorteil werden, wenn sie über vier Eigenschaften verfügen: sie müssen (1) wertvoll (valuable), (2) selten (rare), (3) nicht imitierbar (inimitable) und (4) nicht substituierbar (non-subsitutable) sein.[159] Damit verneint der ressourcenorientierte Ansatz „die Prämisse vollkommener Faktormärkte in Verbindung mit einheitlichen Produktionstechnologien"[160]. Zusätzlich muss das Unternehmen über die Fähigkeiten (capabilities) verfügen, solche wettbewerbsrelevanten Ressourcen auch zu nutzen.[161] Eine stärkere Betonung auf Fähigkeiten und Kompetenzen legt der Kernkompetenzen-[162]Ansatz von HAMEL/PRAHALAD (1990).[163]

---

[157] Auch: Resource-Based View (RBV). Geprägt haben diesen Ansatz des strategischen Managements unter anderem BARNEY, 1986b,a; DIERICKX/COOL, 1989; WERNERFELT, 1984; BARNEY, 1991; MAHONEY/PANDIAN, J. RAJENDRAN, 1992; PETERAF, 1993. Seine Wurzeln gehen bereits auf PENROSE, 1959 zurück, die in ihrem Buch die Bedeutung von Ressourcen und daraus resultierende Heterogenität für den Erfolg von Unternehmen hervorhebt.

[158] Vgl. BEA/HAAS, 2005, S. 28 f.; FREILING, 2001, S. 14, für eine Übersicht zum Verständnis von Ressourcen in einigen grundlegenden Arbeiten zum ressourcenorientierten Ansatz. DIEDRICH/DIERKES, 2015, S. 193 systematisiert Ressourcen in finanzielle, physische, Human-, organisatorische und technologische Ressourcen.

[159] Diese Eigenschaften werden auch als VRIN framework (valuable, rare, inimitable, non-substitutable) bezeichnet.

[160] FREILING, 2001, S. 54.

[161] Vgl. BEA/HAAS, 2005, S. 29; HUNGENBERG, 2014, S. 63.

[162] Auch: Core Competence.

[163] Vgl. BEA/HAAS, 2005, S. 29 f. Für einen Überblick zum Begriff der Fähigkeiten (capabilities) und Kompetenzen (competencies) vgl. FREILING, 2001, S. 22-27.

Der ressourcenorientierte Ansatz betont, dass Unternehmen durch Informationsasymmetrien und durch bereits erworbene Ressourcen und Fähigkeiten Übergewinne erzielen können: Sie können Vermögensgegenstände zu einem geringeren Preis erwerben und weiterverarbeiten, als sie ihn später aus der Veräußerung des neuen Produktes[164] erzielen können. Dieses Produkt und der generierte Mehrwert für das Unternehmen ist in dieser Betrachtung durch eine strategische Nutzung dieser Ressourcen entstanden.[165]

Der ressourcenorientierte Ansatz ist als präskriptiver Ansatz deshalb schwierig nutzbar, weil eine eingeschlagene Strategie sich immer erst im Nachhinein als wertvoll erweist. So ist schwer zwischen Glück und überlegener Information zu unterscheiden.[166] BARNEY (1986b) betont, dass systematische Vorteile bei der Informationsgewinnung vor allem aus einem Blick nach innen resultieren können und verweist auf WILLIAMSON (1975) und ALCHIAN/DEMSETZ (1972) als grundlegende Arbeiten der Neuen Institutionenökonomik.[167] So ist im Rahmen der vorliegenden Arbeit auch besonders die Verwandtschaft des ressourcenorientierten Ansatzes zum Neoinstitutionalismus hervorzuheben.

Insbesondere das neoinstitutionalistische Konzept der Faktorspezifität[168] und der damit einhergehende Wertzuwachs[169] passen zum ressourcenori-

---

[164]Wobei mit „Produkt" gleichermaßen eine Dienstleistung gemeint ist.

[165]Vgl. FREILING, 2001, S. 85. BARNEY, 1986b, S. 1231 führt in diesem Zusammenhang das Konzept strategischer Faktorenmärkte ein: "strategic factor markets will be imperfectly competitive when different firms have different expectations about the future value of a strategic resource. In these settings, firms may obtain above normal economic performance from acquiring strategic resources and implementing strategies." Vgl. auch DENRELL/FANG/WINTER, 2003 zu Ineffizienzen auf strategischen Faktormärkten.

[166]Vgl. BARNEY, 1986b; DENRELL/FANG/WINTER, 2003, S. 978.

[167]Vgl. dazu das folgende Kapitel; insb. Abschnitt 4.3.

[168]Vgl. Abschnitt 4.3.2

[169]KLEIN/CRAWFORD/ALCHIAN, 1978, prägen für diesen Wertzuwachs den Begriff der „quasi rent". Dieser Begriff bezeichnet den Mehrwert, den ein Vermögensgegenstand in Gebrauch im Vergleich zu dessen Gebrauch durch einen anderen Besitzer hätte, für den der Vermögensgegenstand keine faktorspezifischen Eigenschaften hat. Vgl. KLEIN/CRAWFORD/ALCHIAN, 1978, S. 298.

entierten Ansatz.[170] Aber auch die Property Rights Theorie[171] ist als verwandter theoretischer Ansatz zu betonen: Die Verfügungsrechte an wettbewerblich relevanten Ressourcen sind entscheidend für deren Nutzung.[172] Zudem ist der Gedanke der Komplexität bei der Bündelung von Vermögensgegenständen und dem daraus resultierenden Mehrwert dem Neoinstitutionalismus als moderner Theorie der Unternehmung und dem Ressourcenansatz der strategischen Unternehmensführung gemein.[173] WILLIAMSON (1991) selbst ordnet den ressourcenorientierten Ansatz dem Effizienzgedanken des Neoinstitutionalismus zu.[174]

3.4.2.2 Marktorientierter Ansatz

Der marktorientierte Ansatz[175] richtet seinen Blick bei der Erklärung von und Suche nach Wettbewerbsvorteilen auf die Beziehung eines Unternehmens zu seiner Umwelt; insbesondere zu bestehenden und potentiellen Wettbewerbern.[176] Prägend für diese Denkrichtung der strategischen Unternehmensführung ist vor allem PORTER, der an die mikroökonomische Theorie der Industrial Organization[177] anknüpft.[178]

PORTER greift mit seinen Konzepten auf das grundlegende industrieökonomische Paradigma Structure-Conduct-Performance zurück, das eine kausale Verbindung herstellt zwischen der Marktstruktur, die vor allem

---

[170]Vgl. dazu FREILING, 2001, S. 65-68, der aber auch die Unterschiede der Transaktionskostentheorie und des Resource-based View betont.

[171]Theorie der Verfügungsrechte; vgl. Abschnitt 4.3.3.

[172]Vgl. auch FREILING, 2001, S. 68 f. Zur Relevanz der Property Rights Theorie im Kontext strategischer Entscheidungen vgl. KIM/MAHONEY, 2002, 2005.

[173]Vgl. zur Betonung des Komplexitätsgedankens bei der Gegenüberstellung der Organisationsform Unternehmen vs. Markt SCHWENKER/SPREMANN, 2008, S. 25 ff. Vgl. zur Illustration der Wertrelevanz der Komplexität von Ressourcen DENRELL/FANG/WINTER, 2003, S. 982-984.

[174]Vgl. WILLIAMSON, 1991, S. 76.

[175]Auch: Market-based View (MBV).

[176]Vgl. PORTER, 1979b, S. 137: „The essence of strategy formulation is competition."

[177]Im Folgenden auch: Industrieökonomik.

[178]Vgl. dazu Kapitel 5; insb. Abschnitt 5.2.2 sowie HUNGENBERG, 2014, S. 59.

durch die Zahl der Wettbewerber in einer Branche bestimmt ist, dem Verhalten der Wettbewerber, also der Ausgestaltung ihrer Strategien, und dem Ergebnis, bspw. ausgedrückt durch Gewinne der Branche.[179] Im marktorientierten Ansatz der strategischen Unternehmensführung wird im Gegensatz zur traditionellen Industrieökonomik der Schwerpunkt auf die Aktionswahl durch Unternehmen gelegt – diese Ausrichtung spiegelt sich in der neueren industrieökonomischen Forschung wider.[180]

Die Unternehmensstrategie soll im Rahmen des marktorientierten Ansatzes eine möglichst günstige Positionierung des Unternehmens herbeiführen. Diese Positionierung bestimmt sich einerseits über die Attraktivität der Branche, in der das Unternehmen tätig ist. Die Attraktivität der Branche wird in PORTERs Konzept der fünf Wettbewerbskräfte beeinflusst durch die (1) Rivalität zwischen bestehenden Wettbewerbern, (2) Verhandlungsmacht der Kunden, (3) Verhandlungsmacht der Lieferanten, (4) Bedrohung durch den Eintritt neuer Wettbewerber und (5) Bedrohung durch Substitutionsprodukte.[181] Je höher die Intensität dieser Wettbewerbskräfte, desto schwieriger ist es für Unternehmen der Branche, nachhaltig Gewinne zu erzielen. Das Unternehmen kann andererseits über die Analyse und Ausrichtung seiner wertschöpfenden Aktivitäten sowohl eine günstige Position innerhalb der fünf Wettbewerbskräfte anstreben,[182] als auch relativ zu seinen Konkurrenten Wettbewerbsvorteile erzielen. Ein grundlegendes Analyseinstrument ist hier die Wertkette.[183]

Die Wertkette nach PORTER stellt die Aktivitäten eines Unternehmens untergliedert nach betrieblichen Funktionen dar. Die Ausgestaltung und Differenzierung dieser betrieblichen Funktionen, die der Wertschöpfung

---

[179]Vgl. die Abschnitte 5.2.1 und 5.2.2 sowie HUNGENBERG, 2014, S. 59.
[180]Vgl. Abschnitt 5.2.2.
[181]Vgl. PORTER, 1979a, 1980, 2008; HUNGENBERG, 2014, S. 59 f.
[182]Vgl. PORTER, 1979a, S. 144.
[183]Vgl. HUNGENBERG, 2014, S. 158 f.; PORTER, 1980, 2004.

dienen, sind wesentlich für die Erzielung von Wettbewerbsvorteilen.[184] PORTER (1980) definiert drei generische Wettbewerbsstrategien: Kostenführerschaft[185], Differenzierung[186] und Fokussierung[187]. Unternehmen sollen sich grundsätzlich an einer dieser Strategien orientieren und die Gestaltung der Wertkette an der gewählten Strategie ausrichten. Aus der gewählten Strategie soll ein Wettbewerbsvorteil innerhalb der Branche resultieren.

3.4.3 Exkurs: Wertbegriff im strategischen Management

Der Wertbegriff nimmt im strategischen Management eine wichtige Rolle ein – sowohl im marktorientierten als auch im ressourcenorientierten Ansatz. Je nach Kontext werden aus seiner Verwendung unterschiedliche Aspekte deutlich, die auch für den Unternehmenswert von Bedeutung sind. Die Relevanz und vielfältige Verwendung des Wertbegriffs im strategischen Management wird etwa ersichtlich aus der „Wertkette" oder in der Verwendung „wertvoll" (valuable) als eine von vier Eigenschaften, die eine Ressource wettbewerbsrelevant machen.[188]

---

[184]Vgl. BEA/HAAS, 2005, S. 113; PORTER, 2004, S. 36: „Differences among competitor value chains are a key source of competitive advantage."

[185]Das Unternehmen zielt darauf ab, das Produkt des betreffenden Marktes zum günstigsten Preis anzubieten und sich so von den Wettbewerbern abzuheben.

[186]Das Unternehmen zielt darauf ab, das Produkt mit besonderen Eigenschaften auszustatten und sich so von den Wettbewerbern abzuheben.

[187]Das Unternehmen zielt auf ein bestimmtes Marktsegment, eine bestimmte Kundengruppe oder geographische Region und versucht, die Bedürfnisse dieses Marktsegments in besonderem Maße abzudecken. So hebt es sich von den Wettbewerbern ab.

[188]Natürlich geht die Verwendung des Wertbegriffs weit über den ökonomischen Sinn hinaus – hier soll die Deutung auf das in Geldeinheiten auszudrückende materielle Äquivalent einer Sache beschränkt bleiben. Für eine kurze Diskussion des Wertbegriffs in der Betriebswirtschaftslehre und der Einordnung der Unternehmensbewertungslehre diesbezüglich vgl. PAPE, 2010, S. 45 f.

PORTER definiert Wert (value) als denjenigen Betrag, den Kunden bereit sind, für ein Produkt zu bezahlen.[189] Laut BOWMAN/AMBROSINI (2000) liegt dem auch das ressourcenorientierte Verständnis von „Wert" nahe: so soll der Wert von Ressourcen sich nicht zuletzt durch deren Potential bestimmen, Kundenbedürfnisse zu befriedigen.[190] Dieser Deutung folgend ist für eine wertorientierte Unternehmensführung erst ein solcher „Wert" anzustreben, der ein Unternehmen profitabel macht; der also die Kosten[191] übersteigt, die zur Erstellung des Produktes nötig sind.[192] Dieses strategische, kundenbezogene Verständnis von Wert macht auch deutlich, dass Unternehmen nur einen bestimmten Anteil dieses Werts als Gewinn realisieren können.[193]

Von einer Wertschöpfung durch ein Unternehmen kann erst dann die Rede sein, wenn der Wert des hergestellten Produktes[194] die Gesamtkosten aus dessen Erzeugung überschreitet.[195] Neben der Wertschöpfung (value creation) spielt für eine wertorientierte Unternehmensführung im Sinne von Abschnitt 3.2 und 3.3 vor allem die Wertvereinnahmung (value capture) eine bedeutende Rolle.[196] Diese Wertvereinnahmung hängt zum einen von der Marktmacht des Unternehmens im Rahmen der fünf Wettbewerbs-

---

[189]Vgl. PORTER, 2004, S. 38: „'In competitive terms, value is the amount buyers are willing to pay for what a firm provides them.[...] A firm is profitable if the value it commands exceeds the costs involved in creating the product."

[190]Vgl. BOWMAN/AMBROSINI, 2000, S. 2.

[191]Diese Kosten beinhalten die Entlohnung der an der Produkterstellung beteiligten Anspruchsgruppen.

[192]Vgl. BOWMAN/AMBROSINI, 2000, S. 5. Zu unterscheiden sind die Konzepte des „use value", also der subjektive Wert, den ein Käufer dem Produkt beimisst, und der „exchange value", also der Wert, der an einem Markt für das Produkt als Preis erzielt wird. Für den ökonomischen Gewinn schlagend ist nur der „exchange value". Vgl. BOWMAN/AMBROSINI, 2000, S. 4 f. Vgl. auch DIEDRICH/DIERKES, 2015, S. 183: Dieser „Mehrwert" kommt in einem positiven Cashflow zum Ausdruck, der den Kapitalgebern zur Verfügung steht.

[193]Vgl. BOWMAN/AMBROSINI, 2000, S. 7 f. Was sich in der Ermittlung von Cashflows aus Umsätzen in der Unternehmensbewertung widerspiegelt; vgl. auch Abschnitt 3.3.2.1.

[194]Bzw. der bereitgestellten Dienstleistung.

[195]Vgl. JOST, 2001a, S. 18-22; hier ist von einer *realisierten* Wertschöpfung die Rede.

[196]Vgl. BOWMAN/AMBROSINI, 2000, S. 7.

kräfte ab,[197] aber zum anderen auch von der Beziehung zu Kunden, Arbeitskräften und Fremdkapitalgebern des Unternehmens. BOWMAN/AMBROSINI (2000) betonen in diesem Zusammenhang die Unvollständigkeit der Verträge des Unternehmens mit Arbeitnehmern.[198]

Sowohl der ressourcenorientierte Ansatz als auch der marktorientierte Ansatz gehen davon aus, dass Gewinne aus Wertschöpfung und Wertvereinnahmung über einen fortdauernden Zeitraum möglich sind.[199] Allerdings sind sie sich über deren Ursache uneins: die PORTERschen überdurchschnittlichen Gewinne resultieren aus einer günstigen Marktposition in Form von Marktmacht mit Vorteilen gegenüber aktuellen und potentiellen Wettbewerbern, Kunden, Lieferanten und Ersatzprodukten.[200] SPANOS/LIOUKAS (2001) charakterisieren diese Gewinne als „monopolytype"[201], ordnen sie also dem Monopolstreben der Unternehmen zu. Im ressourcenorientierten Ansatz resultieren die Gewinne daraus, dass das Unternehmen Ressourcen besser nutzen kann als Wettbewerber und der Markt – ein Gedanke, der der Grundidee der neoinstitutionalistischen Theorie der Unternehmung entspricht. Hier stehen „efficiency-type"[202] Gewinne als charakteristisch für einen Wettbewerbsvorteil des Unternehmens, resultieren also aus einer effizienten Nutzung von Ressourcen.[203] Auch WILLIAMSON (1991) hebt die Bedeutung des Effizienzgedankens

---

[197] Vgl. BOWMAN/AMBROSINI, 2000, S. 9; vgl. auch der voranstehende Abschnitt 3.4.2.2.
[198] Vgl. BOWMAN/AMBROSINI, 2000, S. 10.
[199] Vgl. SPANOS/LIOUKAS, 2001, S. 911. Die Autoren verwenden den aus der Volkswirtschaftslehre stammenden Begriff „rent". Es ist davon auszugehen, dass der Begriff synonym zum Begriff des ökonomischen Gewinns unter Einbezug von Kapitalkosten gemeint ist, da sowohl RBV als auch MBV betonen, dass durch Wettbewerbsvorteile derartige ökonomische Gewinne möglich sind. SCHOEMAKER, 1990, S. 1179, konstatiert: „a fundamental premise of strategic planning is in conflict with a core belief of economics, namely the (im)possibility of systematically creating above average returns."
[200] Vgl. WILLIAMSON, 1991, S. 75.
[201] SPANOS/LIOUKAS, 2001, S. 911.
[202] SPANOS/LIOUKAS, 2001, S. 911.
[203] BARNEY, 1991, S. 116 ordnet Gewinne, die dem ressourcenorientierten Ansatz zuzuschreiben sind, ebenfalls dem Effizienzgedanken zu und kontrastiert sie mit Gewinnen aus Marktmacht und Monopolstreben.

für die strategische Unternehmensführung hervor und arbeitet zusätzlich die Bedeutung von Verschwendung, Slack und Bürokratie innerhalb der Organisation heraus. Diese Ineffizienzen können geringere Gewinne nach sich ziehen.[204]

3.5 Überlegungen zur Wertrelevanz des Risikomanagements: Effizienz und Monopol

Aufbauend auf den vorgestellten Grundlagen des Risikomanagements aus Kapitel 2 und der wertorientierten Unternehmensführung, die im vorliegenden Kapitel behandelt wurde, können grundsätzliche Überlegungen präsentiert werden, ob – und falls ja, auf welche Weise – sich ein Risikomanagement auf den Unternehmenswert auswirken kann. Als wesentliche Komponenten des Unternehmenswertkalküls wurden der Eigenkapitalkostensatz, der Fremdkapitalkostensatz und die Finanzierungsstruktur sowie der Free Cashflow identifiziert.[205]

Der Eigenkapitalkostensatz wird i.d.R. auf Basis eines Kapitalmarktmodells ermittelt, das von der Vollkommenheit und Vollständigkeit des Marktes ausgeht.[206] Anders verhält es sich bei den Größen Free Cashflow, Fremdkapitalkostensatz und der Kapitalstruktur des Unternehmens. Anknüpfungspunkte für eine mögliche Beeinflussung dieser Größen über ein Risikomanagement durch Unternehmen finden sich im strategischen Management.[207] Spielt Risikomanagement eine Rolle in Bezug auf Strategie, Systeme und Strukturen des Unternehmens,[208] so kann es sich auch auf

---

[204]Vgl. WILLIAMSON, 1991, S. 77 f.
[205]Vgl. Abschnitt 3.3.2.
[206]Vgl. Abschnitte 2.2.3.2 sowie 3.3.2.2: Im Rahmen dieser Annahmen ist ein Risikomanagement auf Unternehmensebene irrelevant.
[207]Vgl. Abschnitt 3.4.
[208]Vgl. Abschnitt 3.4.1 zum Gegenstand des strategischen Managements.

den Unternehmenswert auswirken. Um einen solchen Zusammenhang zu untersuchen, wird das Risikomanagement im Folgenden aus zwei Perspektiven beleuchtet, die an den ressourcenorientierten und den marktorientierten Ansatz des strategischen Managements anknüpfen.

Der ressourcenorientierte Ansatz richtet den Blick nach innen; auf die Ressourcen und Fähigkeiten des Unternehmens. Im Fokus stehen die Beziehungen zu den Stakeholdern des Unternehmens, die einen Beitrag zu dessen Bestehen leisten. In den seltensten Fällen wird das Risikomanagement an sich einen strategischen Wettbewerbsvorteil im Sinne des RBV darstellen. Wohl aber ist ein Einfluss zu untersuchen auf das Zusammenwirken von Aktivitäten innerhalb der Organisation, auf die Beziehung zu Mitarbeitern und Kunden und somit auf Faktoren, die maßgeblich sind für die Entstehung von Kernkompetenzen. Im Rahmen dieser Arbeit dient der Neoinstitutionalismus als Analyserahmen für Auswirkungen des Risikomanagements auf Systeme und Strukturen des Unternehmens.[209] Das beinhaltet vor allem eine Analyse derjenigen Beziehungen des Konstrukts Unternehmen, die Kooperationscharakter haben. LIM/WANG (2007) argumentieren, dass gerade die Stakeholder, die eine Kooperationsbeziehung mit dem Unternehmen eingehen[210], gemäß ressourcenorientiertem Ansatz einen substantiellen Einfluss auf den Unternehmenswert ausüben.[211] Diese Beziehungen lassen sich über die neoinstitutionalistische Sichtweise der Unternehmen als Geflecht von Verträgen[212] abbilden und analysieren.

Der marktorientierte Ansatz legt den Fokus auf die Wettbewerbssituation eines Unternehmens. Im Wesentlichen stellt diese strategische Denkrichtung eine Ausgestaltung des industrieökonomischen Paradigmas dar,

---

[209]Parallelen zwischen ressourcenorientiertem Ansatz und Neoinstitutionalismus werden etwa erwähnt von FREILING, 2001, S. 65-69 und betont von WILLIAMSON, 1991, S. 76. Vgl. auch Abschnitt 3.4.2.1.

[210]Das schließt etwa Angestellte ein, sowie die Beziehungen zu vor- und nachgelagerten Stufen der Wertschöpfungskette.

[211]Vgl. LIM/WANG, 2007, S. 641.

[212]Vgl. Abschnitt 4.3; JENSEN/MECKLING, 1976, S. 310 f.

dass Marktstruktur und Verhalten bestimmend für das Ergebnis der Unternehmen der Branche sind. So wird im Rahmen dieser Arbeit als Analyserahmen für Auswirkungen des Risikomanagements auf Strategien und die Position im Produktwettbewerb eine industrieökonomische Herangehensweise genutzt.[213]

Sowohl Neue Institutionenökonomik als auch Industrieökonomik eignen sich für die gezielte Analyse bestimmter Unternehmensaktivitäten; in diesem Fall des Risikomanagements. Durch die Einbettung in Modelle der jeweiligen Disziplin ist eine Erkenntnis von Ursache-Wirkungs-Zusammenhängen möglich. WILLIAMSON (1990a), als einer der wichtigsten modernen Vertreter des Neoinstitutionalismus, stellt eine grundsätzliche Frage zur Organisation von ökonomischer Aktivität außerhalb eines Marktplatzes und damit zum Zweck der Existenz von Unternehmen als „Institutionen des Kapitalismus"[214]:

> „Welchen Zwecken dient die Ablösung des klassischen Markttausches [...] durch komplexere Formen von Verträgen (einschließlich nicht-marktlicher Formen ökonomischer Organisation)?"[215]

Dies beinhaltet die Frage, welche Aufgaben Unternehmen mit welcher grundsätzlichen Zielsetzung übernehmen.[216]

WILLIAMSON (1990a) gibt zwei mögliche Antworten auf diese Frage und ordnet damit die Begründung für die Existenz von Unternehmen als Organisationsform ebenfalls in zwei Kategorien: Das Effizienzstreben einerseits und das Monopolstreben andererseits. Er teilt die Auffassung

---

[213]Vgl. Abschnitt 3.4.2.2 und 5.2.2 für die enge Verwandtschaft der Industrieökonomik und des marktorientierten Ansatzes.
[214]WILLIAMSON, 1990a.
[215]WILLIAMSON, 1990a, S. 27.
[216]Explizit bezieht sich WILLIAMSON, 1990a, S. 27, auf die Zielsetzung eines nicht-standardisierten Vertrages. Das Unternehmen als solches ist im Rahmen des Neoinstitutionalismus als ein Geflecht von solchen nicht-standardisierten Verträgen zu verstehen. Vgl. auch Abschnitt 4.3.

einer Zuordnung der RBV zum Effizienzgedanken und grenzt dieses Motiv vom Streben nach Marktmacht ab.[217] Bei anderen Autoren findet sich die Unterscheidung in den Monopol- und Effizienzzweck von Unternehmen ebenfalls wieder.[218] Im Mittelpunkt der Argumentation einer unternehmerischen Zielsetzung gemäß Monopolansatz stehen Erwägungen, die auf eine Ausdehnung der Marktmacht des Unternehmens abzielen. Eine Argumentation auf Basis des Effizienzansatzes legt den Fokus auf Einsparungen aus einer Reduktion von Effizienzverlusten.[219] Gemäß WILLIAMSON (1990a) sind verschiedene Theorien dem Monopolansatz zuzuordnen. Diese lassen sich weiter unterscheiden in Ansätze, die eine Ausdehnung bzw. bessere Ausnutzung der Marktmacht gegenüber Kunden in den Mittelpunkt ihrer Betrachtung stellen und denjenigen, die den Wettbewerb mit Rivalen fokussieren.[220]

Der Unterscheidung in einen Effizienzzweck und einen Monopolzweck unternehmerischer Maßnahmen entspricht der folgende zweite Teil dieser Arbeit.[221] Kapitel 4 untersucht demgemäß ein Risikomanagement aus Sicht des Neoinstitutionalismus und soll aufzeigen, welche Einsparungen von Effizienzverlusten aus einer Begrenzung bzw. Reduktion des Risikos resultieren können und so relevant für den Unternehmenswert werden. In Kapitel 5 werden vor dem theoretischen Hintergrund der Industrieökonomik Argumente für ein Risikomanagement auf Basis des Monopolzwecks eruiert.

---

[217]Vgl. WILLIAMSON, 1991. Das Streben nach Marktmacht steht im Vordergrund der Denkrichtung des marktorientierten Ansatzes, vgl. 3.4.2.2.

[218]Vgl. etwa PICOT/DIETL/FRANCK, 2008, S. 33-34; hier wird in das Streben nach Marktmacht und das Streben nach „Rationalität" unterschieden, wobei dieser Ansatz der neoinstitutionalistischen Effizienzbetrachtung entspricht. Auf S. 173 ist dann ebenfalls von Effizienz anstelle der Rationalität die Rede.

[219]Vgl. WILLIAMSON, 1990a, S. 27.

[220]Auch TIROLE, 1998, S. 16, folgt diesem Gedanken zur Ansiedelung von ökonomischen Aktivitäten innerhalb oder außerhalb eines Unternehmens: „efficiency (or ‚non-monopoly') reasons for integration or disintegration".

[221]Auch bei PICOT/DIETL/FRANCK, 2008, S. 33 f.; S. 173 ff. findet sich eine entsprechende Unterscheidung in die Zielsetzung „Marktmacht" und „Effizienzvorteile", S. 173, die hier zur Erklärung von Kooperationen dienen. Vgl. Auch Anhang A.1 für eine weitere Untergliederung von Monopol- und Effizienzzweck gemäß WILLIAMSON, 1990a.

Abbildung 3.2 soll noch einmal als Übersicht verdeutlichen, aus welchen ökonomischen Zusammenhängen sich die Komponenten des Unternehmenswertkalküls ableiten und an welcher Stelle der vorliegenden Arbeit diese Zusammenhänge und die Wirkungsweise des Risikomanagements auf diese Komponenten analysiert werden.

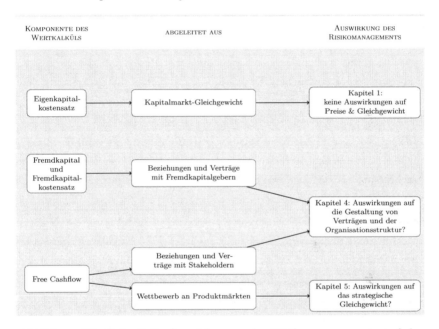

Abbildung 3.2: Potentielle Auswirkungen des Risikomanagements auf den Unternehmenswert-Kalkül

3.6 Zusammenfassung empirischer Untersuchungen zur Wertrelevanz des Risikomanagements

Im folgenden Abschnitt soll ein kurzer Überblick zu Veröffentlichungen gegeben werden, die sich empirisch mit der Frage auseinandersetzen, ob ein Zusammenhang zwischen Hedging-Aktivitäten und dem Unternehmenswert besteht. Hier sollen diejenigen Untersuchungen zusammengefasst werden, die einen allgemeinen Zusammenhang zwischen Hedging und Unternehmenswert thematisieren, ohne sich auf eine oder mehrere bestimmte ursächliche Richtungen dieses Zusammenhangs zu fokussieren.

ALLAYANNIS/WESTON (2001) veröffentlichen einen der ersten Beiträge, die den Zusammenhang zwischen Hedging-Aktivitäten und Unternehmenswert empirisch untersuchen. Sie messen die Hedging-Aktivität am Einsatz von Fremdwährungsderivaten durch Unternehmen außerhalb der Finanzindustrie, die im Rahmen ihrer operativen Tätigkeit einem Währungsrisiko ausgesetzt sind.[222] Als Maß für den Unternehmenswert wird Tobin's Q genutzt. Tobin's Q wird definiert als Quotient aus dem Marktpreis des Unternehmens und Wiederbeschaffungswert der Vermögensgegenstände des Unternehmens[223] zum Ende des Fiskaljahres.[224] Die Autoren finden einen positiven Zusammenhang zwischen den Währungs-Hedging-Aktivitäten international agierender Unternehmen und dem Marktwert gemessen durch Tobin's Q: Der Marktwertunterschied zwischen hedgenden und nicht hedgenden Unternehmen beträgt 4,87%.[225]

SMITHSON/SIMKINS (2005) fassen in einer Meta-Studie diese und weitere empirische Untersuchungen zum Risikomanagement zusammen. Neben der Frage nach der Wertrelevanz des Risikomanagements wird darauf eingegangen, ob mit aktivem Risikomanagement überhaupt eine Risikoverminderung erzielt wird.[226] Den Zusammenhang zwischen Unterneh-

---

[222]Vgl. ALLAYANNIS/WESTON, 2001, S. 244.
[223]LEWELLEN/BADRINATH, 1997, S. 78, begründen dies: „unless assets are used by a firm so as to create at least as much market value as the cost of recproducing them, the assets would be better employed elsewhere."
[224]Vgl. ALLAYANNIS/WESTON, 2001, S. 249-251. Dabei wird zur Ermittlung von Tobin's Q LEWELLEN/BADRINATH, 1997, gefolgt.
[225]Vgl. ALLAYANNIS/WESTON, 2001, S. 268 f.; 273.
[226]Vgl. SMITHSON/SIMKINS, 2005, S. 11 f. Fünfzehn Untersuchungen werden auf diese Frage hin zusammengefasst: für Unternehmen der Finanzindustrie besteht ein positiver Zusammenhang zwischen Risikomanagement und dem Risikogehalt der

menswert und Risikomanagement sehen die Autoren in sechs von zehn Untersuchungen ohne weitere Einschränkungen bestätigt.[227] Zwei Untersuchungen finden einen negativen Zusammenhang. Diese Untersuchungen setzen sich mit Unternehmen auseinander, die in der Rohstoff-Industrie tätig sind.[228] Zwei weitere Untersuchungen finden unterschiedliche Zusammenhänge zwischen Hedging-Aktivitäten und Marktwert, je nach Marktkonstellation.[229]

Auch ARETZ/BARTRAM/DUFEY (2007) tragen diverse empirische Untersuchungen zum Zusammenhang zwischen Risikomanagement und Unternehmenswert zusammen und resümieren gemischte Ergebnisse. Während Unterstützung dafür gefunden wird, dass Unternehmen mit gewissen Charakteristika (Wachstumsmöglichkeiten) eher hedgen, und auch der Verschuldungsgrad eine Rolle zu spielen scheint, sind die Aussagen zur Wertrelevanz nicht eindeutig formulierbar.[230]

ANDERSEN (2009) untersucht den Zusammenhang eines 'effektiven Risikomanagements' und 'Performance' bei international agierenden Unternehmen. Dabei wird die Effektivität des Risikomanagements als Quotient aus der Standardabweichung des Umsatzes und des Return on Assets (ROA) gemessen. Performance wird durch ROA und Marktwertwachstum als

---

Eigenkapitalrendite. Für Unternehmen außerhalb der Finanzindustrie sind die Ergebnisse gemischt, deuten jedoch ebenfalls auf einen positiven Zusammenhang hin.

[227] Hierzu zählen neben ALLAYANNIS/WESTON, 2001, auch die Arbeitspapiere von BARTRAM/BROWN/FEHLE, 2004; KIM/MATHUR/NAM, 2004; ALLAYANNIS/LEL/MILLER, 2004; CYREE/HUANG, 2004, für die Finanzindustrie; CARTER/ROGERS/SIMKINS, 2003, die größtenteils in einer späteren Fassung publiziert wurden: BARTRAM/BROWN/FEHLE, 2009; KIM/MATHUR/NAM, 2006; ALLAYANNIS/LEL/MILLER, 2012; CARTER/ROGERS/SIMKINS, 2006a.

[228] Es handelt sich hierbei um JIN/JORION, 2004; CALLAHAN, 2002. Später veröffentlicht wurde ersterer Beitrag als JIN/JORION, 2006.

[229] Das Arbeitspapier von NAIN, 2004, stellt einen (keinen) Zusammenhang zwischen Unternehmenswert und Hedging fest, wenn viele (wenige oder keine) Mitwettbewerber hedgen. LOOKMAN, 2004, findet einen negativen Zusammenhang zwischen Hedging und Unternehmenswert für Unternehmen der Rohstoff-Industrie, wenn das gehedgte Risiko ein primäres Risiko ist. Für diversifizierte Firmen ist Hedging mit einem höheren Unternehmenswert assoziiert.

[230] Vgl. ARETZ/BARTRAM/DUFEY, 2007, S. 443-445.

Änderungsrate des Marktwert-Buchwert-Verhältnisses bestimmt.[231] AN-DERSEN (2009) findet eine Korrelation zwischen Unternehmensperforman-ce und Risikomanagement-Aktivitäten. Die Untersuchung stützt dieses Ergebnis durch einige Robustheitsuntersuchungen.[232]

BARTRAM/BROWN/CONRAD (2011) können zunächst empirische Evidenz dafür finden, dass Unternehmen Derivate vor allem nutzen, um Risiken zu hedgen, nicht um zu spekulieren.[233] Auch ein positiver Zusammenhang zwischen aktivem Risikomanagement und Unternehmenswert durch den Einsatz von Derivaten wird aufgezeigt, allerdings nur mit schwacher statistischer Signifikanz.[234]

APPEL/HOFFJAN (2014) geben eine Übersicht zu empirischen Arbei-ten zum Risikomanagement, allerdings befassen sich diese mehr mit der Implementierung von ebensolchen Systemen als mit deren Sinnhaf-tigkeit im Rahmen der Unternehmenszielsetzung.[235] BOCK/CHWOLKA (2014) wollen in ihrer Studie die Effektivität des Risikomanagements in Deutschland untersuchen. Dabei wird der Effektivitätsbegriff definiert als Beitrag zum Unternehmenswert, Integration in bestehende Prozesse, die unterstützende Wirkung für Entscheidungen sowie dessen kontinuierliche Verbesserung. Dies wird gestützt auf die ISO Norm 31000[236].[237] Über 60% der Unternehmen, die an der Studie teilnahmen, messen die Effektivität des Risikomanagements nicht. Von den Unternehmen, die eine Messung vornehmen, waren überproportional viele (64%) DAX Unternehmen.[238]

---

[231]Vgl. ANDERSEN, 2009, S. 358 f.

[232]Vgl. ANDERSEN, 2009, S. 363.

[233]Vgl. BARTRAM/BROWN/CONRAD, 2011, S. 997. Sie leiten diesen Zusammenhang aus dem Ergebnis ab, dass hedgende Unternehmen eine geringere Cash Flow Volatilität, geringeres Gesamtrisiko und geringeres Marktrisiko aufweisen, vgl. S. 985.

[234]Vgl. BARTRAM/BROWN/CONRAD, 2011, S. 971; 997.

[235]Vgl. APPEL/HOFFJAN, 2014, insb. S. 66-69.

[236]Diese Norm soll Grundsätze und Best Practice Ansätze zum Risikomanagement in Unternehmen bieten, unabhängig von der Zuordnung zu spezifischen Wirtschafts-zweigen oder Regionen.

[237]Vgl. BOCK/CHWOLKA, 2014, S 61 f.

[238]Von 49 teilnehmenden Unternehmen insgesamt waren 42% im DAX, 12% im TecDAX, 18% im SDAX und 29% im MDAX gelistet.

BOCK/CHWOLKA (2014) finden in ihrer Untersuchung einen Zusammenhang zwischen der Messung der Effektivität eines Risikomanagement-Systems und der Bedeutung externer Ratings.[239] Es wird das Fazit gezogen, dass die meisten Unternehmen Schwierigkeiten bei der Effektivitätsbeurteilung des Risikomanagements haben.[240]

Insgesamt stützen diese Untersuchungen die These, dass Risikomanagement prinzipiell für den Unternehmenswert relevant ist. Dass Hedging-Aktivitäten sich nicht zwangsweise werterhöhend auswirken, wird dabei im Folgenden von besonderem Interesse sein.[241] Insbesondere die aktuelle Untersuchung von BOCK/CHWOLKA (2014) macht deutlich, dass Unternehmen erhebliche Probleme bei der Beurteilung und Steuerung ihrer Risikomanagement-Systeme haben: Die vorliegende Untersuchung kann hier wichtige Impulse liefern.

---

[239]Vgl. BOCK/CHWOLKA, 2014, S. 65. So machten 86 % der Unternehmen, die die Effektivität ihrer Risikomanagement-Systeme messen, Angaben zum Unternehmensrating in ihrem Geschäftsbericht.
[240]Vgl. BOCK/CHWOLKA, 2014, S. 68.
[241]Vgl. Kapitel 5.

4 Effizienzeffekte des Risikomanagements

Das vorliegende Kapitel setzt sich mit einer möglichen Begründung des unternehmerischen Risikomanagements im Effizienzstreben auseinander. Zudem soll untersucht werden, ob sich so motivierte Risikomanagement-Maßnahmen auf den Unternehmenswert auswirken und entsprechend Effizienzeffekte des Risikomanagements möglich sind.

4.1 Effizienz, Effizienzverlust und Effizienzeffekte

Zunächst soll eine Auseinandersetzung mit dem Effizienzbegriff stattfinden. Im voranstehenden Abschnitt 3.5 wurde der Effizienzzweck bereits mit der Zielsetzung einer Einsparung von Effizienzverlusten beschrieben;[1] wobei diese Beschreibung alleine nicht viel mehr als eine Tautologie ist.[2] In der Betriebswirtschaftslehre ist das Effizienzstreben häufig gleichgesetzt

---

[1] Vgl. WILLIAMSON, 1990a, S. 27.

[2] Im Wesentlichen wird das Streben nach Effizienz mit der Vermeidung von Ineffizienz beschrieben. Vgl. für die Effizienzbetrachtung von Verträgen WILLIAMSON, 1990a, S. 30; hier werden Effizienzverluste weiter beschrieben als „dead weight loss", also als Wohlfahrtsverluste.

mit dem Wirtschaftlichkeits- oder auch ökonomischen Prinzip.[3,4] Das
ökonomische Prinzip gibt vor, dass aus den vorhandenen Alternativen diejenige gewählt werden soll, die (a) mit der geringsten Mittelverwendung
das gewünschte Ergebnis erzielt, (b) mit einer gegebenen Mittelausstat-
tung das beste Ergebnis erzielt, bzw. (c) eine geringe Mittelverwendung
und das bestmögliche Ergebnis gleichzeitig anstrebt.

Von Effizienzverlusten kann allgemein die Rede sein, wenn ein erreichtes
Ergebnis nicht dem möglichen Optimum entspricht, bzw. wenn mehr
Mittel zur Erreichung eines vorgegebenen Ziels verwendet werden, als notwendig.[5] Diese Ineffizienzen können ein breites Spektrum der betrieblichen
Aktivitäten betreffen. Innerhalb der Strömungen des Neoinstitutionalismus[6] stehen Effizienzverluste – also Abweichungen von einer theoretisch
optimalen Kombination aus Mittelverwendung und Ergebniserzielung –
in Form von Transaktionskosten und Agency Kosten im Mittelpunkt der
Betrachtung. Diese sind unter anderem bedingt durch Informationsasym-

---

[3]Vgl. DYCKHOFF/AHN, 2001, S. 112; die Autoren stellen in einer Analyse von 180
betriebswirtschaftlichen Quellen, die den Effizienzbegriff bzw. das Effizienzstreben
verwenden, diese als die häufigste Verwendung fest. An zweiter Stelle steht die
„Identifizierung nicht dominierter Alternativen", S. 112, an Stelle drei die „Verbesserung (des Grads) der Zielerreichung", ebd., an vierter Stelle die „Realisierung einer
günstigen Input-/Output-Relation", ebd., – im Wesentlichen eine Umformulierung
des Wirtschaftlichkeitsprinzips – und schließlich an fünfter Stelle, die „Forderung
'to do things right'", ebd.

[4]Der Effizienzbegriff in diesem Sinne ist abzugrenzen von der verwandten Markteffi-
fizienz, die bedeutet, dass alle verfügbaren Informationen zu jeder Zeit in den
Marktpreisen berücksichtigt sind und der Markt sich im Gleichgewicht befindet.Vgl.
PERRIDON/STEINER, 2007, S. 199; FRANKE/HAX, 2009, S. 434 ff.

[5]DEMSETZ, 1969, kritisiert in seinem Beitrag den Vergleich nur theoretisch
idealer Lösungen ökonomischer Probleme mit existierenden institutionellen
Lösungsansätzen. Er bezeichnet diesen Ansatz als „nirvana approach" (S. 1). Diese
Kritik kann etwa Anwendung finden beim Vergleich der first-best-Situation mit
der second-best-Lösung, wie er häufig im Rahmen der Prinzipal-Agenten-Theorie
gezogen wird und der als Maß für die Effizienz im neoinstitutionalistischen Sinne
gelten kann, vgl. auch Abschnitt 4.3.4.

[6]Die Begriffe „Neoinstitutionalismus" und „Neue Institutionenökonomik" werden
im Rahmen der vorliegenden Arbeit weitestgehend synonym verwendet. Dabei
legt die Neue Institutionenökonomik dem Wortsinn nach den Fokus stets auf
ökonomische Sachverhalte, während der Begriff des Neoinstitutionalismus keinen
reinen ökonomischen Ansatz darstellt, sondern auch Theorien in verschiedenen
Geistes- und Sozialwissenschaften umfasst.

metrien und Opportunismus der Akteure, aber auch durch Externalitäten und unvollständig definierte Verfügungsrechte. Werden solche Effizienzverluste vermindert, ist im Rahmen dieser Arbeit von Effizienzeffekten die Rede.[7] Im vorliegenden Kapitel stehen solche Effizienzeffekte des Risikomanagements im Fokus. Es wird untersucht, wie Risikomanagement die Gestaltung von Verträgen und Transaktionen innerhalb der Organisation beeinflussen kann und sich so auf den Wert des Unternehmens auswirkt.

4.2 Die moderne Theorie der Unternehmung als Grundlage für die Analyse des Risikomanagements

Generell befasst sich die Theorie der Unternehmung mit der Fragestellung, ob, warum und wann ein Unternehmen - im Gegensatz zum Markt - welche Aufgaben übernimmt.[8] So lässt sich auch die Frage nach der Sinnhaftigkeit eines unternehmensinternen Risikomanagements hier einordnen.[9] Die Untersuchung der Wertrelevanz des Risikomanagement ist letztendlich eine Analyse, ob und unter welchen Bedingungen ein Risikomanagement innerhalb der „Grenzen" des Unternehmens durchgeführt werden sollte – Oder ob diese Aufgabe nicht eben genauso gut (oder sogar noch besser?) dem Markt überlassen werden kann.

Dies beinhaltet eine noch grundsätzlichere Frage: Was begründet die Existenz von Unternehmen; warum wird die Allokation von Ressourcen nicht

---

[7]Vgl. auch PICOT/DIETL/FRANCK, 2008, S. 173: Hier ist bei der Einsparung von Transaktions- bzw. Agency-Kosten von Effizienzvorteilen die Rede.

[8]Vgl. HOLMSTRÖM/TIROLE, 1989, S. 65 f. ; SCHOPPE, 1995, S. 135 ff.

[9]COASE, 1972, S. 63 schreibt hierzu: "What determines what a firm does? To answer this question, it is necessary to understand why a firm exists at all, since this gives us a clue as to the direction in which to look in order to uncover what determines what a firm does."

vollständig dem Markt bzw. Märkten überlassen, wo jegliche Koordination über den Preismechanismus funktionieren soll und jede Transaktion ein bilateraler Vertrag ist?[10] Innerhalb des Unternehmens findet die Koordination von Produktionsfaktoren in erster Linie durch wahrnehmbares Management statt. Demgegenüber steht SMITHs unsichtbare Hand des Marktes. COASE (1937) erklärt dies mit der Abkehr von dem neoklassischen Grundgedanken, dass die Nutzung des Preismechanismus ohne Kosten bliebe:

> „The main reason why it is profitable to establish a firm would seem to be that there is a cost of using the price mechanism."[11]

Nach COASE (1937) stehen diese sogenannten „marketing costs" den Organisationskosten gegenüber, die bei der Koordination von Ressourcen innerhalb eines Unternehmens entstehen.[12] Aus diesen gegenläufigen Effekten resultiert eine optimale Unternehmensgröße, die dann erreicht ist, wenn die Grenzkosten aus der Koordination über den Markt denjenigen aus der Koordination innerhalb des Unternehmens entsprechen.

COASE (1937) legt damit den Grundstein für die Transaktionskostentheorie der Neuen Institutionenökonomik.[13] Die neo-institutionalistische Sichtweise ist prägend für die moderne Theorie der Unternehmung und

---

[10]HAYEK, 1945, betont die Überlegenheit des Marktes als Koordinationsform gegenüber zentraler Planung – so soll alle notwendige Information und Anreizsetzung über den Marktpreis funktionieren. Als Gegenpol dazu ist ARROW, 1974, der Meinung, dass die „superior productivity of joint action", ARROW, 1974, S. 53, innerhalb des Unternehmens vor allem aus größerer Effizienz in Bezug auf die Erkennung und Verwertung von Informationen resultiert.

[11]COASE, 1937, S. 390; mit Bezug zum Risikomanagement sagt ARROW, 1974, S. 35: „Another major reason for limitation of the price system for allocating risk-bearing is the difficulty of distinguishing between genuine risks and failures to optimize".

[12]Vgl. auch WILLIAMSON, 1967, S. 124; SCHOPPE, 1995, S. 135 f.

[13]Institutionen sind nach PICOT/DIETL/FRANCK, 2008, S. 10: „sanktionierbare Erwartungen, die sich auf die Verhaltensweisen eines oder mehrerer Individuen beziehen." Dies beinhaltet Normen und Regeln einerseits, aber auch Gebilde wie Unternehmen und Verbände andererseits. Diese Institutionen stehen im Fokus des neoinstitutionalistischen Ansatzes, vgl. PICOT/DIETL/FRANCK, 2008, S. 45 f.

bietet mit einem gegenüber der Neoklassik modifizierten Annahmengerüst einen vielseitigen Analyserahmen für mikroökonomische Problemstellungen, so auch für die Analyse des Risikomanagements.

4.3 Der Neoinstitutionalismus als Analyserahmen für Werteffekte des Risikomanagements

Gemein ist dem wirtschaftlichen Strang der Neuen Institutionenökonomik[14] die Analyse von Transaktionen mit unvollständigen Verträgen zwischen Akteuren mit Zielkonflikten. Dennoch unterscheiden sich die Transaktionskostentheorie, die Property Rights Theorie und die Agency Theorie in ihrem Fokus. Die folgenden Inhalte sind wichtiger Ausgangspunkt für die anschließenden Argumente zu Effizienzeffekten den Risikomanagements: Zunächst werden die grundlegenden Annahmen und Gemeinsamkeiten der Neuen Institutionenökonomik erläutert. Im Anschluss soll ein Überblick zu den genannten drei Bausteinen des ökonomischen Neoinstitutionalismus gegeben werden.

4.3.1 Grundlagen und Annahmen der Neuen Institutionenökonomik

In der Neoklassik bleibt das Unternehmen eine „black box": eine Produktionsfunktion, die Produktionsfaktoren zu Gütern transformiert und die resultierenden Gewinne, bzw. deren Gegenwartswert, maximiert. So

---

[14]Sowohl in den Rechtswissenschaften als auch in den Politikwissenschaften findet die Neue Institutionenökonomik ebenfalls Anwendung, vgl. bspw. RICHTER/FURUBOTN, 2010; PICOT/DIETL, 1993; GRANOVETTER, 1992. Auch hier ist die Analyse von impliziten und expliziten Verträgen zwischen Akteuren mit divergierenden Interessen von großer Bedeutung.

wird das Unternehmen an sich zwar als wichtiger Akteur innerhalb des
Marktes gesehen,[15] doch das Verhalten der Individuen innerhalb der
Organisation und die Effizienz der Gestaltung der Unternehmensakti-
vitäten bleiben dabei außen vor. Dies ist ein Resultat der getroffenen
Annahmen bezüglich vollständiger Verträge, symmetrischer Information
und unbegrenzter Rationalität.[16]

Das Unternehmen im Rahmen der Neuen Institutionenökonomik wird
dagegen als komplexes Geflecht von Verträgen betrachtet, sowohl expliziter als auch impliziter Natur[17]. Diese Sichtweise macht die Interaktion
der verschiedenen Akteure deutlich, die alle als individuelle Nutzenmaximierer betrachtet werden können[18] – hierin gleicht dieses Geflecht von
Verträgen innerhalb der Organisation dem Verhalten der Akteure des
neoklassischen Marktes.[19,20] Dennoch gibt es entscheidende Annahmen
in der Modellierung des Verhaltens der Akteure, die von den Prämissen
der Neoklassik abweichen. Tabelle 4.1 liefert eine Übersicht zu diesen
Unterschieden.

Es wird davon ausgegangen, dass die Individuen oder Vertragspartei-
en, die miteinander interagieren, risikoaverse Nutzenmaximierer sind,
ebenso wie die Akteure an einem (neoklassischen) Markt. Im Rahmen
der Neuen Institutionenökonomik aber sind die gehandelten „Güter"
teilweise hochgradig inhomogen, die Transaktionen sind geprägt von
asymmetrischer Information in Bezug auf nicht beobachtbaren Eigenschaften und Handlungen der Vertragspartner,[21] der Akteure bzw. der

---

[15]Vgl. JENSEN/MECKLING, 1976, S. 306 f.
[16]Vgl. für eine Gegenüberstellung der Neoklassik und Neuer Institutionenökonomik
ERLEI/SAUERLAND/LESCHKE, 2007, S. 43 ff.
[17]Vgl. JENSEN/SMITH, 2000, S. 2; JENSEN/MECKLING, 1976, S. 310 ff.; KLEIN/CRAW-
FORD/ALCHIAN, 1978, S. 326; ALCHIAN/DEMSETZ, 1972.
[18]Vgl. PICOT/DIETL/FRANCK, 2008, S. 31 f.; S. 46.
[19]Vgl. JENSEN/SMITH, 2000, S. 2.
[20]Auch eine Verwandtschaft zur Koalitionstheorie kann erkannt werden; vgl. dazu
Abschnitt 3.2.
[21]Häufig werden für die nicht beobachtbaren Eigenschaften und Handlungen auch
die englischen Begriffe „hidden characteristics/ hidden action" verwendet.

gehandelten Güter. Auch die geschlossenen Verträge sind unvollständig, das heißt, dass sich die kontrahierten Leistungen bzw. Gegenleistungen zum Zeitpunkt des Vertragsabschlusses nur unvollständig beschreiben lassen.[22],[23]

4.3.2 Transaktionskostentheorie

WILLIAMSON (1990a) entwickelt den Grundgedanken von COASE (1937) zum Transaktionskostenansatz weiter.[24] Der Fokus der Analyse liegt hier auf der Transaktion und der Wahl der Organisationsform, innerhalb derer die Transaktionskosten[25] minimal sind. Der Hauptzweck der Existenz von

---

[22]Vgl. PICOT/DIETL/FRANCK, 2008, S. 17. Abbildung A.2 stellt die Unterschiede einer Transaktion in der Neoklassik und im Neoinstitutionalismus schematisch dar.

[23]AKERLOF, 1970, zeigt, wie aus Opportunismus in Kombination mit asymmetrischer Informationsverteilung (in Bezug auf die Qualität der zu handelnden Güter) ein Marktversagen resultieren kann: Die Verifikationsproblematik in Bezug auf hidden characteristics des Gutes führt dazu, dass ein niedriger Marktpreis bezahlt wird – es wird davon ausgegangen, dass niedrige Qualität angeboten wird. Opportunismus ist dabei eine alternative Sichtweise auf die individuelle Nutzenmaximierung; vgl. PICOT/DIETL/FRANCK, 2008, S. 58. Anbieter mit höheren Standards scheiden aus dem Markt aus oder senken diese Standards. Unter Umständen kommt der Markt völlig zum Erliegen, obwohl Nachfrage und Angebot für höherwertige Güter zu einem höheren Preis bestehen. Es werden also Mechanismen zur Bewältigung dieser Problematik benötigt. Unsicherheit bzw. Qualitätsunsicherheit sind demgemäß wichtiger Grund für das Bestehen von ökonomischen Institutionen wie Unternehmen. Durch deren Existenz kann ein Vertrauensverhältnis entstehen. Bei „einfachen" Transaktionen – auf einem Markt – kann die (Qualitäts-) Unsicherheit im schlimmsten Falle dazu führen, dass gar keine Transaktion und damit gar kein Markt zustande kommt. Vgl. AKERLOF, 1970; Es handelt sich hierbei um das Problem der adversen Selektion. Im vielzitierten Aufsatz von AKERLOF, 1970, wird die Problematik anhand des Gebrauchtwagenmarkts illustriert.

[24]Vgl. WILLIAMSON, 1973, 1981, 1990a; vgl. auch SCHOPPE, 1995, S. 148 ff. JOST, 2001a.

[25]Transaktionskosten sind all diejenigen Kosten, die im Rahmen der Durchführung eines Leistungstauschs, also einer Transaktion, entstehen. Sie beinhalten insb. Kosten für die Anbahnung, Vereinbarung, Abwicklung, Kontrolle und Anpassung der Transaktion. Vgl. PICOT/DIETL/FRANCK, 2008, S. 57.

Tabelle 4.1: Annahmen der Neoklassik vs. des Neoinstitutionalismus[*]

	Neoklassik	Neoinstitutionalismus
Menschenbild	eigennutzorientierter Homo oeconomicus Rationalität/(begrenzte) Rationalität Individualprinzip	
Information	symmetrisch; homogene Erwartungen	asymmetrisch
Verträge	vollständig	unvollständig
Zielfunktion	Gewinn-/ Wertmaximierung ohne Zielkonflikte innerhalb des Unternehmens	konkurrierende Nutzenmaximierung der Akteure
Transaktionskosten	Nein	Ja

[*]Vgl. SCHOPPE, 1995, S.135; ERLEI/SAUERLAND/LESCHKE, 2007, S. 50 f. PICOT/DIETL/FRANCK, 2008, S. 38f.; 46.

Unternehmen wird in einer solchen Einsparung von Transaktionskosten gesehen.[26]

Von besonderer Bedeutung sind die miteinander verquickten Verhaltensannahmen des Opportunismus und der begrenzten Rationalität.[27] Die begrenzte Rationalität ist dabei ein Resultat unvollständiger Information in Form von Informationsasymmetrien und Ungewissheit: Die Akteure sind rational im Sinne einer Maximierung ihres Erwartungsnutzens, verfügen aber über unvollständige bzw. unterschiedliche Information.[28] Diese Verhaltensannahmen sind insbesondere in Verbindung mit drei Hauptmerkmalen von Transaktionen relevant. Diese drei Merkmale sind entscheidend für eine transaktionskostenoptimale Abwicklung des ökonomischen Aus-

---

[26]WILLIAMSON, 1990a, S. 19; wobei hier explizit betont wird, dass der Hauptzweck nicht mit dem einzigen Zweck verwechselt werden soll; allerdings soll die bis dahin vorherrschende Sichtweise auf Marktstrukturen aufgebrochen werden.

[27]Vgl. WILLIAMSON, 1990a, S. 49 ff. 1979, S. 234; PICOT/DIETL/FRANCK, 2008, S. 58.

[28]Abzugrenzen ist die begrenzte Rationalität von kognitiven Beschränkungen: Die Einschränkung resultiert aus Unsicherheit und Ungewissheit, nicht aus einer Einschränkung der kognitiven Leistungsfähigkeit.

tauschs. Als wichtigste Dimension wird die *Faktorspezifität* angeführt. So werden Transaktionen häufig von Investitionen gestützt, die dauerhaft und spezifisch auf Transaktionen dieser Art bezogen sind.[29] In diesem Falle besteht bei Organisation der Transaktion über den Markt ein hohes Risiko, dass zukünftige Transaktionen Vertragsschwierigkeiten bzw. hohe Kosten zur Folge haben.[30] Die Identität der Vertragsparteien ist von Bedeutung, weil eine langfristige Geschäftsbeziehung hier wertrelevant sein kann.[31] Zudem spielt die *Unsicherheit* eine große Rolle. Unsicherheit ist zum einen eng verknüpft mit der Annahme begrenzter Rationalität:[32] Könnten alle möglichen Entwicklungen im Voraus antizipiert werden, wäre es möglich, eine entsprechende Strategie für jede einzelne zu entwickeln. Zum anderen aber auch mit dem Opportunismus: aus der Nichtbeobachtbarkeit von bestimmten Informationen resultieren Verhaltensunsicherheiten, die der Vertragspartner ausnutzen kann.[33] Als dritte bestimmende Dimension der Transaktionsanalyse wird die *Häufigkeit* genannt.[34] Hier sollte zusätzlich ein Abwägen der Summe aus Transaktions- und Produktionskosten betont werden. Es müssen Skaleneffekte und Verbundvorteile sowie Kosten der Kontrolle und Überwachung innerhalb bzw. außerhalb der Organisation beachtet werden.[35]

Die Transaktionskostentheorie betont die (zu setzenden) Grenzen des Unternehmens als Organisationsform und beschäftigt sich insbesondere mit der vertikalen Integration.[36] Die Organisation innerhalb eines Unterneh-

---

[29]Die Spezifität einer Investition erhöht das Potenzial opportunistischen Verhaltens; vgl. KLEIN/CRAWFORD/ALCHIAN, 1978, S. 298; PICOT/DIETL/FRANCK, 2008, S. 59.

[30]Vgl. WILLIAMSON, 1990a, S. 60 ff.

[31]Vgl. GOSSY, 2008, S. 18.

[32]Vgl. PICOT/DIETL/FRANCK, 2008, S. 59.

[33]Vgl. WILLIAMSON, 1990a, S. 65 ff.

[34]Vgl. PICOT/DIETL/FRANCK, 2008, S. 60 f.

[35]Vgl. WILLIAMSON, 1990a, S. 69.

[36]Vgl. auch WILLIAMSON, 1979; KLEIN/CRAWFORD/ALCHIAN, 1978; ERLEI/JOST, 2001, S.61 ff.

mens soll das Potential für Opportunismus reduzieren.[37] Außerdem wird betont, dass spezifische Investitionen sich werterhöhend auswirken können. Andererseits müssen diese werterhöhenden Effekte davor geschützt werden, dass sie nicht dem Opportunismus der Vertragsparteien zum Opfer fallen bzw. davor, dass es schon vor Durchführung einer Investition zur Hold-up Problematik kommt.[38]

4.3.3 Property Rights Theorie

Dem Property Rights Ansatz liegt die Sichtweise zugrunde, dass sich ein Gut aufteilen lässt in ein physisches Gut und in ein Rechtebündel auf bestimmte Eigenschaften dieses Guts.[39] Dieses Rechtebündel beinhaltet die Rechte (1) zur Nutzung des Gutes, (2) auf Veränderung von dessen Form und Substanz, (3) auf seine Nutzung sowie Erträge aus der Nutzung, (4) auf Übertragung des Gutes und der damit verbundenen Rechte.[40]

Die Zuordnung und Spezifikation dieser Property Rights oder Verfügungsrechte erfolgt über explizite und implizite Verträge, die als System von Property Rights gesehen werden können. Durch diese Allokation von Rechten, die mit Kosten und Nutzen einhergehen, erfolgt auch eine Allokation von knappen Ressourcen, die einen Einfluss auf das ökonomische

---

[37]Vgl. GOSSY, 2008, S. 20. Entscheidend für die Analyse der optimalen Organisationsstruktur ist die Berücksichtigung unvollständiger Verträge. Vgl. HOLMSTRÖM/ TIROLE, 1989, S. 68; WILLIAMSON, 1975.

[38]Vgl. KLEIN/CRAWFORD/ALCHIAN, 1978; GOSSY, 2008, S. 20. Das Hold-up Problem bezeichnet eine Situation, in der die Parteien einer zukünftigen Transaktion faktorspezifische Investitionen tätigen müssen und die Transaktion nicht vollständig kontrahierbar ist. Aus der Antizipation opportunistischen Verhaltens der Gegenpartei resultiert, dass Investitionen unterlassen werden und es kommt zu Wohlfahrtsverlusten. Vgl. auch GROSSMAN/HART, 1986.

[39]Vgl. DEMSETZ, 1967, S. 347; SCHOPPE, 1995, S. 139.

[40]Die Unterscheidung leitet sich schon aus dem spätrömischen Recht ab: (1) ius usus, (2) ius abusus, (3) ius usus fructus, (4) ius successionis; vgl. FURUBOTN/PEJOVICH, 1972, S. 1140; ALCHIAN/DEMSETZ, 1972, S. 783; SCHOPPE, 1995, S. 139; PICOT/ DIETL/FRANCK, 2008, S. 46.

Ergebnis und dessen Effizienz hat.[41] Laut FURUBOTN/PEJOVICH (1972) kann nur dann eine effiziente Allokation von Ressourcen erfolgen, wenn alle Rechte vollständig spezifiziert und exklusiv zugeordnet werden. In der Realität sind Verfügungsrechte allerdings meist unvollständig spezifiziert[42] bzw. ihre Ausübung geht mit Transaktionskosten einher: Es liegen Ineffizienzen vor.

GROSSMAN/HART (1986) sowie HART (1989) und HART/MOORE (1990) betonen die Unvollständigkeit von Verträgen und die damit verbundenen „residualen" Kontrollrechte, die die Lücke auffüllen, die nach explizit genannten Rechten verbleibt:[43] „Ownership is the purchase of these residual rights of control."[44]

4.3.4 Agency Theorie

Gegenstand der Agency Theorie ist eine Vertreter-Beziehung, die etwa bei einer Aufteilung der Property Rights in Eigentums- und Verfügungsrechte vorliegt, wie in modernen Kapitalgesellschaften. Hierbei delegiert der Prinzipal (P) seine Verfügungs- oder Handlungsrechte mittels eines expliziten oder impliziten Vertrags ganz oder teilweise an einen Agenten (A). Typische Prinzipal-Agenten-Beziehungen sind diejenigen zwischen

---

[41]Vgl. GROSSMAN/HART, 1986, S. 718.

[42]Vgl. FURUBOTN/PEJOVICH, 1972, S. 1139 ff. Eine vollständige Allokation ist bei unvollständiger Information, Ungewissheit/ begrenzter Rationalität der Akteure nicht möglich/ mit prohibitiv hohen Kosten verbunden. ALCHIAN/DEMSETZ, 1972, zeigen, welche Schwierigkeiten entstehen, wenn sich bei der Kombination von individuellen Inputs zu einem gemeinsamen Produkt (im Rahmen der Unternehmenstätigkeit), der gemeinsame Produktivitätszuwachs nicht mehr genau zuordnen lässt.

[43]Vgl. GROSSMAN/HART, 1986, S. 692; HART/MOORE, 1990, S. 1120.

[44]GROSSMAN/HART, 1986, S. 692; Verkompliziert wird dies allerdings durch potentiell konfligierende Rechte sowie die mangelnde tatsächliche Deckungsgleichheit von Residualgewinn und Residual-Verfügungsrechten. Vgl. als ergänzende Perspektive auf die Rechte von Eigenkapitalgebern als Residualgewinnempfängern die Argumentation zu einer normativen Begründung ihrer relativen Höherordnung bei der Zielsetzung von Unternehmen Abschnitt 3.2.2.1.

Aktionär (P) und Manager (A) bzw. zwischen Kapitalgeber (P) und Kapitalnehmer (A).[45]

Im Mittelpunkt der agencytheoretischen Analyse stehen die Auswirkungen von (1) *Interessenkonflikten*, (2) *Unsicherheit* und (3) *Informationsasymmetrien* auf den erwarteten Nutzen der Akteure aus dem betrachteten Vertragsverhältnis:[46]

(1) Wiederum sind die Akteure im Vertragsverhältnis rationale (opportunistische) Nutzenmaximierer.[47] Im zu schließenden Vertretervertrag wird der Agent für eine Anstrengung bzw. Dienstleistung entlohnt, die den erwarteten Nutzen des Prinzipals erhöht. Da sich die Anstrengung selbst allerdings negativ auf den Nutzen des Agenten auswirkt, wird er diese nur bis zu dem Anstrengungsniveau auf sich nehmen, an dem seine Grenzkosten daraus dem Grenznutzen aus der Entlohnung entsprechen.[48] (2) Zusätzlich unterliegt das kontrahierbare Ergebnis Zufallseinflüssen. (3) Da außerdem das Anstrengungsniveau und die Handlungsalternativen des Agenten an sich nicht beobachtbar sind (hidden Action und hidden Information), bleibt unklar, welcher Anteil des Ergebnisses seiner Leistung und welcher Umwelteinflüssen zuzuschreiben ist. Die Kombination von (1+2+3) schafft einen diskretionären Spielraum des Agenten, den er zu seinen Gunsten nutzen wird.[49] Aus diesen Verhaltensannahmen

---

[45]Vgl. SCHOPPE, 1995, S. 180; Für grundlegende Arbeiten zur Agency Theorie vgl. ROSS, 1973; JENSEN/MECKLING, 1976; HOLMSTRÖM, 1979; GJESDAL, 1982; GROSSMAN/HART, 1983.

[46]Vgl. etwa SPREMANN, 1989; JOST, 2001b.

[47]Vgl. Abschnitt 4.3.2.

[48]Vgl. auch HOLMSTRÖM/TIROLE, 1989, S. 80; weil private und nicht etwa soziale Grenznutzengrößen und -kosten entscheidend sind, entstehen Ineffizienzen. Kosten sind hier zu verstehen als Nutzeneinbußen.

[49]Vgl. PICOT/DIETL/FRANCK, 2008, S. 72-74.

resultiert ex ante die adverse Selektion[50] und ex post die Moral Hazard[51] Problematik.[52]

Der mathematisch geprägte Zweig der normativen Agency Theorie, auch Prinzipal-Agent-Theorie, setzt sich mit der optimalen Gestaltung solcher Vertragsbeziehungen auseinander.[53] Dabei wird der Vertrag als Optimierungskalkül mit Nebenbedingungen betrachtet. Zielfunktion ist der erwartete Nutzen des Prinzipals. Die Nebenbedingungen sichern die Teilnahme des Agenten am Vertrag (Partizipationsbedingung) und reizen ihn bei Interessenskonflikten und Unsicherheit dazu an, im Sinne des Prinzipals zu agieren (Anreizkompatibilitätsbedingung). Diejenige Lösung wird als Referenzwert für erreichbare Lösungen betrachtet, bei

---

[50]Der Agent verfügt über Eigenschaften, die die mit dem Vertrag angebotene Leistung maßgeblich beeinflussen, die aber nur ihm selbst bekannt sind. Eine Informationsasymmetrie dieser Art führt dazu, dass es am Markt ein Überangebot von Vertragspartnern gibt, die aus Sicht des Prinzipals nicht wünschenswerte Eigenschaften besitzen: Der Prinzipal antizipiert das opportunistische Verhalten der Vertragspartner und ist nur bereit, einen geringen Preis für das Leistungsangebot zu zahlen. Agenten mit wünschenswerten Eigenschaften sind zu diesem geringen Preis nicht bereit, einen Vertrag einzugehen: es kommt zur adversen Selektion *vor Vertragsabschluss*. Im schlimmsten Falle kommt es zum Marktversagen. Vgl. AKERLOF, 1970; PICOT/DIETL/FRANCK, 2008, S. 74 f.

[51]Die Handlungen des Agenten *nach Vertragsabschluss*, die maßgeblich sind für den Nutzen des Prinzipals aus dem Vertrag, sind nicht beobachtbar. Eine Informationsasymmetrie dieser Art führt zu opportunistischem Verhalten des Agenten: er wird seine Anstrengung so gering wie möglich halten, unter Beachtung eines optimalen Nutzens aus dem geschlossenen Vertrag. Vgl. PICOT/DIETL/FRANCK, 2008, S. 75. Opportunismus dieser Art wird auch als Shirking bezeichnet, vgl. PICOT/DIETL/FRANCK, 2008, S. 51.

[52]Vgl. SCHOPPE, 1995, S. 148 f.

[53]Der positive Strang der Agency Theorie untersucht auftretende Agency Probleme und verschiedene Lösungsansätze zu deren Handhabung innerhalb des Unternehmens oftmals auf der Grundlage einer qualitativen Argumentation und mit Hilfe empirischer Untersuchungen. Im Fokus steht hier vor allem die Beziehung zwischen Managern und Aktionären bzw. zwischen Eigen- und Fremdkapitalgebern und damit die Finanzierung des Unternehmens. Vgl. EISENHARDT, 1989, 59 ff.; SCHOPPE, 1995, S. 198 ff. Vgl. für grundlegende Arbeiten z.B. FAMA, 1980, der mit Agency Kosten für eine Aufteilung von Eigentum und Kontrolle argumentiert; FAMA/JENSEN, 1983, die verschiedene Organisationsformen als Resultat einer agency-kosten-optimalen Organisation sehen. JENSEN, 1983, stellt den normativen und positiven Ansatz der Agency Theorie gegenüber.

der ein Agent ohne Opportunismus[54] agiert bzw. sein Anstrengungsniveau beobachtet werden kann (first-best Lösung)[55]. Bezieht man dieses
normative Verständnis auf das Vertragsgeflecht, das in der neoinstitutionalistischen Auffassung das Unternehmen konstituiert, so dienen diese
Verträge dazu, Aufgaben und Entscheidungen so zu delegieren, dass sie
auf die Zielsetzung der Organisation ausgerichtet sind. In der Regel wird
von einem risikoaversen Agenten ausgegangen. Die Nebenbedingungen
des Optimierungskalküls stellen sicher, dass der Agent für eine teilweise
Risikoübernahme gemäß der individuellen Risikoaversion entlohnt wird
und gleichzeitig Leistungsanreize entstehen. Der zweite wichtige Aspekt
des Vertrags ist demgemäß die Allokation von Risiken.[56] Unter den gegebenen Bedingungen dient die Vertragsgestaltung der Optimierung der
Risikoteilung[57] und *Anreizsetzung*.[58]

Aufgrund der genannten Interessenkonflikte und Informationsasymmetri-
en kann das theoretische Optimum nicht erreicht werden. Die Differenz
aus bestmöglichem Vertrag (second-best Lösung) und theoretischem
Optimum wird auf sogenannte Agency-Kosten[59] zurückgeführt und ist

---

[54]Sozusagen als würde der Prinzipal selbst die Leistung erbringen; es bestehen keine
Interessenkonflikte. Es muss lediglich der erwartete Nutzen aus der Entlohnung dem
Reservationsnutzen entsprechen, also dem Nutzen, der ohne den Vertrag anderweitig
erzielt wird.

[55]Vgl. dazu auch PICOT/DIETL/FRANCK, 2008, S. 72.

[56]Vgl. auch PICOT/DIETL/FRANCK, 2008, S. 90. Diese ist nur im Falle von Informationsasymmetrien relevant, von denen auf neoklassischen Märkten abgesehen wird.
Bei homogenen Informationen ist der first-best Fall kontrahierbar.

[57]Eine Standardannahme der Prinzipal-Agent-Theorie ist hier die Risikoneutralität
des Prinzipals mit einem risikoaversen Agenten. Diese Annahme deckt sich in
Bezug auf den Aktionär als Prinzipal und Managern bzw. Arbeitnehmern als Agent,
wenn die Irrelevanz der individuellen Risikoaversion als Resultat des Marktgleichgewichts am Kapitalmarkt gesehen wird. Es wird gemeinhin akzeptiert, dass der
Arbeitseinsatz des Agenten nicht als im gleichen Maße marktfähig angesehen wird
und dass so die Risikoaversion des Agenten in Bezug auf seine Arbeitskraft bestehen
bleibt. Vgl. dazu auch Abschnitt 4.4; SCHOPPE, 1995, S. 206 f.

[58]Vgl. zur optimalen Risikoteilung und Berücksichtigung von Anreizeffekten im
Rahmen der normativen Agency Theorie PICOT/DIETL/FRANCK, 2008, S. 95-118.

[59]Agency Kosten beinhalten die Kosten zur Strukturierung von Verträgen sowie deren
Überwachung für Agenten mit Interessenkonflikten, Bonding Kosten, zuzüglich

eine Form des Effizienzverlusts.[60] JENSEN/MECKLING (1976) stellen diese Effizienzverluste in Form von Agency-Kosten als Marktwertverluste dar.

4.3.5 Zusammenfassung und Anwendung der Neuen Institutionenökonomik auf bewertungsrelevante Fragestellungen

Alle drei vorgestellten Ansätze der neuen Institutionenökonomik beschäftigen sich mit Effizienzverlusten, die aus der Interaktion von Individuen mit konfligierenden Eigeninteressen resultieren. Diese Interaktion wird auf unvollständige Verträge mit unterschiedlichen Schwerpunkten der Analyse zurückgeführt.[61] Solche Effizienzverluste können sich auf die Komponenten des Unternehmenswertkalküls[62] auswirken: Zum einen wird das Ergebnis bzw. der Cashflow durch Transaktionskosten und Agency Kosten verringert[63], zum anderen können sich die Opportunitätskosten, die mit entsprechenden Transaktionen und Vertragsbeziehungen einhergehen, in den Kapitalkosten widerspiegeln.

Am besten untersucht ist die Auswirkung von Agency Kosten und Transaktionskosten auf bewertungsbezogene Fragestellungen sicherlich im Bereich

---

Residualverlusten, die auftreten, weil die Kosten des „full enforcement" des Vertrags den Nutzen daraus übersteigen würden, JENSEN/MECKLING, 1976, S. 308.

[60] JOST, 2001b, S. 20 ff.; SCHOPPE, 1995, S. 182ff.; JENSEN/MECKLING, 1976, S. 327 ff.: Allerdings ist die second-best Lösung nur ineffizient in Bezug auf das nur theoretisch erreichbare Optimum. Tatsächlich sind Agency Kosten unvermeidbares Resultat einer Vertreter-Beziehung.

[61] KIM/MAHONEY, 2005, liefern eine vergleichende Übersicht der drei Ansätze. Hier wird deutlich, wie sich die Ansätze in ihrem Fokus unterscheiden. Tabelle A.1 im Anhang A.2 stellt die wichtigsten Merkmale von Transaktionskostentheorie, Property Rights Theorie und Agency Theorie gegenüber. Für eine alternative Herangehensweise und den Versuch der Formalisierung bei der Gegenüberstellung der Stränge der neoinstitutionalistischen Theorie der Unternehmung vgl. GIBBONS, 2005.

[62] Vgl. zur Ermittlung von Free Cashflow und Kapitalkosten Abschnitt 3.3.2.

[63] Die beinhaltet auch die Möglichkeit, dass eine Transaktion bzw. ein Vertrag aufgrund von Unsicherheit und Informationsasymmetrien gar nicht zustande kommt.

der Fremdfinanzierung von Unternehmen.[64] Ausgehend von der Irrelevanz der Finanzierung in der neoklassischen Betrachtung ohne Unternehmensteuer,[65] wird in der Bewertungstheorie zunächst der steuerliche Vorteil der Fremdfinanzierung bei steuerlicher Abzugsfähigkeit der Fremdkapitalzinszahlung auf Unternehmensebene einbezogen.[66] Zusätzlich werden in der Unternehmensbewertung Argumente aus dem Bereich der Neuen Institutionenökonomik angeführt und berücksichtigt. Beispielsweise wird von einem Trade-off zwischen Agency Kosten und steuerlichen Vorteilen der Fremdfinanzierung ausgegangen.[67]

Viele der neoinstitutionalistischen Theorien zur Kapitalstruktur haben eine mittelbare oder unmittelbare Relevanz für den Unternehmenswert. Im vorliegenden Kapitel werden Argumente auf Basis der Neuen Institutionenökonomik gesammelt, die auf eine Relevanz des Risikomanagements ähnlicher Art schließen lassen. Dabei sollen die entsprechenden Effizienzeffekte des Risikomanagements in Bezug zu den Komponenten des Unternehmenswertkalküls gesetzt werden.

4.4 Risikomanagement, Insolvenzkosten und Financial Distress

Das am häufigsten angeführte und ein intuitiv einleuchtendes Argument für ein aktives Risikomanagement auf Unternehmensebene ist dessen

---

[64]Vgl. dazu insb. den Übersichtsartikel von HARRIS/RAVIV, 1991.

[65]Vgl. MODIGLIANI/MILLER, 1958.

[66]Vgl. zur grundsätzlichen Relevanz der steuerlich abzugsfähigen Zinszahlung MODIGLIANI/MILLER, 1963. Vgl. zur Berücksichtigung des steuerlichen Effekts der Fremdfinanzierung im Free Cashflow-Kalkül zur Unternehmensbewertung auch Abschnitt 3.3.2.2.

[67]Vgl. JENSEN/MECKLING, 1976; HARRIS/RAVIV, 1991, S. 300-302; MELLO/PARSONS, 1992, erarbeiten einen Ansatz zur Ermittlung und Differenzierung der Agency Kosten der Verschuldung.

Auswirkung auf das Insolvenzrisiko. Insolvenzrisiken werden meist definiert als die mit der Eintrittswahrscheinlichkeit gewichteten Kosten einer Insolvenz.[68] Durch ein Risikomanagement sollen die Eintrittswahrscheinlichkeiten einer Insolvenz und von Financial Distress reduziert werden.[69] Meist wird unterstellt, dass das Ziel der Insolvenzvermeidung im Interesse aller am Unternehmen beteiligten Akteure ist, ohne die kausale Verknüpfung zum Primärziel der Wertmaximierung zu hinterfragen. Die Fragestellung der Wertrelevanz der Insolvenzwahrscheinlichkeit ist eng verknüpft mit der Untersuchung der Kapitalstruktur: Eine Insolvenz wird umso wahrscheinlicher, je größer die Summe der festen Zahlungsansprüche ist, die das Unternehmen abzudecken hat. Die Fremdkapitalzins- sowie Tilgungszahlungen stellen i.d.R. eine solche feste Zahlungsverpflichtung dar.

Neoklassische Modelle kommen zu unterschiedlichen Ergebnissen, was die Bedeutung der Insolvenz für den Unternehmenswert betrifft. Während MODIGLIANI/MILLER (1958) in ihrem grundlegenden Beitrag zur Unabhängigkeit der Kapitalkosten von der Kapitalstruktur noch Steuern und Insolvenzrisiko vernachlässigen, erwähnen sie eine Wertminderung durch Insolvenzrisiken[70] und Limitationen der Fremdfinanzierung durch Kapitalgeber[71]. STIGLITZ (1969) untersucht das MODIGLIANI/MILLER-Modell diesbezüglich und kommt zu dem Schluss, dass auch bei ausfall-

---

[68]Vgl. KNABE, 2012, S. 5 f.; vgl. zum Verständnis des Risikobegriffs auch Abschnitt 2.1.1.

[69]Eine Insolvenz tritt dann auf, wenn das Unternehmen zahlungsunfähig ist, also nicht in der Lage, fällige Zahlungsverpflichtungen zu erfüllen. Financial Distress ist gleichzusetzen mit einer drohenden Zahlungsunfähigkeit, wenn also der Schuldner mit hoher Wahrscheinlichkeit den fälligen Forderungen nicht nachkommen kann. Auch bei drohender Zahlungsunfähigkeit und Überschuldung sieht das deutsche Recht die (Möglichkeit der) Eröffnung eines Insolvenzverfahrens vor. Vgl. WIEN, 2013, zur rechtlichen Einordnung des Insolvenzbegriffs. Vgl. auch KNABE, 2012, S. 8-11, für eine detailliertere Auseinandersetzung mit dem Insolvenzbegriff.

[70]Vgl. MODIGLIANI/MILLER, 1958, S. 274.

[71]Diese Begrenzung hat in ihrer Darstellung zur Folge, dass sich Unternehmen bei der Fremdfinanzierung einen Spielraum bewahren sollten: Die Verschuldung sollte also nicht am oberen Ende der externen Vorgaben sein, sondern zum Erhalt einer Flexibilität etwas geringer, vgl. MODIGLIANI/MILLER, 1963, S. 442 f.

gefährdetem Fremdkapital der Unternehmenswert vom Verschuldungsgrad unabhängig ist. KRAUS/LITZENBERGER (1973) berücksichtigen zusätzlich explizite Insolvenzkosten: Ab einem bestimmten Punkt der Verschuldung überwiegen diese Kosten deren Steuervorteile. KRUSCHWITZ/LODOWICKS/LÖFFLER (2005) kommen zu dem Ergebnis, dass eine Insolvenzgefährdung im DCF Modell keine Auswirkung auf den Unternehmenswert hat; jedoch geht dies mit der Annahme einher, dass ein unveränderter Brutto-Cashflow vorliegt. SAHA/MALKIEL (2012) dagegen modellieren die Insolvenzwahrscheinlichkeit als Endlichkeit der Lebensdauer des Unternehmens und damit als Wahrscheinlichkeit für den Abbruch des periodischen Zahlungsstroms. Sie gelangen zu dem Ergebnis, dass man im traditionellen DCF Modell einen wesentlich höheren Diskontierungssatz ansetzen müsste, um einen entsprechenden Net Present Value (NPV)[72] zu erhalten. KÜRSTEN (2006a,b) zeigt zunächst, dass Aktionäre aufgrund des Optionscharakters des Eigenkapitals grundsätzlich ein risikofreudiges Verhalten auszeichnet.[73] Für eine Insolvenz, die mit begrenzten Insolvenzkosten für die Aktionäre einhergeht, folgt keine unmittelbare Erhöhung des Shareholder Value aus einer Reduktion der Ausfallwahrscheinlichkeit und damit aus einer Reduktion der erwarteten direkten Insolvenzkosten.[74]

Untersuchungen, die im Rahmen des Neoinstitutionalismus argumentieren, finden allerdings außerhalb der neoklassischen Betrachtung Argumente für eine Relevanz des Insolvenzrisikos für den Unternehmenswert. Kosten einer Insolvenz lassen sich unterscheiden in Transaktionskosten, die durch die drohende Zahlungsunfähigkeit entstehen, und in Agency Kosten. Diese Agency Kosten treten zum einen in der Beziehung mit Fremdkapitalgebern auf und zum anderen im Umgang mit weiteren Stakeholder Gruppen.

---

[72] Auch: Kapitalwert.

[73] Diese Feststellung stimmt mit den Erkenntnissen des Neoinstitutionalismus überein.

[74] Vgl. KÜRSTEN, 2006b, S. 188-191, 2006a, S. 19-22: Dies begründet sich mit der begrenzten Haftung, die Aktionäre gegenüber den fixen Ansprüchen anderer Stakeholdergruppen aufweisen.

Risikomanagement kann als Instrument genutzt werden, derartige Effizienzverluste zu vermindern: Insgesamt resultieren aus den im Folgenden angeführten Argumenten Effizienzeffekte in Form einer Verschiebung der Cashflow-Verteilung sowie eine potentielle Verminderung der Fremdkapitalkosten. Damit einher geht eine erhöhte Aufnahmefähigkeit von Fremdkapital und die resultierende Möglichkeit, von werterhöhenden Steuervorteilen zu profitieren.[75] Abbildung 4.1 stellt dar, wird sich in Folge die Verteilungsfunktion des Marktwerts des Unternehmens verändern kann und sich der erwartete Marktwert erhöht.

4.4.1 Direkte Transaktionskosten der Insolvenzgefährdung

Originär geht die Argumentation für die Wertrelevanz des Risikomanagements in Bezug auf das Insolvenzrisiko zurück auf SMITH/STULZ (1985), die sich vor allem mit den Transaktionskosten befassen,[76] die mit einer Insolvenz einhergehen.[77] So zieht eine Insolvenz direkte Kosten nach sich, die etwa durch die Reorganisation entstehen.[78] Diese Kosten werden in der Literatur auch als direkte Insolvenzkosten bezeichnet. Sie beinhalten beispielsweise Kosten der Insolvenzverwaltung, Gerichts- und Anwaltkosten.[79] LODOWICKS (2007) fasst die Ergebnisse verschiedener empirischer Untersuchungen zur Größenordnung von direkten Insolvenzkosten zusammen: In den betrachteten Untersuchungen liegen die Mittelwerte dieser

---

[75]Vgl. HARRIS/RAVIV, 1991, S. 334, nennen bereits eine negativen Zusammenhang zwischen Verschuldungsgrad und den Größen Volatilität und Insolvenzwahrscheinlichkeit.

[76]Vgl. SMITH/STULZ, 1985, S. 395-398.

[77]SMITH/STULZ, 1985, behandeln Risikomanagement als Finanzierungsentscheidung.

[78]Direkte Insolvenzkosten sind also diejenigen Insolvenzkosten, die entstehen, wenn eine Insolvenz eintritt. Vgl. KNABE, 2012, S. 12.

[79]Vgl. NANCE/SMITH/SMITHSON, 1993, S. 269; BARTRAM, 2000, S. 304; STULZ, 1996, S. 12; PRITSCH/HOMMEL, 1997, S. 683; KNABE, 2012, S. 12-14; LODOWICKS, 2007, S. 37-40; WARNER, 1977a, S. 338; ROBICHEK/MYERS, 1966, S. 15 f. ALTMAN, 1984, S. 1067.

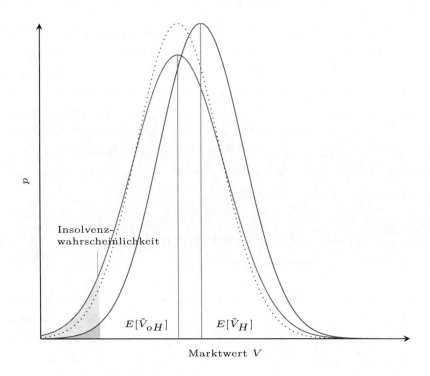

Abbildung 4.1: Veränderung der Marktwert-Verteilung durch Verminderung des Insolvenzrisikos; Vgl. BARTRAM, 2000, S. 305. $E[\tilde{V}_H]$ - Erwarteter Marktwert bei aktivem Hedging; $E[\tilde{V}_{oH}]$ - Erwarteter Marktwert ohne Hedging

Insolvenzkosten zwischen 5,3% und 8,4% des Marktwerts der Unternehmen.[80]

Zunächst verringert ein Risikomanagement auf Unternehmensebene nicht die Höhe dieser Kosten, wohl aber deren Eintrittswahrscheinlichkeit.[81] Maßgeblich für die Insolvenzwahrscheinlichkeit sind einerseits Kostenstruktur und Kapitalstruktur[82] und andererseits die Volatilität der Cash-

---

[80]Vgl. LODOWICKS, 2007, S. 39 f.

[81]Vgl. SMITH/STULZ, 1985, S. 396; BARTRAM, 2000, S. 304.

[82]Die englischen Begriffe „operating leverage" und „financial leverage" nutzen mit dem Term „leverage" – „Hebel" bereits ein Sinnbild für die Amplifikationswirkung, die beide Einflussfaktoren haben können.

flows.[83] Diese Volatilität wird durch Hedging verringert. Verringert sich die Volatilität der Cashflows, verringert sich zunächst die Eintrittswahrscheinlichkeit der Insolvenz. Von dieser Eintrittswahrscheinlichkeit hängen nun die erwarteten Insolvenzkosten ab, die im erwarteten Marktwert des Unternehmens enthalten sind. Durch Risikomanagement kann eine Verringerung des Erwartungswerts der direkten Insolvenzkosten erzielt werden und dies kann zu einer Wertsteigerung führen, wie auch in Abbildung 4.1 dargestellt.[84]

4.4.2 Fremdkapital und Insolvenzgefährdung

Die indirekten Kosten der Insolvenzgefährdung beinhalten eine breite Spanne von wertmäßigen Nachteilen, die im Zusammenhang mit einer Insolvenz*gefährdung* stehen.[85] Auch die Einbußen, die aus einem Reputationsverlust durch eine tatsächlich eingetretene oder drohende Insolvenz entstehen, sind hier eingeschlossen.[86] Aus der Insolvenzgefährdung können höhere Vertragskosten mit Stakeholdern folgen,[87] so auch höhere Kosten der Fremdfinanzierung[88] bzw. Opportunitätskosten aus dem Verlust von potentiellen Steuervorteilen der Fremdfinanzierung. Eine Wertrele-

---

[83]Vgl. PRITSCH/HOMMEL, 1997, S. 683: Bei einem hohen Fixkostenanteil bzw. hohen festen Ansprüchen der Fremdkapitalgeber gerät ein Unternehmen bei gleichbleibender Cashflow-Volatilität häufiger in die Verlustzone. COOPER/MELLO, 1999, zeigen, dass Hedging im Sinne einer wertorientierten Unternehmensführung sein kann, wenn durch eine Insolvenz Transaktionskosten entstehen.

[84]Vgl. auch ARETZ/BARTRAM/DUFEY, 2007, S. 441.

[85]Vgl. KNABE, 2012, S. 14.

[86]Vgl. FRANKE/HAX, 2009, S. 521; ALTMAN, 1984, S. 1071.

[87]Vgl. LODOWICKS, 2007, S. 40.

[88]Vgl. BARTRAM, 2000, S. 303; ALTMAN/HOTCHKISS, 2010, S. 94; WARNER, 1977b, zeigt, dass die Ansprüche von Fremdkapitalgebern nicht nur unsicher sind, sondern im Falle einer Insolvenz nicht notwendigerweise nach ihrer Vorrangigkeit bedient werden. Es wird gesondert auf Kosten der Insolvenzgefährdung aus der Fremdfinanzierung und aus der Beziehung zu anderen – nicht finanziellen – Stakeholdern eingegangen aufgrund der Berücksichtigung in unterschiedlichen Komponenten der am meisten verwendeten DCF-Kalküle. So gehen die Fremdkapitalkosten in den Kapitalkostensatz oder die Bewertung des Tax Shields ein; Vertragskosten mit anderen Stakeholdern sind Bestandteil des operativen Cashflows.

vanz des Risikomanagements kann demgemäß aus einer Verringerung der Fremdkapitalkosten resultieren, oder aus einer erhöhten Aufnahmefähigkeit von Fremdkapital und höheren Marktwertbeiträgen von Tax Shields.

Prinzipiell ist dieser Effizienzeffekt des Risikomanagements in Bezug zu setzen zur Kapitalstrukturtheorie:[89] Zunächst führt der Steuervorteil aus der Abzugsfähigkeit des Fremdkapitals zu einer Unternehmenswerterhöhung; das operative Risiko des Unternehmens bleibt von der Finanzierung unberührt und die Ansprüche der Fremdkapitalgeber gelten in der neoklassischen Modellierung als sicher.[90] Dann aber müsste der Theorie folgend die Eigenkapitalquote gegen null gehen, um den Unternehmenswert zu maximieren.[91]

Abweichend vom MODIGLIANI/MILLER-Fall besteht aber für Fremdkapitalgeber ein Ausfallrisiko, für das sie kompensiert werden möchten.[92] Das Ausfallrisiko nimmt mit steigender Verschuldung des Unternehmens zu.[93] So führt ein höherer Verschuldungsgrad zwar zunächst zu einer Wertsteigerung durch den Steuervorteil, der aus der Fremdfinanzierung resultiert; außerdem steigen aber auch die geforderten Fremdkapitalzinszahlungen aufgrund des erhöhten Ausfallrisikos an.[94] Zusätzlich steigt die Wahrscheinlichkeit eines Ausfalls und damit wiederum der erwartete Wert der Insolvenzkosten insgesamt. Wertmaximierend wirkt nicht der

---

[89]Vgl. auch Abschnitt 4.4

[90]Vgl. MODIGLIANI/MILLER, 1958, die zunächst die Unabhängigkeit des Unternehmenswertes und der durchschnittlichen Kapitalkosten von der Kapitalstruktur für den Fall ohne Steuern und Insolvenzkosten zeigen und damit einen wichtigen Beitrag zur getrennten Betrachtung des operativen und finanziellen Risikos des Unternehmens leisten. In MODIGLIANI/MILLER, 1963, wird die Betrachtung auf den Fall einer linearen Unternehmensteuer mit voller Abzugsfähigkeit der Fremdkapitalzinszahlung ausgedehnt.

[91]Vgl. auch PERRIDON/STEINER, 2007, S. 501; Abschnitt 3.3.2.2.

[92]Vgl. WARNER, 1977b; LODOWICKS, 2007, S. 32.

[93]Vgl. auch Abschnitt 4.4.1.

[94]HULL, 2014, S. 234, beschreibt den Zusammenhang zwischen Ausfallwahrscheinlichkeit und Rating, das wiederum Auswirkungen auf die Risikoprämie der Fremdkapitalkosten hat.

höchstmögliche Verschuldungsgrad, sondern derjenige Punkt, an dem sich marginale Steuervorteile und marginale Kosten aus dem Insolvenzrisiko in ihrem Werteffekt entsprechen.[95]

Ein Risikomanagement lässt sich hier einerseits einordnen als Instrument, die von den Fremdkapitalgebern geforderte Risikoprämie zu verringern.[96] So soll eine Verringerung der geforderten Fremdkapitalzinszahlung herbeigeführt werden, die den Unternehmenswert erhöhen kann. Zudem wird andererseits die Aufnahmefähigkeit für Fremdkapital erhöht und damit der optimale Verschuldungsgrad. Dies kann zu einer Erhöhung der Wertbeiträge durch die Steuervorteile der Fremdfinanzierung (Tax Shields) führen.[97]

Der Einfluss des Ausfallrisikos auf den Fremdkapital*kostensatz* kann nicht ohne weiteres festgestellt werden: Einerseits erhöht sich die geforderte Verzinsung der Fremdkapitalgeber. Dieser Fremdkapitalzins ist i.d.R. der Ausgangspunkt für die Ermittlung des Fremdkapitalkostensatzes[98] und wird bei geringem Ausfallrisiko häufig als Fremdkapitalkostensatz verwendet. Eine direkte Übereinstimmung von Fremdkapitalzins und Fremdkapitalkosten ergibt sich aber nur in besonderen Fällen.[99] Andererseits vermindert das Ausfallrisiko die erwartete Zahlung, die das Unternehmen für die Bereitstellung des Fremdkapitals zu leisten hat. Diese erwartete Zahlung ist in keinem Fall größer als die vertraglich vereinbarte Zahlung.

---

[95]Vgl. BAXTER, 1967; ROBICHEK/MYERS, 1966, S. 19 ff. SCOTT, 1976; VAN BINSBERGEN/GRAHAM/YANG, 2010, S. 2092; ALTMAN, 1984; FRANKE/HAX, 2009, S. 545. Diese Theorie des optimalen Verschuldungsgrads hat sich in der Finanzierungs- und Bewertungstheorie weitgehend durchgesetzt. Vgl. dazu auch SCOTT, 1976.

[96]Dies betrifft den Anteil der Risikoprämie, der als Kompensation für das Ausfallrisiko gefordert wird. Davon unabhängig bleibt eine Risikoprämie in Abhängigkeit vom Zinsänderungsrisiko.

[97]Vgl. SMITH/STULZ, 1985, S. 395 ff.; FROOT/SCHARFSTEIN/STEIN, 1993, S. 1632; ARETZ/BARTRAM/DUFEY, 2007, S. 439 ff.; sowie ROSS, 1996, der in der Erhöhung der Aufnahmefähigkeit für Fremdkapital und den resultierenden Steuervorteilen das wichtigste Motiv für unternehmerisches Risikomanagement sieht.

[98]Vgl. DIEDRICH/DIERKES, 2015, S. 290-296, zum Fremdkapitalkostensatz und Fremdkapitalzinssatz, vgl. auch Abschnitt 3.3.2.2.

[99]Vgl. DIEDRICH/DIERKES, 2015, S. 295.

Wird davon ausgegangen, dass der Fremdkapitalkostensatz maßgeblich für die Bewertung der erwarteten Zahlung ist, so ist der Fremdkapitalkostensatz in jedem Fall kleiner als der Fremdkapitalzinssatz.[100] Grundsätzlich wird aufgrund von Konsistenzproblemen bei der Ermittlung und Verwendung eines Fremdkapitalkostensatzes unter Einbezug des Ausfallrisikos in der mehrperiodigen Betrachtung im Rahmen des Bewertungskalküls[101] empfohlen, in Fällen mit signifikantem Ausfallrisiko auf das Adjusted Present Value (APV) Verfahren zur Bewertung zurückzugreifen.[102] In diesem Rahmen kann wiederum der Fremdkapitalzinssatz zur Schätzung der Steuervorteile der Fremdfinanzierung und deren Diskontierung genutzt werden.[103]

Wird der Unternehmenswert mittels APV-Verfahren bestimmt, lautet die grundsätzliche Bewertungsgleichung: $V = \sum_{t=1}^{T} \frac{E[\tilde{X}_t]}{\prod_{\kappa=1}^{t}(1+ke_\kappa^u)} + VTS$, mit VTS als Marktwert der Tax Shields. Dieser Marktwert der Tax Shields kann ermittelt werden als Summe der barwerten Steuerersparnisse, die aus der vertraglich vereinbarten Zinszahlung resultieren, diskontiert mit dem Fremdkapitalzinssatz.[104] Wiederum schlägt sich eine Erhöhung der vertraglich vereinbarten Zinszahlung – ceteris paribus – durch ein erhöhtes Ausfallrisiko an zwei Stellen nieder: Einerseits erhöht sich die Steuerersparnis, die auf Basis der vertraglich vereinbarten Zahlung ermittelt wird. Andererseits erhöht sich auch der Diskontierungssatz. Je nach Annahmenkonstellation kann eine Erhöhung des vertraglich vereinbarten Zinssatzes zu einer Erhöhung oder Verminderung der barwerten Steuervorteile führen. Die Auswirkung des Ausfallrisikos auf den Fremdkapitalkostensatz bzw. den barwerten Steuervorteil der Fremdfinanzierung ist offensichtlich vor diesem Hintergrund nicht ohne weiteres feststellbar. Zumindest dann aber, wenn der Fremdkapitalzinssatz als

---

[100]Vgl. DIEDRICH/DIERKES, 2015, S. 291-296.

[101]Vgl. DIEDRICH/DIERKES, 2015, S. 296.

[102]Vgl. KOLLER/GOEDHART/WESSELS, 2015, S. 304.

[103]Vgl. DIEDRICH/DIERKES, 2015, S. 295.

[104]Vgl. DIEDRICH/DIERKES, 2015, S. 295.

Näherungslösung für den Fremdkapitalkostensatz genutzt wird, wirkt sich eine Verminderung des Ausfallrisikos durch ein Risikomanagement günstig auf diese Größe aus.

Warum aber unterscheidet sich die Bedeutung von Insolvenzrisiken für Fremdkapitalgeber von derjenigen für Eigenkapitalgeber? Zum einen sehen sich Fremdkapitalgeber durch eine feste Vergütung des eingegangenen Risikos einer Moral Hazard Problematik ausgesetzt,[105] was sowohl die nach Bereitstellung des Kapitals getätigten Investitions- als auch weitere Finanzierungsentscheidungen betrifft. Dabei wird opportunistisches Verhalten der Eigenkapitalgeber mit dem Eintreten von Financial Distress wahrscheinlicher, da der Fortbestand des Unternehmens für sie gegenüber den (impliziten) Ansprüchen von Stakeholdern Vorrang hat.[106] Eigenkapital hat Optionscharakter, da Eigenkapitalgeber höchstens mit ihrem eingesetzten Kapital haften, von einem günstigen Umweltzustand aber uneingeschränkt profitieren.[107] Zum anderen bestehen bei der Fremdfinanzierung durch Bankkredite von Seiten der Bankenregulierung Anforderungen an deren Unterlegung mit Eigenmitteln.[108] Diese Eigenmittelunterlegung führt zu Kosten seitens der Kreditinstitute, die an das finanzierte Unternehmen weitergegeben wird. Die geforderte Eigenmittelunterlegung hängt in hohem Maße von der Bonität des Unternehmens ab.[109] In diese wiederum geht die Insolvenzgefahr als bestimmende Größe ein.[110]

---

[105]Vgl. hierzu 4.5.2.2; Vgl. auch NANCE/SMITH/SMITHSON, 1993, S. 269 f. An dieser Stelle wird deutlich, dass die Auswirkungen des Insolvenzrisikos auf Fremdkapitalbestand und -kosten in unmittelbarem Bezug zu den später angeführten Koordinationsproblemen der Finanzierung aus Agency Kosten und Informationsasymmetrien stehen.

[106]Vgl. ASHER/MAHONEY/MAHONEY, 2005, S. 17; GOSSY, 2008, S. 51.

[107]Vgl. KÜRSTEN, 2006a, S. 186, 2006b, S. 11.

[108]Vgl. HINZE/SASSEN, 2014, für einen Überblick zum aktuellen Stand der Eigenkapitalanforderungen für Kreditinstitute nach Basel III.

[109]Vgl. PERRIDON/STEINER, 2007, S. 385.

[110]BEYER/HACHMEISTER/LAMPENIUS, 2010, S. 120; Das Ausfallrisiko ist ein wichtiger Faktor für das Rating eines Unternehmens, das maßgeblich für die Finanzierungskonditionen für Fremdkapital ist. Diesbezüglich bestehen Wechselwirkungen mit der Regulierung von Banken, die je nach Rating eines Unternehmens, dem Kredite

Der Einfluss des Ausfallrisikos und des Risikomanagements auf die Fremd-kapitalkosten ist auch empirisch untersucht. CAMPELLO u. a. (2011) zei-gen, dass Unternehmen, die aktives Risikomanagement mit Zins- und Fremdwährungs-Hedges betreiben, deutlich niedrigere vertraglich fest-gelegte Fremdkapitalzinsen sowie Fremdkapitalkosten aufweisen.[111] Zu-sätzlich belegen sie, dass ein aktives Risikomanagement die Wahrschein-lichkeit verringert, dass in Verträge zur Überlassung von Fremdkapital Restriktionen hinsichtlich der Investitionspolitik des Unternehmens auf-genommen werden.[112] DISATNIK/DUCHIN/SCHMIDT (2014), untersuchen Cash Flow Hedges im Zusammenhang mit Liquiditätsmanagement. Das zugrundeliegende Modell verbindet eine höhere Volatilität der Cash-flows mit höheren Liquiditätskosten – im Wesentlichen also mit höheren (Fremd)kapitalkosten. Auch CHEN/KING (2014) finden einen empirischen Zusammenhang zwischen Risikomanagement und Fremdkapitalkosten. Sie führen diesen sowohl auf die Verringerung des Insolvenzrisikos und verrin-gerte Agency-Kosten als auch auf verringerte Informationsasymmetrien zurück.[113] VAN BINSBERGEN/GRAHAM/YANG (2010) untersuchen eben-falls Fremdkapitalkosten mit Bezug zum Ausfallrisiko, zu Agency Kosten und sonstigen Kosteneinflussgrößen.[114] Sie ordnen ungefähr die Hälfte der Fremdkapitalkosten den Ausfallrisiken zu.[115]

---

gewährt wurden, Eigenkapital vorhalten müssen. Vgl. auch LITTKEMANN/REINBA-CHER/DICK, 2014; EHRMANN, 2012, S. 56 ff.; vgl. Abschnitt 2.2.2.1 sowie DIEDRICH/DIERKES, 2015, S. 292-295, zum Zusammenhang von Ausfallrisiko und Rating.

[111] Vgl. auch BEATTY/PETACCHI/ZHANG, 2012, die einen empirischen Zusammenhang zwischen einem glaubwürdigen Commitment, zu hedgen und reduzierten Zinskosten finden. Ein solches „glaubwürdiges Commitment" kann in vertraglich festgelegten Hedging-Aktivitäten oder aber in einer Kombination aus konservativer Bilanzpolitik und freiwilligem Hedging bestehen.

[112] Vgl. hierzu auch Abschnitt 4.5.2.2; BOLTON/CHEN/WANG, 2011, S. 1547, zeigen: je näher ein Unternehmen dem Financial Distress ist, desto größer sind die Kosten, externe Finanzierung aufzutreiben.

[113] Vgl. Abschnitt 4.5.2.

[114] Vgl. VAN BINSBERGEN/GRAHAM/YANG, 2010, S. 2125. Die Autoren kontrastieren ihre Ergebnisse mit ALMEIDA/PHILIPPON, 2007, die ebenfalls den Zusammenhang zwischen Ausfallrisiko und Fremdkapitalkosten empirisch untersuchen, aber keine weiteren Ursachen für Risikoprämien anführen.

[115] Vgl. VAN BINSBERGEN/GRAHAM/YANG, 2010, S. 2126.

Eine Verminderung des Insolvenzrisikos durch ein Risikomanagement kann zusammenfassend zwei mögliche Auswirkungen auf die Fremdkapitalaufnahme haben, die sich wiederum im Unternehmenswert niederschlägt: Zum einen kann die Aufnahme von Fremdkapital durch ein geringeres Insolvenzrisiko erleichtert werden, da sich Fremdkapitalgeber bei der Vergabe von Mitteln am Insolvenzrisiko orientieren.[116] Die (erhöhte) Aufnahmefähigkeit von Fremdkapital ermöglicht Unternehmen zum anderen die Realisation von (höheren) Steuervorteilen aus der Fremdfinanzierung, die sich positiv auf den Unternehmenswert auswirken. Auch eine Verminderung der Fremdkapitalkosten ist denkbar, in jedem Falle insofern der Fremdkapitalzinssatz als Approximation für diese genutzt wird, und ist an einigen Stellen empirisch belegt.[117]

4.4.3 Stakeholderkosten der Insolvenzgefährdung

Nicht-finanzielle Stakeholder des Unternehmens wie Kunden, Arbeitnehmer oder Lieferanten haben durch die Investition von Ressourcen wie Humankapital bzw. Arbeitskraft oder durch spezielle Leistungsbeziehungen einen Teil ihrer zukünftig erzielbaren Erfolge an den Erfolg des Unternehmens gebunden.[118] Diese zukünftigen Erfolge beruhen auf immateriellem und materiellem Vermögen, das ein hohes Maß von Faktorspezifität aufweist. Das heißt, würden die Stakeholder dieses Vermögen in eine alternative Geschäftsbeziehung einbringen – wie etwa im Falle einer Insolvenz – käme es zu Wertverlusten:[119] Eine alternative Verwen-

---

[116]Hier spielt auch die erhöhte Transparenz und Kommunikation im Rahmen eines Risikomanagement-Systems eine wesentliche Rolle und wirkt sich etwa auf eine Verbesserung des Ratings aus, vgl. BEYER/HACHMEISTER/LAMPENIUS, 2010, S. 121.

[117]Vgl. CAMPELLO u. a., 2011; DISATNIK/DUCHIN/SCHMIDT, 2014; CHEN/KING, 2014; VAN BINSBERGEN/GRAHAM/YANG, 2010.

[118]Vgl. MAYERS/SMITH, 1990; SMITH/STULZ, 1985; AMIT/WERNERFELT, 1990; GOSSY, 2008, S. 51 ff.

[119]Vgl. MILLER/CHEN, 2003, S. 500 f.

dung würde zu Transaktionskosten[120] führen und unter Umständen nicht denselben ökonomischen Mehrwert[121] generieren.

Auch ist ein wesentlicher Anteil der Ansprüche von nicht-finanziellen Stakeholdern aus den Vertragsbeziehungen mit dem Unternehmen impliziter Art: CORNELL/SHAPIRO (1987) führen für solche impliziten Ansprüche an, dass diese zu vage und in hohem Maße zustandsabhängig sind, als dass sie zu angemessenen Kosten Bestandteil eines expliziten Vertrages sein könnten.[122] Normalerweise gibt es für das Unternehmen keine direkten ökonomischen Konsequenzen, wenn solche impliziten Verpflichtungen nicht erfüllt werden.[123] Im Insolvenzfall sind meist sowohl explizite als auch implizite Ansprüche nicht-finanzieller Stakeholdergruppen nachrangig gegenüber den Ansprüchen der Kapitalgeber.[124]

Dementsprechend sind nicht-finanzielle Stakeholder besonders von einer Insolvenz des Unternehmens betroffen.[125] Die Eigentümer können durch opportunistisches Verhalten ex post Vorteile erzielen, die zu Lasten dieser Stakeholder gehen.[126] Allerdings antizipieren Stakeholder-Gruppen ein solches Verhalten und preisen diese Unsicherheit in ihre Vertragsbeziehung

---

[120]Transaktionskosten können etwa durch eine örtliche Umschichtung von Vermögensgegenständen entstehen, aber auch durch zeitliche Verzögerungen bis zum nächstbesten Einsatz, Einarbeitung und resultierende geringere Produktivität bei Arbeitnehmern, etc.

[121]Etwa ein Produktdesigner kann seine Tätigkeit für verschiedene Unternehmen durchführen. Je nach Passfähigkeit zum Geschmack der Zielgruppe bzw. der Positionierung des Produktes wird dies ausschlaggebend für die Wertschöpfung sein.

[122]Vgl. CORNELL/SHAPIRO, 1987, S. 5 f. Die Autoren nennen als Beispiele einen fortdauernden Kundenservice oder die Arbeitsplatzsicherheit für Angestellte. Vgl. zur Unvollständigkeit von Verträgen auch Abschnitt 4.3.3 sowie GROSSMAN/HART, 1986; HART, 1989; HART/MOORE, 1990.

[123]Vgl. CORNELL/SHAPIRO, 1987, S. 6.

[124]Vgl. FRANKE/HAX, 2009, S. 521; So wird etwa in Deutschland im Insolvenzfall der Kündigungsschutz eingeschränkt.

[125]Vgl. FRANKE/HAX, 2009, S. 521.

[126]Vgl. auch Abschnitt 4.4.2. CORNELL/SHAPIRO, 1987, S. 9, bezeichnen diese Problematik als Variation des von AKERLOF, 1970, beschriebenen "Market for 'Lemons'".

ein. Diese Kosten sind indirekte Insolvenzkosten.[127] So werden Kunden etwa nur dazu bereit sein, einen vergleichsweise geringeren Preis zu bezahlen, wenn sie davon ausgehen, dass Garantie-Ansprüche oder Service-Leistungen bei einer möglichen Insolvenz verloren gehen;[128] Lieferanten werden Sicherheiten oder gar Vorauskasse fordern.[129] Auch für Arbeitnehmer wiegt der mit einer Insolvenz drohende Verlust des Arbeitsplatzes schwer.[130] Die Erwartungen der Stakeholder bezüglich ihrer impliziten Ansprüche spiegeln sich dementsprechend in den ökonomischen Austauschbeziehungen wider, die den Unternehmenswert maßgeblich beeinflussen.[131] Ein Risikomanagement, das glaubwürdig an Stakeholder kommuniziert

---

[127]Vgl. BARTRAM, 2000, S. 303; sind Stakeholder aufgrund dessen gar nicht bereit, eine Geschäftsbeziehung zum Unternehmen einzugehen, kann das als Form des Hold-up gesehen werden. Vgl. auch Abschnitt 4.4.2.

[128]Vgl. BARTRAM, 2000, S. 303; PHILLIPS/SERTSIOS, 2013, zeigen empirisch für die Airline Industrie, dass Financial Distress die Produktqualität mindert.

[129]Vgl. TITMAN, 1984; GOSSY, 2008, S. 58. Insbesondere ins Gewicht fällt dies bei Produkten, die Reparaturleistungen erfordern können oder wenn Qualität ein wichtiges Produktmerkmal darstellt, aber vorab schwer zu verifizieren ist. Auch Produkte mit hohen Wechselkosten machen eine Insolvenz des Unternehmens für Kunden besonders schwerwiegend. MAKSIMOVIC/TITMAN, 1991, zeigen eine abnehmende Bereitschaft von Kunden, eine Vertragsbeziehung mit Unternehmen mit hohem Verschuldungsgrad einzugehen. OPLER/TITMAN, 1994, belegen, dass Unternehmen mit hohem Verschuldungsgrad im Vergleich zu ihren Rivalen mit geringerer Verschuldung in Phasen des branchenbezogenen Nachfragerückgangs Marktanteile verlieren. Hier wird die Verbindung zu Kapitel 5 deutlich. KALE/SHAHRUR, 2007, untersuchen die Wirkung einer geringeren Verschuldung als Commitment Mechanismus, der spezifische Investitionen von Kunden und Lieferanten fördern soll. KALE/MENEGHETTI/SHAHRUR, 2013, belegen, dass Unternehmen mit einem hohen Grad von Kundengarantien einen geringeren Verschuldungsgrad aufweisen. Laut BARTRAM, 2000, S. 303 f., bieten Lieferanten weniger attraktive Zahlungsbedingungen, aber auch weniger Flexibilität in Bezug auf die Lieferung, wenn ein Fortbestand des Unternehmens als weniger wahrscheinlich eingeschätzt wird. Angestellte fordern eine Risikoprämie als Kompensation für die Gefahr des Jobverlustes, ebenso können ein höherer Turnover und damit einhergehende höhere Such- und Trainingskosten für Angestellte resultieren. MATSA, 2010, nimmt einen abweichenden Standpunkt ein: In seinem Modell wirkt sich eine höhere Fremdfinanzierung auf die Verhandlungsmacht von Gewerkschaften aus: je höher die Verschuldung, desto geringer ist die Druckmöglichkeit von Seiten der organisierten Arbeiterschaft, einen festen Anteil der Liquidität des Unternehmens vorab einzufordern.

[130]Vgl. BERK/STANTON/ZECHNER, 2010, S. 891 f. Die Autoren sprechen in diesem Zusammenhang von den „*human* costs of bankruptcy" und bringen diese zudem mit einer Begrenzung der Verschuldung des Unternehmens in Verbindung.

[131]Vgl. CORNELL/SHAPIRO, 1987, S. 8 f.

wird, kann die Vertragskosten in diesen Beziehungen senken.[132] Doch nicht nur Vertragskosten können reduziert werden – durch größere Planungssicherheit kann die operative Geschäftstätigkeit besser koordiniert werden, was ebenfalls Effizienzgewinne ermöglicht.[133]

GOSSY (2008) ordnet das Risikomanagement in eine Stakeholder-orientierte Unternehmensführung ein[134] und begründet dies mit der Unvollständigkeit von Verträgen. Diese unvollständigen Verträge führen dazu, dass auch Stakeholder – und nicht nur die Unternehmenseigner als Residualgewinnempfänger – Risiko der Unternehmenstätigkeit tragen.[135] Auch JENSEN (2002) argumentiert, dass die Stakeholder Perspektive immer explizit in der Unternehmensführung Berücksichtigung finden soll – allerdings als Instrumentalziel der Unternehmenswertmaximierung. MILLER/CHEN (2003) analysieren den Zusammenhang zwischen Unternehmensrisiken und deren Kosten im Sinne der dargestellten Argumentation. Ihre empirischen Ergebnisse unterstützen die These, dass Stakeholderkosten von Unternehmensrisiken abhängen.[136] LODOWICKS (2007) integriert die Modellierung von Insolvenzkosten in ein DCF-Kalkül mit Barrier-Optionen. Er kommt zu dem Schluss, dass vor allem indirekte Insolvenzkosten einen hohen Einfluss auf den Unternehmenswert haben können.[137] Zusammenfassend kann einem unternehmerischen Risikomanagement demgemäß ein Effizi-

---

[132]Für eine geforderte Risikoprämie im Rahmen der Stakeholder-Beziehungen kann nicht nur auf Basis der Insolvenzgefahr und den daraus resultierenden Nutzenverlusten argumentiert werden, sondern auch auf Basis einer prinzipiellen Risikoaversion der Stakeholder. Da eine Diversifikation der Risiken über den Kapitalmarkt nicht im gleichen Maße möglich ist, ist ein Risikomanagement auf Unternehmensebene im Sinne der Stakeholder. Vgl. für die Vertragsbeziehung zum Management dazu auch Abschnitt 4.5.1.1.
[133]Vgl. AMIT/WERNERFELT, 1990, S. 522; ARROW, 1974, zeigt die Bedeutung von mangelnder Flexibilität und resultierender schlechterer Koordination auf Unternehmensebene auf.
[134]Vgl. dazu auch Parallelen zur Stakeholder Theorie, bspw. DONALDSON/PRESTON, 1995.
[135]Vgl. auch ASHER/MAHONEY/MAHONEY, 2005, S. 18.
[136]Vgl. insb. MILLER/CHEN, 2003, S. 371, für eine Zusammenfassung der Ergebnisse.
[137]Vgl. LODOWICKS, 2007, S. 127.

enzeffekt in Form einer Erhöhung der erwarteten Cashflows zugesprochen werden.[138]

4.5 Risikomanagement, Koordinationsprobleme und Agency Kosten des Risikos

Ging es im vorherigen Abschnitt vor allem um die Verringerung von Vertragskosten mittels der Verminderung der Wahrscheinlichkeit einer Extremsituation – der Insolvenz – werden im Folgenden Effizienzgewinne erläutert, die aus einer besseren Koordination in Bezug auf die unternehmerische Zielsetzung resultieren. Das betrifft zum einen eine verbesserte Anreizsetzung und Risikoteilung in der Vertragsbeziehung von Managern und Kapitalgebern und zum anderen Finanzierungsmöglichkeiten und Investitionsentscheidungen. Diese Effizienzgewinne können sich als Kosteneinsparungen manifestieren; sie können aber auch höhere erwartete Rückflüsse zur Folge haben, etwa aus durchgeführten Investitionsprojekten, die ohne ein Risikomanagement Friktionen zum Opfer gefallen wären.

4.5.1 Risiko und Managementverhalten

Die Vertragsbeziehung zu Managern ist im Rahmen der wertorientierten Unternehmensführung von besonderer Bedeutung.[139] Verschiedene Theorien des Risikomanagements nennen die Risikoaversion des Managers als Erklärungsansatz für Risikomanagement auf Unternehmensebene.[140] Allerdings wird häufig argumentiert, dass dies nicht im Sinne des Aktionärs bzw. in Bezug auf dessen Interessen irrelevant sei. Insbesondere

---

[138]Vgl. GOSSY, 2008, S. 66.

[139]Vgl. etwa RAPPAPORT, 1998, S. 3 f.

[140]Vgl. insb. STULZ, 1984; AMIT/WERNERFELT, 1990; AAKER/JACOBSON, 1987, S. 280; ARETZ/BARTRAM/DUFEY, 2007, S. 437 f.

der Aktienbesitz auf Management-Ebene, oder auch eine Entlohnung,
die an die Entwicklung des Unternehmenswerts gekoppelt ist, und eine
mangelnde Diversifikation von Managern werden häufig in Verbindung ge-
bracht mit einer persönlichen Motivation für ein auf Unternehmensebene
durchgeführtes Risikomanagement.[141] TUFANO (1996) untersucht das Ri-
sikomanagementverhalten von Managern in der Goldindustrie und kommt
zu dem Schluss, dass Risikomanagement-Maßnahmen scheinbar mit einer
persönlichen Nutzenmaximierung von Managern übereinstimmen, wenn
das Management über Aktienbesitz am Unternehmen verfügt.[142] BOVA
u. a. (2014) dehnen die Argumentation von STULZ (1984) auf Mitarbeiter
ohne leitende Tätigkeit aus und kommen zu dem Ergebnis, dass Aktienbesitz von Angestellten und die Volatilität dieser Aktien negativ korreliert
sind.[143]

4.5.1.1 Entlohnungskosten des Risikos

In der Literatur zur Prinzipal-Agent-Theorie[144] wird meist eine Abhängigkeit des Unternehmenserfolgs vom Arbeitseinsatz des Managers
unterstellt. Diese Beziehung ist allerdings nicht deterministisch: der Erfolg unterliegt einem Zufallseinfluss. Ist der Arbeitseinsatz an sich nicht
beobachtbar, kann die Entlohnung des Managers in Abhängigkeit vom

---

[141]Vgl. SMITH/STULZ, 1985, S. 399-403.

[142]Vgl. TUFANO, 1996, insb. S. 1118; In der Untersuchung wird der Zusammenhang
zwischen Aktien-Optionen und Aktienvermögen im Eigentum vom Management und
Risikomanagement-Praktiken untersucht: Unternehmen, deren Manager substanti-
elles Aktienvermögen der eigenen Firma halten, weisen ein ausgeprägteres Hedging-
Verhalten auf als solche Unternehmen, in denen Manager vor allem selbst Optionen halten. Eine Diversifikation wird auch beschränkt aufgrund eingeschränkter
Möglichkeiten von Top-Level Managern, mit Aktien des eigenen Unternehmens zu
handeln. Zudem spielen non-monetäre Nutzenkomponenten wie Reputation und
Karrieremöglichkeiten eine große Rolle. Vgl. BARTRAM, 2000, S. 300 f.

[143]Vgl. BOVA u. a., 2014, S. 129; S. 140 f. Auch AKRON/BENNINGA, 2013, untersuchen
den Zusammenhang zwischen dem Hedging durch Manager und deren an Aktien
gekoppelte Entlohnung. Sie kommen zu dem Schluss, dass eine positive Korrelation
besteht. Dies kann sich dann negativ auf den Unternehmenswert auswirken, wenn
im Markt Hedging-Prämien bezahlt werden.

[144]Vgl. hierzu Abschnitt 4.3.4.

unsicheren Ergebnis erfolgen. Diese Ergebnisabhängigkeit der Entlohnung erfüllt Anreiz- und Risikoallokationszwecke.[145] Darf bzw. soll der Manager als Agent hedgen, reduziert sich die geforderte Risikoprämie des Entlohnungsvertrags.[146] Die Motivation, bei gegebener Entlohnung einen Arbeitseinsatz zu erbringen, steigt, weil die wahrgenommene Korrelation zwischen Performance und Entlohnung zunimmt.

LAUX (2006) formuliert:

> „Da der Entscheidungsträger im privaten Bereich Belohnungs-
> risiken nicht hedgen darf, hat er ein besonderes Interesse
> daran, im Unternehmen bei gegebenem Investitionsprogramm
> durch ‚Risikomanagement' die Wahrscheinlichkeitsverteilung
> über den Erfolg aus seiner Sicht zu optimieren. Bei Anreiz-
> kompatibilität erzielen damit zugleich auch die Anteilseigner
> ein Optimum."[147]

Diese Argumentation entspricht der häufig gewählten Modellierung der Prinzipal-Agenten-Beziehung mittels des LEN Modells.[148] - die Effizienzverluste aus der Differenz der Second-Best- zur First-Best-Lösung verringern sich bei reduziertem Zufallseinfluss auf das Ergebnis.

Stehen zwei einperiodige Investitionsprojekte mit gleichem Marktwert $V_1 = V_2$ zur Verfügung, deren jeweilige Rückzahlung $\tilde{X}_i$ normalverteilt ist und das gleiche systematische Risiko $\beta_1 = \beta_2$, aber ein unterschiedliches Gesamtrisiko $\sigma_1 < \sigma_2$ aufweist, so ist ein risikoneutraler Eigentümer-Manager indifferent zwischen beiden Projekten. Wird jedoch ein Agent mit der Projektdurchführung beauftragt, stehen dem Eigenkapitalgeber

---

[145]Vgl. auch Abschnitt 4.3.4.

[146]Vgl. STULZ, 1984, S. 136.

[147]LAUX, 2006, S. 575 f.

[148]Vom Englischen: Linear Exponential Normal Model: Lineare Entlohnung des Agenten, exponentielle Nutzenfunktionen der beteiligten Akteure und normalverteile Ergebnisverteilung. Vgl. dazu SPREMANN, 1987. Dabei wird häufig die Risikoneutralität des Prinzipals angenommen, was die Vergütung des Risikos durch die Kapitalmärkte abbilden soll.

nicht länger die vollen Rückflüsse aus dem Projekt zur Verfügung. Die Verpflichtung aus dem Arbeitsvertrag sei abzudecken aus den Projektrückflüssen. Die Entlohnung aus dem Arbeitsvertrag $S(\tilde{X}_i)$ sei linear abhängig von der Höhe des erzielten Ergebnisses. Bei gleichem Erwartungswert präferiert der Agent eine geringere Streuung seiner Entlohnung.[149] Wird ein unter Anreiz- und Risikoallokationsgesichtspunkten optimaler Vertrag gewählt, resultiert $E[\tilde{X}_1 - S(\tilde{X}_1)] > E[\tilde{X}_2 - S(\tilde{X}_2)]$. Führt also der Eigentümer das Investitionsprojekt nicht selbst durch, sondern entlohnt einen Manager als risikoaversen Agenten erfolgsabhängig, so ist der erwartete residuale Zahlungsstrom aus Projekterfolg und Vergütung bei einem Projekt mit geringerer Standardabweichung höher, auch wenn sich das systematische Risiko und der erwartete Erfolg der Projekte nicht unterscheiden.

Je nach Nutzenkalkül des Agenten[150] kann aus einer Risikoreduktion eine *Verminderung der Agency Kosten* als Bestandteil des Entlohnungsvertrags resultieren, oder auch eine *Erhöhung des erwarteten Ergebnisses*. Das höhere Ergebnis folgt aus einem höheren Arbeitseinsatz, zu dem der Agent angereizt wird.[151] Im Sinne des vorliegenden Kapitels ergibt sich ein Effizienzeffekt des Risikomanagements in Form eines erhöhten Cashflows.

---

[149]Wird der LEN-Modellierung gefolgt, so liegt eine konstante Risikoaversion bei exponentieller Nutzenfunktion vor.

[150]ADAM/FERNANDO/GOLUBEVA, 2013, untersuchen die Hedging-Strategien von Managern auf kognitive Verzerrungen wie Verlustaversion und mental Accounting und finden in ihrer Studie der Goldminenindustrie Evidenz für derartig geprägtes Entscheidungsverhalten.

[151]PANOUSI/PAPANIKOLAOU, 2012, zeigen etwa in einer empirischen Untersuchung, dass Manager bei hohem firmenspezifischem Risiko zu wenig investieren. Vgl. dazu auch Abschnitt 4.5.2.2. Auch AGGARWAL/SAMWICK, 2003, untersuchen den Zusammenhang zwischen Diversifikation, Unternehmenswert und Entlohnung. Allerdings wird hier schon im Modellaufbau von linearen Zusammenhängen ausgegangen, die – zumindest im Kontext der vorliegenden Arbeit – gerade Untersuchungsgegenstand sind. So gehen die Autoren davon aus, dass der Marktwert positiv mit Arbeitseinsatz und negativ mit Diversifikationsniveau zusammenhängt, während die Kompensation des Managers von beiden Größen positiv abhängt.

4.5.1.2 Verbesserte Leistungsbeurteilung von Managern

Aktives Risikomanagement kann nicht nur Vertragskosten mit Managern verringern, sondern auch einen *Self-Selection-Mechanismus*[152] nach sich ziehen. DEMARZO/DUFFIE (1995) führen an, dass mittels Verringerung der Volatilität des Ergebnisses eine verbesserte Beurteilung der Leistung von Managern möglich ist, weil sogenannter „Noise" eliminiert wird. Prinzipiell wäre ein Risikomanagement also eher im Interesse von leistungsstarken Managern, während leistungsschwaches Führungspersonal eher auf positive Einflüsse des Zufalls hofft, bzw. negative Ergebnisse gerne diesem zuschreibt.[153]

Folgt man dieser Argumentation, ist es für Unternehmen sinnvoll, die Verringerung von Ergebnisschwankungen für das Management vorzugeben. Dies wird prinzipiell dazu führen, dass leistungsbereitere Manager einen Vertrag mit dem Unternehmen eingehen. Wiederum ist von einem Effizienzeffekt in Form einer Ergebniserhöhung auszugehen.

4.5.2 Risikomanagement, Finanzierung und Investition

Interessenkonflikte zwischen Residualgewinnempfängern und Fremdkapitalgebern können Agency Kosten zur Folge haben, die für die Finanzierungs- und Investitionstätigkeit des Unternehmens von Bedeutung sind. Diese Kosten resultieren vor allem aus der Moral Hazard Problematik. Im

---

[152]Self-Selection, die Selbstauswahl, ist ein Mechanismus, der darauf beruht, das Verträge mit unterschiedlichen Spezifikationen angeboten werden. Sorgen diese Spezifikationen dafür, dass diejenigen Marktteilnehmer solche Verträge auswählen, die das Ergebnis effizienter machen im Sinne einer Verringerung von Agency Kosten, so ist von Self-Selection die Rede. Vgl. auch PICOT/DIETL/FRANCK, 2008, S. 85.

[153]DEMARZO/DUFFIE, 1995; Dabei gehen sie auch auf die Rolle der Offenlegung des Hedging im Rahmen des Hedge Accounting ein. Vgl. auch ARETZ/BARTRAM/DUFEY, 2007, S. 437 f. BARTRAM, 2000, S. 302; BREEDEN/VISWANATHAN, 1998 zeigen in ihrem Modell mit zwei Typen von Managern, dass fähige Manager immer hedgen. DEMARZO/DUFFIE, 1991, zeigen für den allgemeinen Fall privater Information seitens des Unternehmens, dass ein Hedging von Vorteil für Eigenkapitalgeber ist.

Gegensatz zu den Effizienzverlusten aus Abschnitt 4.4, die in der In-
solvenzgefährdung begründet sind, liegt der Fokus hier auf den Agency
Problemen, die bei der Aufnahme von zusätzlichem Kapital und bei der
Durchführung zusätzlicher Investitionsprojekte entstehen. Schwächt ein
Risikomanagement diese Agency Probleme ab, kann es Effizienzeffekte
zur Folge haben.

4.5.2.1 Kosten externer Finanzierung

Die Volatilität und damit das Risiko des Cashflows wird in der neoklassischen Kapitalmarkttheorie über die Kapitalkosten abgegolten (systematisches Risiko) bzw. ist irrelevant (unsystematisches Risiko).[154] Allerdings
werden hier Finanzierungs- und Liquiditätsengpässe außer Acht gelas-
sen:[155] Es wird davon ausgegangen, dass operative Ausgaben und feste
Forderungen der Kapitalgeber stets abgedeckt werden können. Im Falle
eines Schocks – weicht also der realisierte Cashflow in einer Periode stark
nach unten vom Erwartungswert ab und können deshalb diese Zahlungsansprüche nicht erfüllt werden – stehen weitere externe Finanzierungsquellen
gemäß der Risikostruktur des Unternehmens zur Verfügung. In der Realität dagegen kann bei Liquiditätsengpässen oftmals nur gegen höhere Kosten externes Kapital beschafft werden. Im Extremfall einer Insolvenz kann
fehlende Liquidität sogar zu Desinvestitionen und zur Liquidierung von
Vermögensgegenständen führen, was wiederum die Überlebensfähigkeit
des Unternehmens nachhaltig beeinträchtigt.[156]

FROOT/SCHARFSTEIN/STEIN (1993) argumentieren, dass ein Risikomanagement dafür sorgen kann, Investitionsbedarf und vorhandene liquide

---

[154]Vgl. auch Abschnitt 2.2.3.

[155]JENSEN/MECKLING, 1976, nennen Interessenkonflikte im Rahmen einer Principal-
Agent-Beziehung als Begründung für die Entstehung von Agency-Kosten bei externer Finanzierung. Vgl. insb. S. 313; 333 f.

[156]Vgl. bspw. TIROLE, 2006, S. 199 ff.: Müssen zusätzliche Mittel aufgenommen werden,
reduziert sich automatisch der Anteil der bestehenden Kapitalgeber. Das induziert
eine Form von Moral Hazard.

Mittel zeitlich aufeinander abzustimmen und somit Liquiditätsengpässe abzuwehren. Dieses Argument beruht auf der Pecking Order Theorie von MYERS/MAJLUF (1984).[157] Laut Pecking Order Theorie wird ein Finanzierungsbedarf zunächst mit internen Mitteln abgedeckt, weil zusätzliche externe Finanzierung mit Agency-Kosten verbunden ist.[158] Wenn für das Unternehmen der Punkt erreicht ist, an dem jegliche Cash-Reserven aufgebraucht sind, werden zusätzliche Investitionen unterlassen oder sogar Desinvestitionen getätigt, um kostspielige zusätzliche Außenfinanzierung zu vermeiden.[159] Auch Transaktionskosten spielen bei zusätzlicher Kapitalaufnahme eine Rolle. Kann durch ein Risikomanagement also die Aufnahme von externem Kapital überflüssig gemacht werden, so bedeutet das Kostenersparnisse. Die Verringerung der Cashflow-Volatilität soll sicherstellen, dass Projekte mit positivem Marktwert durchgeführt und Finanzierung und Investition aufeinander abgestimmt werden.[160]

Diesem Argument für ein unternehmensseitiges Risikomanagement ist auch Literatur als verwandt zuzuordnen, die sich mit Cash Management und der Vorteilhaftigkeit interner Kapitalmärkte auseinandersetzt.[161] Schon ALCHIAN (1969) und WILLIAMSON (1975) nennen Anreiz- und

---

[157]Vgl. FROOT/SCHARFSTEIN/STEIN, 1993.

[158]Vgl. FROOT/SCHARFSTEIN/STEIN, 1993; MYERS/MAJLUF, 1984, S. 219, sehen die Neuemission von Anteilen im allgemeinen als weniger günstig. Insbesondere argumentieren Sie, dass mit zunehmender Dringlichkeit bei der Suche nach neuen Investoren deren Bereitschaft sinken wird, Kapital bereitzustellen bzw. die entsprechenden Kapitalkosten ansteigen werden. HARRIS/RAVIV, 1991, S. 308, sehen die Pecking Order Problematik besonders bei Unternehmen mit großem Anteil immaterieller Vermögensgegenstände: hier wiegt ein Informationsvorsprung des Managements und das daraus folgende Moral Hazard Problem besonders schwer.

[159]Vgl. BOLTON/CHEN/WANG, 2012, S. 1548.

[160]Vgl. BARTRAM, 2000, S. 308 ff.; ARETZ/BARTRAM/DUFEY, 2007, S. 438.

[161]Vgl. dazu bspw. STEIN, 1997; GERTNER/SCHARFSTEIN/STEIN, 1994; HOLMSTRÖM/TIROLE, 2000; ALMEIDA/CAMPELLO/WEISBACH, 2004; GAMBA/TRIANTIS, 2011; BOLTON/CHEN/WANG, 2011, die Hedging und Liquiditäts-Management als komplementäre Risikomanagement-Instrumente klassifizieren. Sowohl Hedging als das Vorhalten von Cash-Reserven und Kreditlinien dient dazu, den Investitionsbedarf von Unternehmen zu decken, wenn externe Kapitalbeschaffung kostspielig ist. Sie modellieren Investment, Risiko- und Cashmanagement in Abhängigkeit voneinander.

Informationsvorteile als Begründung zur Nutzung interner Finanzierung von Projekten. ALMEIDA/CAMPELLO/WEISBACH (2011) argumentieren, dass Financial Distress nur eine weitere Form der Friktionen im Sinne von MYERS/MAJLUF (1984) ist.[162] Grundsätzlich kann eine zeitweise Zahlungsunfähigkeit eines Unternehmens tatsächlich nur dann entstehen, wenn kein zusätzliches Kapital von außen zufließt – obwohl dies im Rahmen der neoklassischen Kapitalmarkttheorie möglich wäre.[163]

ACHARYA/ALMEIDA/CAMPELLO (2013) zeigen in einer empirischen Untersuchung zum Zusammenhang von systematischem Unternehmensrisiko, Liquiditätsreserven und Kreditlinien bei Banken, dass Unternehmen mit höherem Beta-Faktor eher dazu tendieren, ihren Liquiditätsbedarf über eigene Cash-Reserven zu decken.[164] Dies deutet zum einen auf die genannten Friktionen bei der Aufnahme von externem Kapital hin, zum anderen ist es ein Anhaltspunkt für die Notwendigkeit eines unternehmensinternen Risikomanagements, da nicht alle zufälligen Schwankungen des Cashflows über externe Finanzierungsquellen abgefangen werden können. ADAM (2002) stützt mit seiner Untersuchung der Goldindustrie die These, dass Unternehmen hedgen, um weniger abhängig von externen Finanzierungsquellen zu sein und Investitionen durchführen zu können.[165] HARFORD/KLASA/MAXWELL (2014) untersuchen den Zusammenhang zwischen Refinanzierungsrisiken, die in der Unterlassung wertbringender Investitionen münden können, und Cashreserven. Sie stützen die These, dass Unternehmen, die Fremdkapital mit kürzerer Fristigkeit halten (was

---

[162] ALMEIDA/CAMPELLO/WEISBACH, 2011, S. 683; vgl. auch Abschnitt 4.4. ALMEIDA/ CAMPELLO/WEISBACH, 2011, untersuchen verschiedene Aspekte der Friktionen , die bei externer Finanzierung von Projekten auftreten können.
[163] Dennoch bestehen wichtige Unterschiede zu Abschnitt 4.4, weshalb dieser Gedanke gesondert angeführt wird: Es handelt sich bei Insolvenzkosten um grundsätzliche Vertragskosten des Risikos. Der vorliegende Abschnitt befasst sich vor allem mit Problemen, die Finanzierung und Liquiditätssicherung des Unternehmens betreffen.
[164] Vgl. ACHARYA/ALMEIDA/CAMPELLO, 2013, insb. S. 2091.
[165] Vgl. ADAM, 2002, insb. S. 177; 181-186.

gleichbedeutend mit einem höheren Refinanzierungsrisiko ist), bevorzugt interne Cashflows nutzen.[166]

Bezieht man die Friktionen bei der zusätzlichen Aufnahme von Kapital aus externen Finanzierungsquellen auf den Unternehmenswertkalkül, so können sich diese an zwei Stellen auswirken: Zum einen lässt sich auf eine Verteuerung der Finanzierung schließen, also auf resultierende höhere Kapitalkosten. Zum anderen werden unter Umständen Investitionen unterlassen bzw. sogar Desinvestitionen durchgeführt, um Liquidität zur Verfügung zu stellen, was zu einer Marktwertreduktion führt. Ein Effizienzeffekt des Risikomanagements kann sich an dieser Stelle in einer Senkung der Kapitalkosten bemerkbar machen oder den Umfang des Investitionsprogramms des Unternehmens absichern.[167]

4.5.2.2 Unterinvestition

Im voranstehenden Abschnitt 4.5.2.1 wurde erläutert, dass zusätzliche bzw. höhere Kosten eines schwankenden, externen Finanzierungsbedarfs durch Risikomanagement vermieden werden können. MYERS (1977) arbeitet ein weiteres Agency Problem in Bezug auf die Investitionstätigkeit von Unternehmen aus: Er zeigt, dass es bei anteiliger Fremdfinanzierung im Interesse der Anteilseigner sein kann, neue Investitionsprojekte zu unterlassen, obwohl diese einen positiven Marktwert haben.[168] Das liegt darin begründet, dass neu hinzukommende Rückflüsse aus dem Projekt zunächst an Stakeholder mit vorrangigen Ansprüchen fließen würden. Die Problematik wird meist am Beispiel von Fremdkapital illustriert; generell gelten die Schlussfolgerungen aber für alle Ansprüche, die gegenüber einer

---

[166]Vgl. HARFORD/KLASA/MAXWELL, 2014, insb. S. 989-993.

[167]FROOT/SCHARFSTEIN/STEIN, 1993, S. 96, formulieren diesen Vorteil so: „In essence, it [risk management; Anmerkung des Verfassers] allows companies to borrow from themselves."

[168]Vgl. MYERS, 1977, S.149; MAYERS/SMITH, 1987; BARTRAM, 2000, S. 298 ff.

potentiellen Gewinnausschüttung vorrangig zu bedienen sind, also auch für die Ansprüche von Lieferanten oder Arbeitnehmern.[169]

Bei hoher Verschuldung und hohem Risiko vermindert eine Erhöhung des Gesamtunternehmenswerts zunächst die Wahrscheinlichkeit einer Insolvenz; die Eigenkapitalgeber profitieren hiervon zunächst nicht.[170] BESSEMBINDER (1991) zeigt, dass Risikomanagement diese Form der Agency Kosten von Fremdkapital verringern oder sogar eliminieren kann.[171] So fällt bei Durchführung der Investition bei einer Absicherung sowohl der Wert des Fremdkapitals als auch derjenige des Eigenkapitals höher aus als ohne Absicherung.[172]

Man betrachte zunächst ein Unternehmen im Zeitpunkt $t = 0$, das ein einperiodiges Investitionsprojekt mit Marktwert V_1 durchführt, dessen Rückzahlung $\tilde{X}_1$ zum Zeitpunkt $t = 1$ normalverteilt sei. Steht im Anschluss ein weiteres Investitionsprojekt mit positivem NPV in Höhe von V_2 zum Zeitpunkt $t = 1$ zur Verfügung, so wird ein Eigentümer-Investor bei vollständiger Eigenfinanzierung dies stets durchführen; unabhängig von der Realisation des Ergebnisses X_1. Ist das Unternehmen aber teilweise fremdfinanziert, steht dem Eigenkapitalgeber nicht mehr unabhängig von der Realisation von X_1 der volle NPV des Anschlussprojekts zur

---

[169]Vgl. BESSEMBINDER, 1991, S. 520 f.

[170]Vgl. BARTRAM, 2000, S.298; MACMINN, 1987b, S. 670; ARETZ/BARTRAM/DUFEY, 2007, S. 436 f.

[171]Vgl. BESSEMBINDER, 1991, insb. S. 528.

[172]MACMINN, 1987b, S. 671; BESSEMBINDER, 1991; Letztendlich ist die Lösung des Unterinvestitionsproblems eine Verminderung der Insolvenzwahrscheinlichkeit. Im Gegensatz zur Fokussierung direkter und indirekter *Kosten* einer Insolvenz in Abschnitt 4.4 wird hier aber deutlich, dass Risikomanagement für die *Investitionstätigkeit* und somit die Expansion des Unternehmens relevant ist. ACHARYA/AMIHUD/LITOV (2011) argumentieren aus anderer Perspektive zur Unterinvestition: Sie beschäftigen sich mit den Auswirkungen des Gläubigerschutzes – der grundsätzlich dazu gedacht ist, die Insolvenzwahrscheinlichkeit zu vermindern – auf die Investitionstätigkeit des Unternehmens. So sollen Restriktionen, die dem Schutz von Kreditgebern dienen, dazu führen, dass nicht diejenigen Investitionen durchgeführt werden, die im Sinne des Shareholder Value optimal sind. Auch hier kann Risikomanagement als Mittel eingesetzt werden, weitere Restriktionen bezüglich der Investitionstätigkeit des Unternehmens abzuwehren.

Verfügung. Ist der Rückfluss aus dem Projekt X_1 kleiner als die vertraglich vereinbarte Zahlung an die Fremdkapitalgeber d, so bedeutet dies eine Insolvenz für das Unternehmen. Entscheiden sich die Eigenkapitalgeber, Geld nachzuschießen, um weitere Investitionsprojekte im Rahmen der Unternehmenstätigkeit durchzuführen, so werden zunächst die fixen Ansprüche der Fremdkapitalgeber befriedet. Der Eigentümer-Investor wird also nur dann zusätzlich investieren, wenn die Rückflüsse aus dem Projekt der ersten Periode die ausstehende Zahlung an die Fremdkapitalgeber übersteigt,[173] $X_1 \geq d$. Wenn dies nicht der Fall ist, also $X_1 < d$ gilt, muss der NPV des Anschlussprojekts der noch ausstehenden Verpflichtung aus der Differenz der Zahlung an die Fremdkapitalgeber und dem Rückfluss der ersten Periode mindestens entsprechen: $V_2 \geq d - X_1$, sodass der Eigenkapitalgeber mindestens indifferent gegenüber einer Durchführung des Anschlussprojekts ist. Sind die voranstehenden Bedingungen nicht erfüllt, wird der Eigenkapitalgeber das Anschlussprojekt nicht durchführen: Es kommt zur Unterinvestition. Wird mit einer Verminderung des Risikos der Rückzahlung σ_1[174] die Wahrscheinlichkeit für eine Insolvenz im Sinne $X_1 < d$ verringert, erhöht sich die Wahrscheinlichkeit der Projektdurchführung in $t = 1$ und damit auch der Marktwert des Unternehmens in $t = 0$.[175]

In Bezug auf das Unterinvestitionsproblem spielt Hedging eine größere Rolle für Unternehmen mit anteilig vielen festen Verpflichtungen.[176] Diese können neben ausstehenden Zahlungen an Fremdkapitalgeber auch etwa Service-Verträge, Garantien, oder langfristige operativen Verträge beinhalten, die firmenspezifische Investitionen involvieren. Außerdem

---

[173]Bzw. mindestens abdeckt.

[174]Bei gleichbleibendem systematischem Risiko.

[175]Für eine ausführlichere Darstellung der Underinvestment Problematik, wenn der Marktwert des Unternehmens die Summe aus bereits bestehender Geschäftstätigkeit und Wachstumsmöglichkeiten ist, vgl. MYERS, 1977, S. 150-154. Für eine ausführliche Darstellung der Auswirkung des Hedging auf das Underinvestment Problem, vgl. BESSEMBINDER, 1991, S. 526-531.

[176]Dies entspricht einem hohen Fixkostenanteil. Fixkosten sind unabhängig von der Ausbringungsmenge.

ist das glaubwürdige Commitment[177] zu einer Hedging Strategie ein
entscheidender Faktor für deren Vorteilhaftigkeit.[178]

GAY/NAM (1998) untersuchen empirisch, ob ein Zusammenhang zwischen der Unterinvestitions-Problematik und Hedging Maßnahmen besteht. Sie stützen mit ihren Ergebnissen die These, dass eine Verbindung zwischen Wachstumschancen für Unternehmen und deren Einsatz von Hedging-Instrumenten besteht. Außerdem finden sie einen positiven Zusammenhang zwischen der Fremdkapitalquote und dem Einsatz von Derivaten.[179]

Ein Effizienzeffekt des Risikomanagements nimmt an dieser Stelle also die Form einer Abschwächung der Agency Problematik der Unterinvestition an: Ein Risikomanagement kann sich in Bezug auf das Unterinvestitionsproblem positiv auf den Investitionsumfang auswirken, was sich in einer Marktwerterhöhung niederschlägt. Eine erhöhte Kapazität zur Fremdkapitalaufnahme kann ebenfalls durch diesen Effekt begründet sein und sich wertsteigernd auswirken: Erhöht sich die Aufnahmefähigkeit für Fremdkapital, ist von einer Ausdehnung der barwerten Steuervorteile der Fremdfinanzierung auszugehen.[180]

4.5.2.3 Substitutionsprobleme

Ein weiteres Problem, das aus divergierenden Interessen der Eigenkapitalgeber einerseits und Fremdkapitalgeber andererseits resultiert, wird mit „Asset Substitution" oder auch „Risk-shifting" beschrieben: Aufgrund des Optionscharakters von Eigenkapital sind für Eigenkapitalgeber riskantere Investitionen attraktiv. Insbesondere kann der diskretionäre Spielraum über das bereitgestellte Kapital ausgenutzt und in Projekte mit

---

[177]Unter „Commitment" ist eine Selbstverpflichtung mit bindendem Charakter zu
   verstehen.
[178]Vgl. BESSEMBINDER, 1991, S. 531.
[179]Vgl. GAY/NAM, 1998, S. 62.
[180]Vgl. ROSS, 1996, insb. S. 26.

höherem Risiko investiert werden, als bei der Aufnahme von Fremdkapital kommuniziert wurde.[181]

Stehen zwei einperiodige Investitionsprojekte mit gleichem Marktwert $V_1 = V_2$ zur Verfügung, deren jeweilige Rückzahlung $\tilde{X}_i$ normalverteilt sei und das gleiche systematische Risiko $\beta_1 = \beta_2$, jedoch unterschiedliches Gesamtrisiko $\sigma_1 < \sigma_2$ aufweise, so ist ein Eigentümer-Investor bei vollständiger Eigenfinanzierung indifferent zwischen beiden Projekten. Wird jedoch vor Durchführung des Projekts zusätzlich Fremdkapital zur Finanzierung aufgenommen, stehen dem Eigenkapitalgeber nicht länger die vollen Rückflüsse aus dem Projekt zur Verfügung. Allerdings sei auch die Verpflichtung gegenüber den Fremdkapitalgebern nur aus diesen Rückflüssen abzudecken. Werden also Fremdkapitaltitel mit dem festen Anspruch d vergeben, so steht dem Eigenkapitalgeber $X - d$ für $X \geq d$ bzw. 0 für $X < d$ zur Verfügung – die Eigenkapitaltitel erhalten so Optionscharakter. Gemäß BLACK/SCHOLES (1973) ist in diesem Fall der Wert des Eigenkapitals E_i abhängig von der Standardabweichung σ_i: es gilt grundsätzlich zunächst $\partial E_i / \partial \sigma_i > 0$. Je größer also das Gesamtrisiko des Projekts, desto größer der Wert des Eigenkapitals: Die Eigenkapitalgeber werden Projekt 2 zur Durchführung wählen. Da der Gesamtwert V_i unverändert bleibt, ist der Marktwert des Fremdkapitals aus Projekt 2 bei gleichbleibenden fixen Ansprüchen und bestehendem Ausfallrisiko geringer als für Projekt 1 $D_2 < D_1$.[182] In diesem einfachen Fall werden die Fremdkapitaltitel zum geringeren Preis D_2 veräußert – ein Wohlfahrtsverlust entsteht nicht, da beide Projekte insgesamt gleichwertig sind.[183]

Gilt allerdings ceteris paribus $E[\tilde{X}_1] > E[\tilde{X}_2]$, so resultiert auch $V_1 > V_2$. Gilt weiterhin, dass bei anteiliger Fremdfinanzierung ein fester Betrag d aus dem Projektrückfluss an die Fremdkapitalgeber entrichtet wird,

---

[181]Vgl. JENSEN/MECKLING, 1976, S. 334 ff. MACMINN, 1987b, S. 672 ff; BARTRAM, 2000, S. 299ff.

[182]Vgl. auch MERTON, 1973, insb. S. 452-460.

[183]Vgl. dazu auch JENSEN/MECKLING, 1976, S. 335f.

so wird der Marktwert des Fremdkapitals D_2 aus Projekt 2 weiterhin geringer sein als derjenige aus Projekt 1.[184] Stellen die Fremdkapitalgeber zunächst den höheren Betrag D_1 zur Verfügung, können die Eigenkapitalgeber unter Umständen von einer Durchführung von Projekt 2 profitieren, obwohl der gesamte Marktwert des Projekts geringer ist: Es findet eine Vermögensumverteilung von Fremd- zu Eigenkapitalgebern durch den „Asset Substitution" Effekt statt.[185] Steht die endgültige Durchführung von Investitionsprojekten vor Bereitstellung der Finanzierung nicht fest, werden die Fremdkapitalgeber nur den geringeren Marktwert des Fremdkapitals zur Verfügung stellen. Kann in diesem Fall Projekt 1 aufgrund fehlender Finanzierung nicht durchgeführt werden, resultiert ein Wohlfahrtsverlust in Höhe von $V_2 - V_1$, der zu Lasten der Eigenkapitalgeber geht. Dieser Marktwertverlust ist eine Form der Agency Kosten der Fremdfinanzierung. Diese können außerdem zwei weitere Formen annehmen: Einerseits können Fremdkapitalgeber mit sogenannten Covenants die Handlungsspielräume in Bezug auf die Investitionstätigkeit des Unternehmens begrenzen.[186] Andererseits können sie das entstandene Moral Hazard Risiko über höhere Zinszahlungen kompensieren.

Kann ein Unternehmen ein glaubwürdiges Commitment zu einem Risikomanagement kommunizieren,[187] so können diese Agency Kosten verringert werden.[188] LELAND (1998) bringt Risikomanagement in Verbindung mit der Substitutionsproblematik.[189] Ein Effizienzeffekt kann wiederum in

---

[184] Fließt den Fremdkapitalgebern jeweils der gleiche Betrag zu, wobei für Projekt 2 die Ausfallwahrscheinlichkeit höher ist, so resultiert ein geringerer Marktwert des Fremdkapitals.

[185] Vgl. JENSEN/MECKLING, 1976, S. 337.

[186] Eine weitere Form der Self-Selection wird in BESTER, 1987 erörtert, der die Akzeptanz von Kreditsicherheiten als solchen Mechanismus modelliert.

[187] Sodass im Beispiel etwa das Gesamtrisiko beider Projekte auf σ_1 begrenzt wird.

[188] Vgl. BARTRAM, 2000, S.299 f. ARETZ/BARTRAM/DUFEY, 2007, S. 437; MAYERS/ SMITH, 1982, S. 287, 1987; CAMPBELL/KRACAW, 1990.

[189] Vgl. LELAND, 1998, S. 1216.

Form der Ausweitung des Investitionsprogramms bzw. der Fremdfinanzierung und resultierender Steuervorteile bestehen.[190]

Mögliche Formen des Commitment sind eine aufgebaute Reputation, die sich auch in einem Rating widerspiegeln kann, oder aber eine freiwillig eingegangene Verpflichtung zu einer Risikomanagementstrategie bspw. in Kreditverträgen oder Bond Covenants.[191] Ebenso wie beim Unterinvestitionsproblem gilt hier, dass ein glaubwürdiges Commitment zu einer Risikomanagement-Strategie als wichtiger Faktor für deren Erfolg gesehen werden kann.[192] Wird durch Risikomanagement der mögliche Umfang der Fremdkapitalaufnahme erhöht, kann außerdem eine Marktwertsteigerung durch Steuervorteile aus der Fremdfinanzierung resultieren.[193]

KUERSTEN/LINDE (2011) vereinen beide Effekte – den des Risk-Shifting und den des Risikomanagements – in einem intertemporalen Modell. Sie zeigen, dass eine Hedging-Strategie immer dann Vorteile bringt, wenn Unternehmen von einem langen bzw. unendlichen Investitionshorizont ausgehen. Unternehmen, die bereits Financial Distress ausgesetzt sind oder gegen Ende einer begrenzten Lebensdauer operieren, haben eher einen Anreiz, „Risk-shifting" zu betreiben.[194]

4.6 Weitere Transaktionskosteneffekte

Zwei weitere Motive für Risikomanagement werden hier den Effizienzeffekten zugeordnet. Während beide Argumentationsstränge dem Risiko-

---

[190]Vgl. LELAND, 1998, S. 1236 f. Siehe auch Abschnitt 4.5.2.2 für ähnliche Auswirkungen im Rahmen der Unterinvestitionsproblematik.

[191]Vgl. BARTRAM, 2000, S. 299 f. CAMPBELL/KRACAW, 1990, insb. S. 1674 f.

[192]Vgl. BESSEMBINDER, 1991, S. 531; BARTRAM, 2000, S. 300.

[193]Vgl. BARTRAM, 2000, S. 304.

[194]Dieser Effekt wird aufgegriffen von RAMPINI/SUFI/VISWANATHAN, 2014, die einen ähnlichen Zusammenhang für Unternehmen finden, die kleiner sind und bereits nahe dem Financial Distress stehen.

management eine Rolle bei der Beseitigung von Ineffizienzen beimessen, nehmen sie in der Literatur zu einer Wertrelevanz des Risikomanagements keinen höheren Stellenwert ein.

4.6.1 Komparative Kostenvorteile

DUFEY/SRINIVASULU (1983) argumentieren, dass ein Risikomanagement innerhalb des Unternehmens Kostenvorteile gegenüber einem Risikomanagement durch andere Marktteilnehmer bietet. Das resultiert einmal aus Größenvorteilen (Economies of Scale and Scope), aber zum anderen auch aus geringeren Informationskosten.[195] Diese Aussage entspricht ARROW (1974): Innerhalb der Organisation fließt Information besser als in einem Markt-Konstrukt – der Nutzen überwiegt hier die Kosten, zusätzliche Signale und Informationen zu übermitteln.[196]

Zwar lässt sich dieses Argument in das vorliegende Kapitel einordnen, dennoch hebt es sich von den voranstehenden Abschnitten ab: Die Einsparung von Transaktionskosten resultiert nicht im eigentlichen Sinne *innerhalb* der Organisation bzw. durch die Beseitigung von Ineffizienzen, die im Rahmen der Geschäfts-, Investitions- und Finanzierungstätigkeit des Unternehmens auftreten, sondern vielmehr am Kapitalmarkt direkt.[197]

4.6.2 Steuervorteile

Für ein konvexes Steuersystem finden SMITH/STULZ (1985) Vorteile einer Reduktion der Vorsteuer-Cashflow-Volatilität. Eine direkt oder indirekt konvexe Steuerfunktion kann sowohl aus der progressiven Besteuerung

---

[195] DUFEY/SRINIVASULU, 1983, S. 58 f. BARTRAM, 2000, S. 307.
[196] Vgl. ARROW, 1974, S. 31 ff.
[197] Dieser Argumentationslinie soll im Rahmen dieser Arbeit nicht gefolgt werden, da die Bewertung der Zahlungsströme des Unternehmens weiterhin mit einem annähernd vollkommenen, effizienten Marktmodell erfolgen soll.

von Einkommen als auch aus Restriktionen beim Geltendmachen von Steuergutschriften aus Verlusten resultieren.[198] Durch die verminderte Volatilität des erwarteten Ergebnisses soll eine Verringerung des erwarteten Steueraufkommens folgen und so ein werterhöhender Effekt erzielt werden. Allerdings gibt es geringe empirische Evidenz für diesen Effekt.[199]

Auch bestehen bilanzielle Möglichkeiten zur Glättung des zu versteuernden Einkommens, die i.d.R. Anwendung finden, sodass für tatsächliche finanzielle oder realwirtschaftliche Risikomanagement-Maßnahmen hier wenig Notwendigkeit bestehen dürfte.[200] Dies gilt insbesondere für deutsche Firmen, weil es genügend Möglichkeiten gibt, das zu versteuernde Einkommen zu glätten.[201]

MacKay/Moeller (2007) wenden diesen Ansatz zur Begründung des Risikomanagements auf nichtlineare Einflussgrößen auf Umsatz- und Kostenfunktionen an. In ihrer empirischen Analyse kommen sie zu dem Ergebnis, dass ein signifikanter Wertzuwachs aus der Glättung von Risikofaktoren erwächst, die Umsätze und Kosten nichtlinear beeinflussen.[202]

4.7 Zwischenfazit: Effizienzeffekte des Risikomanagements

Im vorliegenden Kapitel wurde darauf eingegangen, wie Risikomanagement dafür sorgen kann, dass Effizienzverluste auf Unternehmensebene

---

[198]Vgl. Smith/Stulz, 1985, S. 392 ff.; Bartram, 2000, S. 311 ff.; Aretz/Bartram/ Dufey, 2007, S. 442 f.

[199]Vgl. bspw. Nance/Smith/Smithson, 1993; für eine Übersicht Bartram, 2000, S. 312.

[200]Vgl. Strauss, 2009, S. 106.

[201]Vgl. Glaum, 2002, S. 110 f.

[202]Vgl. MacKay/Moeller, 2007, S. 1417.

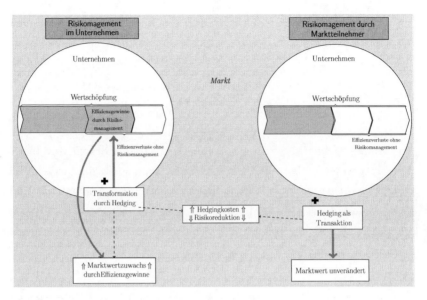

Abbildung 4.2: Marktwertzuwachs durch Effizienzeffekte des Risikomanagements

verringert werden. Effizienzverluste entstehen aufgrund von Interessenkonflikten, unvollständiger Information und unvollständigen Verträgen
des „Nexus of Contracts" Geflechts des Unternehmens. Eine Modifikation
des Risikos des Unternehmens durch ein unternehmensinternes Risikomanagement kann Einfluss auf die Gestaltung dieser Verträge nehmen.
Diese Möglichkeit kann von Investoren am Kapitalmarkt nicht dupliziert
werden. Entscheidend ist nicht die schiere Modifikation der Volatilität
des Cashflows, die als einfache *Transaktion* für den Unternehmenswert
bedeutungslos bleibt. Vielmehr erfolgt durch ein vermindertes Risiko die
Reduktion von Agency Kosten und Transaktionskosten sowie die verbesserte Wahrnehmung von Investitionsmöglichkeiten: Die *Transformations-
funktion* des Unternehmens wird verändert. Abbildung 4.2 stellt diese
Effizienzgewinne als Modifikation der Wertschöpfungskette dar. Diese Mo-

difikation kann außerhalb des Unternehmens, durch Risikomanagement anderer Kapitalmarktteilnehmer, nicht erreicht werden.

In vielerlei Hinsicht kann die Argumentation für ein Risikomanagement parallel zur neoinstitutionalistischen Finanzierungstheorie geführt werden: Im Sinne von JENSEN/MECKLING (1976) minimiert eine optimale Risikomanagement-Strategie Agency-Kosten[203] und Transaktionskosten und kann sich so positiv auf den Unternehmenswert auswirken. Tabelle 4.2 liefert eine Übersicht zu den vorgestellten Effizienzeffekten und deren Wirkung auf den Unternehmenswertkalkül im Sinne von Kapitel 3.

Besondere Bedeutung kommt hier dem glaubwürdigen Commitment und der Kommunikation von Risikomanagement zu: da vor allem Vertragskosten unvollständiger Verträge reduziert werden sollen, werden die Vertragspartner nur dann zu günstigeren Konditionen für das Unternehmen bereit sein, wenn sie um die positiven Auswirkungen einer Risikoreduktion wissen und davon ausgehen, dass eine kommunizierte Risikostrategie auch wirklich umgesetzt wird.[204]

---

[203]Vgl. für eine analoge Diskussion der thematisch naheliegenden Finanzierungspolitik HOLMSTRÖM/TIROLE, 1989, S. 79 ff.

[204]Vgl. ARROW, 1974, S. 52: „changes in payoffs may be changes in perceptions rather than actuality" – eine Veränderung der Cashflows kann erst dann aus einem wirksamen Risikomangement resultieren, wenn die veränderte Risikoposition auch von den Stakeholdern wahrgenommen wird.

Tabelle 4.2: Effizienzeffekte des Risikomanagements - Übersicht

EFFIZIENZVERLUST	EFFEKT DES RISIKOMANAGEMENTS
Insolvenzkosten	
direkte Insolvenzkosten	$\uparrow Cashflow$
Fremdkapital	$\downarrow Kapitalkosten/$ $\uparrow Marktwertbeitrag\ TaxShields$
Stakeholderkosten	$\uparrow Cashflow$
Koordinationsprobleme	
Management Anreize/ Entlohnung Beurteilung/ Self-Selection	$\uparrow Cashflow$
Finanzierung & Investition Kosten externer Finanzierung Unterinvestition Substitution	$\downarrow Kapitalkosten/$ $\uparrow Investitionsumfang/$ $\uparrow Marktwertbeitrag\ TaxShields$

5 Monopoleffekte des Risikomanagements

Die meisten Untersuchungen und Theorien des Risikomanagements betrachten die Hedging-Aktivitäten einzelner Unternehmen ohne Einbezug des wettbewerblichen Umfelds.[1] Im Gegensatz dazu soll in diesem Kapitel beleuchtet werden, wie sich Hedging-Maßnahmen im Wettbewerb an einem Produktmarkt auswirken, wenn diese in Wechselwirkung zu der Aktionswahl von Konkurrenzunternehmen stehen.

5.1 Monopolstreben und Monopoleffekte

Ein Unternehmen ist dann ein Monopolist, wenn seine Kunden keine Möglichkeit haben, auf einen alternativen Anbieter auszuweichen. Das Monopolmodell ist ein „extremer Gegenpol"[2] zum Modell vollständiger Konkurrenz und ein theoretischer Referenzfall, der zur Untersuchung der Marktmacht von Unternehmen von besonderer Bedeutung ist.[3] TIROLE (1998) führt an, dass es einige wenige Märkte gibt, die durch vollkommene Konkurrenz gekennzeichnet sind – an den allermeisten jedoch steht eine kleine Zahl von Unternehmen im Wettbewerb.[4] An solchen Märkten verfügen die Wettbewerber über Marktmacht. Wie in Kapitel 3 erörtert,

---

[1] Vgl. Kapitel 4; vgl. auch ADAM/NAIN, 2013, S. 3; NAIN, 2004, S. 1.
[2] BESTER, 2012, S. 29.
[3] Vgl. BESTER, 2012, S. 29.
[4] Vgl. TIROLE, 1998, S. 7.

kann ein Unternehmen an Märkten mit unvollständigem Wettbewerb durch Marktmacht Gewinne erzielen, die die Kosten aller Produktionsfaktoren inklusive der Kapitalkosten überschreiten.[5]

Im vorliegenden Kapitel soll gezeigt werden, inwiefern Risikomanagement als strategisches[6] Instrument von Bedeutung ist und die Marktposition des hedgenden Unternehmens verändern kann.[7] Monopoleffekte betreffen dabei die Gestaltung des Wettbewerbs im Rahmen der operativen Tätigkeit des Unternehmens an Realmärkten. Wiederum ist die relevante Betrachtungsebene für einen Werteffekt des Risikomanagements also nicht das neoklassische Kapitalmarktmodell, in dem ein Risikomanagement keinen werterhöhenden Effekt haben kann.[8] Vielmehr ist der strategische *Monopoleffekt* des Risikomanagements eine Determinante des Zahlungsstroms, den es am Kapitalmarkt zu bewerten gilt.

Das gedankliche Gerüst der Analyse orientiert sich an Arbeiten der Industrieökonomik, die Instrumente aus den Bereichen Finanzwirtschaft und Controlling auf ihre strategische Relevanz hin untersuchen. So wird zunächst auf den Rahmen der mikroökonomischen Betrachtung von Unternehmen in ihrem Markt eingegangen.

---

[5]Vgl. Abschnitt 3.4.2. Vgl. auch SCHMALENSEE, 1988, S. 658; VARIAN, 2011, S. 483: „Im langfristigen Gleichgewicht, bei einem Gewinn von Null, wird für alle Produktionsfaktoren ihr Marktpreis bezahlt." Solche Gewinne stellen das mittelbare Ziel der wertorientierten Unternehmensführung dar.

[6]Der Begriff „strategisch" soll im Rahmen dieses Kapitels spieltheoretisch verstanden werden; d.h., dass die Akteure einer Entscheidungssituation die Interdependenzen ihrer Entscheidungen antizipieren und entsprechend handeln. Vgl. PFÄHLER/WIESE, 2008, S. 5 f.; HOLLER/ILLING, 2006, S. 1 sowie Abschnitt 5.2.

[7]Die veränderte Marktposition wiederum kann Einfluss auf den Unternehmenswert nehmen.

[8]Vgl. Abschnitt 2.2.3 und 4.1.

5.2 Die Theorie der Industrieökonomik

Die Betrachtung des Unternehmens an dem Markt, an dem es Güter erstellt und in Interaktion mit ihren Wettbewerbern steht, ist Grundlage der Analyse des Risikomanagements in diesem Kapitel. Diese „Interaktion zwischen Markt und Unternehmen"[9] ist Untersuchungsgegenstand der mikroökonomischen Theorie der Industrieökonomik. BOLTON/WHINSTON (1993) formulieren:

> „[T]o explain the scope of any one firm, we must study the overall network of production and distribution relations."[10]

Thematisiert werden demgemäß die Aktionswahl von Unternehmen innerhalb ihrer Produktmärkte sowie die Auswirkungen der Marktstruktur auf das Ergebnis der einzelnen Unternehmen und des gesamten Marktes.[11] Hier schließt sich die im Rahmen dieser Arbeit relevante Fragestellung an: Welchen Einfluss kann ein Risikomanagement durch die Konkurrenzunternehmen an einem Produktmarkt auf das Ergebnis dieser Unternehmen haben?

Die Industrieökonomik (IO)[12] als Disziplin der Mikroökonomik konzentriert sich auf einzelne Märkte, die in Isolation von anderen Märkten betrachtet werden,[13] und die darin agierenden Unternehmen.[14] Im Fokus

---

[9]Vgl. BESTER, 2012, S. 1.

[10]BOLTON/WHINSTON, 1993, S. 121: „um den Handlungsrahmen einer jeden Unternehmung zu erklären, müssen wir das gesamte Netzwerk von Produktions- und Distributionsbeziehungen untersuchen." (Eigene Übersetzung)

[11]Vgl. SCHMALENSEE, 1988, S. 643 f.

[12]Abgekürzt vom Englischen: „Industrial Organization"; vgl. etwa TIROLE, 1998.

[13]Im Wesentlichen wird ein Markt, der sich isoliert betrachten lässt, in der IO dadurch gekennzeichnet, dass die gehandelten Produkte der Unternehmen in wirksamer Konkurrenz zueinander stehen, bzw. substituierbar sind. Im Idealfall handelt es sich hierbei um ein homogenes Gut.

[14]Dabei werden die Interdependenzen mit anderen Märkten vernachlässigt. Auch der Abgrenzung des relevanten Marktes als wichtige Fragestellung kommt Bedeutung zu. Vgl. BLUM/MÜLLER/WEISKE, 2006, S. 10; PFÄHLER/WIESE, 2008, S. 19-25.

Tabelle 5.1: Vollständige vs. unvollständige Konkurrenz[*]

	vollständiger Wettbewerb	unvollständiger Wettbewerb
Nachfrage & Preisbildung	alle Marktteilnehmer sind Preisnehmer; Preis ist ein Datum	Einflussnahme der Anbieter auf Marktpreis; fallende Nachfragefunktion
Wettbewerbsstruktur	viele, atomistisch kleine Anbieter	wenige Anbieter
Unternehmensgewinne	Faktorkosten gedeckt, Gewinn = 0	Gewinne möglich
gehandeltes Gut	homogen und fungibel	homogen oder heterogen
Marktzutritt	frei	Markteintrittsbarrieren

[*] Vgl. TIROLE, 1998, S. 6 f.; SCHOPPE, 1995, S. 11 f.; BLUM/MÜLLER/WEISKE, 2006, S.10. Die vollständige Konkurrenzsituation ist synonym zu verstehen zum homogenen Polypol. Eine unvollständige Konkurrenzsituation besteht in Märkten mit Monopol-, Oligopol- und heterogener Polypolstruktur.

steht die detaillierte Betrachtung von Spezialfällen strategischer Interaktion – das macht sie zur Schnittstelle mit der Betriebswirtschaftslehre. Thematisiert werden etwa Forschung und Entwicklung, Markteintritt und Marktaustritt oder Produktwahl.[15]

In vollkommenen neoklassischen Märkten mit vollständiger Konkurrenz deckt jedes Unternehmen die Kosten seiner Produktionsfaktoren mit dem Erlös seiner verkauften Güter.[16] Einen Gewinn, der der Zielsetzung der wertorientierten Unternehmensführung entspräche, gibt es nicht. So kommt dem Gewinnstreben des einzelnen Unternehmens zwar eine instrumentelle Bedeutung zu, ein Vorteil in Form von Marktmacht bzw. in Form eines Übergewinns ist aber nicht erzielbar. Die Preisnehmer-Eigenschaft im vollständigen Konkurrenzmodell ist vielleicht die augenfälligste Annahme: zwar gibt es solche Branchen mit vollständiger Konkurrenz, an denen einzelne Akteure keinen Einfluss auf die Preisbildung haben,[17] die

---

[15]Vgl. BESTER, 2012, S. 2; WOECKENER, 2011.
[16]Vgl. SCHOPPE, 1995, S. 11 f.
[17]Wie etwa die Agrarmärkte.

meisten Märkte jedoch werden von Firmen bedient, deren Marktmacht nicht vernachlässigbar ist.[18]

Im Rahmen der Industrieökonomik wird deshalb i.d.R. die Interaktion von Unternehmen an Märkten mit unvollkommenem Wettbewerb analysiert[19] und in partiellen Gleichgewichtsmodellen dargestellt.[20] Hier ist der Marktpreis nicht länger unabhängig vom einzelnen Produzenten und ein Gewinn wird möglich. Tabelle 5.1 gibt eine Übersicht zu den wichtigsten Unterschieden zwischen Märkten mit vollkommener und Märkten mit unvollkommener Konkurrenzsituation.[21]

Grundsätzliche Annahmen sind, dass Unternehmen rational agieren und das Ziel der individuellen Gewinnmaximierung verfolgen.[22] Die Mikroökonomik und so auch die Industrieökonomik setzen auf Basis dieser Annahmen das Konzept des *Gleichgewichts* ein. Im Gleichgewicht hat kein Akteur einen Nutzen davon, sein Verhalten zu ändern.[23] Die besondere Bedeutung des Gleichgewichts macht die nonkooperative Spieltheorie zum wichtigen Instrumentarium der Industrieökonomik.[24] Die Spieltheorie untersucht Entscheidungssituationen, in denen der individuelle Nutzen aus dem Ergebnis der Entscheidung nicht nur vom eigenen Verhalten

---

[18]Vgl. TIROLE, 1998, S. 7.

[19]Vgl. BESTER, 2012, S. 2; PFÄHLER/WIESE, 2008, S. 6; typischerweise werden dabei oligopolistische Märkte als Spezialfall der Konkurrenzsituation betrachtet.

[20]Vgl. TIROLE, 1998, S. 7 ff.

[21]In der allgemeinen Gleichgewichtstheorie wird davon ausgegangen, dass auf allen Märkten vollkommene Konkurrenz herrscht. So wird das Verhalten der einzelnen Unternehmen im wesentlichen irrelevant. Vgl. SCHOPPE, 1995, S. 10. Vielfach wird der Kapitalmarkt als einer der wenigen Märkte mit annähernd vollkommener Konkurrenzsituation genannt; HENS/LAITENBERGER/LÖFFLER, 2002, S. 124, bezeichnen das CAPM als allgemeines Gleichgewichtsmodell: „After all the CAPM can be seen as a general equilibrium model with two goods: mean and variance."

[22]Vgl. BESTER, 2012, S. 1; PFÄHLER/WIESE, 2008, S. 6 f.; S. 22; TIROLE, 1998, S. 34 ff.

[23]Vgl. PFÄHLER/WIESE, 2008, S. 22: Unter gegebenen Umständen und bei gegebenem Verhalten der anderen Akteure.

[24]Vgl. WILLIAMSON, 1990b, S. xiv; SCHMALENSEE, 1988, S. 645; oftmals wird COURNOT, 1838, mit seinem Hauptwerk zur Duopoltheorie als Begründer der Spieltheorie genannt. Vgl. TIROLE, 1998, S. 423 ff., für eine Einführung in die Spieltheorie zur Nutzung in der industrieökonomischen Analyse.

abhängt, sondern auch von dem der anderen beteiligten Akteure.[25] Ebensolche Situationen werden als *strategisch* bezeichnet. Eine strategische Entscheidungssituation liegt vor, wenn (a) das Ergebnis einer Entscheidungssituation abhängig von der Entscheidung mehrerer Akteure ist, (b) jeder Entscheidungsträger sich der Interdependenz bewusst ist und davon ausgeht, dass jeder andere das auch ist und (c) die Interdependenz bei der Entscheidung berücksichtigt wird.[26]

5.2.1 Traditionelle Industrieökonomik

Als Begründer der Industrieökonomik gelten unter anderem MASON und BAIN, die auf CHAMBERLINS Arbeit zur monopolistischen Konkurrenz und zu unvollkommenen Märkten aufbauen. Grundlegend für diese traditionelle Industrieökonomik ist das Structure-Conduct-Performance Paradigma.[27] Dieses Paradigma besagt, dass die *Struktur* einer Branche maßgeblich ist für das *Verhalten* der innerhalb dieser Branche agierenden Unternehmen, was letzten Endes zum einen das *Ergebnis* der einzelnen Unternehmen determiniert, aber auch der Volkswirtschaft als Ganzes. Abbildung 5.1 zeigt diesen Zusammenhang schematisch. Als wichtigstes Strukturmerkmal wird weithin die Zahl der Käufer und Verkäufer am Markt[28] angesehen; das Verhalten beschreibt die Aktionsparameter der agierenden Unternehmen, wie Preise und Mengen. Schließlich wird als

---

[25]Vgl. RASMUSEN, 1994, S. 9; PFÄHLER/WIESE, 2008, S. 22.

[26]HOLLER/ILLING, 2006, S. 1; PFÄHLER/WIESE, 2008, S. 5 f. Strategisches Verhalten wie hier beschrieben ist dabei abzugrenzen von der strategischen Unternehmensführung. Vgl. dazu ausführlicher auch Abschnitt 3.4.1.

[27]Vgl. BESTER, 2012, S. 2 f. PFÄHLER/WIESE, 2008, S. 7; bzw. u.a. MASON, 1939; BAIN, 1951, 1956; CHAMBERLIN, 1969.

[28]Die Termini „Markt" und „Branche" werden hier weitestgehend synonym verwendet. In einem Markt treffen grundsätzlich Angebot und Nachfrage aufeinander, vgl. BESTER, 2012, S. 1. Eine Branche definiert den entsprechenden Markt weiter dadurch, dass die von den Unternehmen angebotenen Güter der betreffenden Branche Substitute sind.

Abbildung 5.1: Das Structure–Conduct–Performance Paradigma der traditionellen Industrieökonomik; vgl. BESTER, 2012, S. 3.

Ergebnis häufig der Gewinn dieser Unternehmen, aber auch die Effizienz des resultierenden Gleichgewichts betrachtet.[29]

Marktverhalten – also die Unternehmensstrategie – wird im traditionellem Ansatz meist als notwendiger Zwischenschritt betrachtet, dem in der Analyse weniger oder gar keine Aufmerksamkeit zuteil wurde. Die meisten dieser primär empirischen Untersuchungen blieben so auf Zusammenhänge von Marktkonzentration und Ergebnis beschränkt.[30]

BAIN (1956) unterscheidet als weiteres wichtiges Branchenmerkmal drei Typen von Markteintrittsbarrieren: gesetzliche bzw. administrative Barrieren, strukturelle Barrieren und schließlich strategische Barrieren.[31] Diese Markteintrittsbarrieren befinden sich an der Grenze zwischen Marktstruktur und Marktverhalten und weichen den Determinismus der kausalen Kette des Structure-Conduct-Performance Ansatzes auf. In zunehmendem Maße wurden diese Wechselwirkungen anerkannt.[32]

5.2.2 Neuere Industrieökonomik

Aufgrund des mangelnden Erklärungsgehalts des traditionellen, empirisch ausgerichteten Ansatzes der Industrieökonomik entwickelte sich seit den 1970er Jahren ein primär modelltheoretisch geprägter Ansatz.[33] Dieser

---

[29]Vgl. PFÄHLER/WIESE, 2008, S. 7 ff. BESTER, 2012, S. 3 f.; wobei mit Effizienz hier eine Allokation von Ressourcen im Sinne des Pareto-Optimums gemeint ist. SHY, 1996, S. 2 f.

[30]Vgl. BESTER, 2012, S. 3.

[31]Vgl. PFÄHLER/WIESE, 2008, S. 13 ff.

[32]Vgl. PORTER, 1981, S. 616.

[33]Vgl. BESTER, 2012, S. 4 f. TIROLE, 1998, S. xi, 3f.

setzt bei den mikroökonomischen Betrachtungen COURNOTs an und ist wesentlich geprägt von der Spieltheorie.[34] Der kausale, streng geordnete Zusammenhang zwischen Marktstruktur, -verhalten und -ergebnis erweist sich aus theoretischer Sicht nicht als unumstößlich – die entsprechenden Variablen bestimmen sich schon in einfachen Modellen simultan – und etwa die Anbieterkonzentration kann nicht als unabhängig vom Verhalten der Wettbewerber und dem Ergebnis des Marktes gesehen werden.[35]

So entwickelte sich ein Zweig der IO, der größeren Fokus auf die Unternehmensstrategie und damit die Handlungsparameter von Unternehmen legt.[36] Hier wird eine enge Verwandtschaft zur strategischen Unternehmensführung deutlich. PORTER hat die Rezeption der IO im strategischen Management wesentlich geprägt.[37] Das Konzept der Marktstruktur ist etwa erkennbar in seinen fünf Wettbewerbskräften. Ebenso spiegeln sich die PORTERschen Konzepte der Wettbewerbsdeterminanten und des Wettbewerbsverhaltens in der industrieökonomische Analyse von Märkten

---

[34]Vgl. BESTER, 2012, S. 3 f.; PFÄHLER/WIESE, 2008, S. 5. Vgl. für zwei konträre Sichtweisen auf die Bedeutung der Spieltheorie für die Industrieökonomik FISHER, 1989; SHAPIRO, 1989.

[35]Vgl. BESTER, 2012, S. 4 f.

[36]Vgl. SHY, 1996, S. 4. BLUM/MÜLLER/WEISKE, 2006, S. 7, führen an: „Im Vordergrund der Industrieökonomik steht das unternehmerische Handeln. Dieses hat ein einziges Ziel, nämlich die Differentialrente zu erhöhen. Sie ist hier das zentrale Maß für den Wettbewerbsvorteil." Die Differentialrente ist das Einkommen, das ein Unternehmen erzielt, weil es bei gleichem Absatzpreis geringere Kosten als sein(e) Konkurrent(en) hat.

[37]PORTER, 1981, erläutert die enge Verwandtschaft der IO mit dem Feld des strategischen Managements und die Nützlichkeit des vornehmlich volkswirtschaftlichen Ansatzes für die Unternehmensführung. Vgl. auch HUNGENBERG, 2014, S. 59; 102; 515. Schon der deskriptive, empirisch ausgerichtete Structure-Conduct-Performance Ansatz der traditionellen IO findet eine Entsprechung im strategischen Management: Die sogenannte Erfolgsfaktorenforschung, vgl. HUNGENBERG, 2014, S. 58 f. sucht ohne klare theoretische Hintergründe marktbezogenen Ursachen für Unternehmenserfolge, so etwa das PIMS-Projekt; von General Electric in den 1960er Jahren initiiert, wird diese Studie bis heute in regelmäßigen Abständen durchgeführt. Vgl. ebd.

wider.[38] Weitere Aktionsparameter der BWL finden Eingang in die Industrieökonomik: So wurde zunächst den „klassischen" Parametern der Marketing-Literatur – Price, Product, Place und Promotion – eine große Aufmerksamkeit zuteil.[39] Aber auch Forschungs- und Entwicklungsaktivitäten von Unternehmen[40] wurden auf ihre strategische Relevanz hin untersucht und in zunehmendem Maße findet die Interaktion zwischen Finanzierungsaktivitäten und der strategischen Position in Produktmärkten in der Literatur Eingang.[41]

5.2.3 Industrieökonomik und Neue Institutionenökonomik

Die Verwandtschaft der Industrieökonomik und der Neuen Institutionenökonomik (NIÖ) wird vielfach betont[42] und liegt unter anderem in der

---

[38]Vgl. u.a. das Lehrbuch von PFÄHLER/WIESE, 2008, in dem diese Konzepte einen maßgeblichen Einfluss nehmen; insb. S. 9-13 sowie BLUM/MÜLLER/WEISKE, 2006, S. 20 ff.

[39]Vgl. PFÄHLER/WIESE, 2008, S. 9; SHY, 1996, Part IV - Marketing; S. 279 ff.

[40]BESTER, 2012, S. 173 ff.; PFÄHLER/WIESE, 2008, S. 199 ff.

[41]Unter den ersten Arbeiten hierzu waren BRANDER/LEWIS, 1986, 1988; MAKSIMOVIC, 1988, zum Effekt der beschränkten Haftung; BOLTON/SCHARFSTEIN, 1990, die Fremdfinanzierung als Instrument der Verdrängung analysieren; vgl. SHOWALTER, 1995 für einen Kommentar zu den ersten Arbeiten, die Finanzierungsaktivitäten in die Oligopoltheorie einbringen. BRANDER/LEWIS, 1986, S. 956, formulieren zur isolierten Betrachtung von Finanzierungs- und Produktmarktaktivitäten: „This approach of focusing separately on financial and output decisions is clearly useful in understanding certain aspects of both financial structure and strategic output market behavior. It seems equally clear, however, that there are important linkages between financial and output decisions."

[42]Vgl. BESTER, 2012, S. 5; RICHTER/FURUBOTN, 2010, S. 395, bezeichnen die IO in einem der Standardwerke zur NIÖ als „der Bereich der Ökonomik, der jene Märkte behandelt, die mit dem Konkurrenzmodell des Standardlehrbuches nicht leicht zu erfassen sind"; Vgl. auch TIROLE, 1998, S. 4, der die Schnittstelle zwischen „organization theory" im Sinne der NIÖ und IO als bedeutsames Forschungsgebiet einordnet; WILLIAMSON, 1990b, widmet einen ganzen Sammelband dem Thema IO und nimmt mit COASE, 1937; GROSSMAN/HART, 1986; WILLIAMSON, 1979 u.a. einige der grundlegenden Arbeiten zur NIÖ auf. Auch im *Handbook of Industrial Organization*, hrsg. von SCHMALENSEE/WILLIG, 1989, finden sich mit HOLMSTRÖM/TIROLE, 1989; WILLIAMSON, 1989, Beiträge, die klar der NIÖ zuzuordnen sind. SCHMALENSEE, 1988, S. 643, nennt die grundsätzlich neoinstitutionalistische Frage nach den

gemeinsamen Zuordnung zur Mikroökonomik begründet. Mehr noch als diese einfache Verwandtschaft verbindet die beiden Ansätze die Betrachtung der Abweichung von den Paradigmen vollkommener Märkte der Neoklassik.[43] Die Industrieökonomik knüpft an vielen Stellen an die Neue Institutionenökonomik als Theorie der Unternehmung an und baut auf diese Theorie auf.[44]

Insbesondere Autoren, die sich mit der Interaktion von Produktmärkten und Finanzierungsaspekten des Unternehmens beschäftigen, nennen Argumente der NIÖ als Ausgangspunkt ihrer Untersuchungen.[45] BESTER (2012) beschreibt die Neue Institutionenökonomik als wichtige Ergänzung der Industrieökonomik: In der neoklassischen Mikroökonomik wird die Firma als Produktionseinheit beschrieben, die Inputs zu Outputs transformiert, und es wird nicht auf Probleme der Transformation eingegangen.[46] So hilft die NIÖ, diese Lücke zu schließen. Auch RICHTER/FURUBOTN (2010) attestieren den engen Zusammenhang der beiden Forschungsgebiete.[47]

Grenzen und Aufgaben der Organisation als einen Themenschwerpunkt der IO. SHY, 1996, S. 2, argumentiert, dass auf strategischen Märkten mit unvollkommener Konkurrenz die interne Organisation von Unternehmen an Bedeutung gewinnt – und damit einige der wichtigsten Themen der NIÖ.

[43] Auch methodisch sind die beiden Ansätze verwandt: Sowohl Agency Theorie als auch IO nutzen die non-kooperative Spieltheorie zur Analyse.

[44] Vgl. TIROLE, 1998, S. 17-54, der der neoinstitutionalistischen Theorie der Unternehmung das erste Hauptkapitel seines Buchs zur Industrieökonomik widmet. BESTER, 2012, S. 5-8, weist ebenfalls auf die Verbindung der beiden Disziplinen hin.

[45] Vgl. die folgenden Abschnitte; insb. auch BRANDER/LEWIS, 1986; ADAM/FERNANDO, 2006.

[46] Vgl. BESTER, 2012, S. 7: "Der übliche mikroökonomische Ansatz [...] geht nicht auf das Problem ein, dass innerhalb einer Firma verschiedene Aktivitäten koordiniert werden müssen und die jeweiligen Akteure unterschiedliche Interessen und Informationen haben. Dies verursacht Kosten und Effizienzverluste [...]." Genau diese sind Gegenstand der NIÖ, vgl. Abschnitt 4.2.

[47] Vgl. RICHTER/FURUBOTN, 2010, S. 395.

5.2.4 Grundlegende Arbeiten zu Finanzierungsentscheidungen und Wettbewerb an Produktmärkten

Im Folgenden soll ein kurzer Einblick in einige Arbeiten mit industrieökonomischer Ausrichtung gegeben werden, die sich mit den Wechselwirkungen zwischen Finanzierung und Wettbewerb auseinandersetzen und für diese Forschungsrichtung wegweisend waren. Die angeführten Arbeiten werden deshalb nur skizziert, weil sie sich dem Risikomanagement nicht direkt zuordnen lassen. Sie werden zum einen aufgrund einer großen inhaltlichen Nähe von Finanzierungsentscheidungen und Risikomanagement vorgestellt, zum anderen zeigen sie die grundsätzliche strategische Bedeutung dieser Entscheidungen.

Der Beitrag von MAKSIMOVIC (1988) ist eine der ersten Veröffentlichungen, die sich modelltheoretisch mit der Finanzierungsentscheidung in Zusammenhang mit Wettbewerb an Produktmärkten auseinandersetzen. Der Autor untersucht ein *wiederholtes Oligopol-Spiel*. In oligopolistischen Märkten besteht ohne anteilige Fremdfinanzierung der Unternehmen eine Tendenz, implizite Übereinkünfte mit Wettbewerbern zu treffen. Diese wirken sich wettbewerbsbeschränkend und gewinnsteigernd aus.[48] Im Modell von MAKSIMOVIC (1988) kann ein solches Commitment zu stillen Übereinkünften bei hohen Verschuldungsgraden nicht aufrechterhalten werden:[49] Stattdessen kann es bei hoher Verschuldung von Vorteil sein, von einer kollusiven Strategie abzuweichen.[50] Der optimale Verschuldungsgrad ist von der Zahl der Wettbewerber, der Elastizität der Nachfrage und dem Diskontierungsfaktor abhängig.[51,52]

---

[48]Vgl. MAKSIMOVIC, 1988, S. 389.
[49]Vgl. MAKSIMOVIC, 1988, S. 390.
[50]Vgl. MAKSIMOVIC, 1988, S. 393.
[51]Vgl. MAKSIMOVIC, 1988, S. 404.
[52]Der Autor betont die Verwandtschaft seiner Arbeit zu TITMAN, 1984, dessen Veröffentlichung im Rahmen der vorliegenden Arbeit dem voranstehenden Kapitel 4 zugeordnet wird. Hier wird wiederum die enge Verwandtschaft der IO zur NIÖ

MAKSIMOVIC/ZECHNER (1991) untersuchen Finanzierungsentscheidungen von Unternehmen in Märkten mit *vollständigem Wettbewerb*.[53] Sie kommen zu dem Ergebnis, dass eine anteilige Fremdfinanzierung hier nur aufgrund ihres Steuervorteils wertrelevant ist. Im Modell ohne Steuern beeinflusst die Kapitalstruktur zwar die Investitionsentscheidung, nicht aber den Marktwert des Unternehmens.[54] Hier wird die Asset Substitution Problematik[55] in die Betrachtung integriert: Die höhere Risikobereitschaft von Unternehmen mit höherem Verschuldungsgrad wird über höhere Kapitalkosten kompensiert. Auch strategisch sind Unternehmen deshalb indifferent zwischen einer höheren Verschuldung, die mit riskanteren Projekten kombiniert wird, und einer geringeren Verschuldung, die mit weniger riskanten Investitionsprojekten verbunden wird.[56]

Verschiedene Arbeiten setzen sich *empirisch* mit dem Zusammenhang zwischen der Kapitalstruktur von Unternehmen und der Struktur des Produktmarktes auseinander, an dem diese Unternehmen tätig sind: PHILLIPS (1995) untersucht den Zusammenhang zwischen der Produktionsmenge, Preisen und Kapitalstruktur. KOVENOCK/PHILLIPS (1997) finden eine positive Korrelation zwischen erhöhtem Verschuldungsgrad und Marktaustritt sowie verminderter Investitionstätigkeit. MACKAY/ PHILLIPS (2005) stützen die These von MAKSIMOVIC/ZECHNER (1991) empirisch, dass Unternehmen[57] mit branchenspezifisch durchschnittli-

---

deutlich: Beide Theorien betrachten die Beziehung des Unternehmens zu anderen Wirtschaftssubjekten.

[53] An vollständigen Märkten sind Unternehmen Preisnehmer.

[54] Vgl. MAKSIMOVIC/ZECHNER, 1991, S. 1629 f.; 1634.

[55] Vgl. Abschnitt 4.5.2.3.

[56] Vgl. MAKSIMOVIC/ZECHNER, 1991, S. 1626; 1628 ff.: Die weniger riskanten Projekte zeichnen sich durch eine einheitliche Technologie aus, die von vielen anderen Unternehmen am Markt adaptiert wird. Dadurch entsteht eine „natural hedge" (S. 1634); also eine natürliche Absicherung.

[57] An wettbewerbsintensiven Märkten.

cher Risiko- und Technologiestruktur eine eher niedrige Verschuldung aufweisen.[58]

5.2.5 Zusammenfassung und Anwendung der Industrieökonomik auf bewertungsrelevante Fragestellungen

Die Industrieökonomik bietet einen Analyserahmen für Unternehmensaktivitäten und deren Effekt auf das Zusammenspiel des Wettbewerbs auf Märkten mit unvollkommenem Wettbewerb. Dabei sind strategische Interaktion und Wettbewerb sowie das resultierende Gleichgewicht wichtige Determinanten für Unternehmensgewinne, bzw. Cashflows, die wiederum maßgeblich für den Unternehmenswert sind.[59] Geht man davon aus, dass für den Unternehmenswert *unvollkommene Produkt- und Faktormärkte* von Bedeutung sind, so wird die Analyse des Wettbewerbs in diesen Märkten für die wertorientierte Unternehmensführung essentiell. In den folgenden Abschnitten werden bestehende industrieökonomische Modelle mit Bezug zum Risikomanagement vorgestellt und im Anschluss eine eigene Modellierung der strategischen Relevanz des Hedging präsentiert. In dieser Modellierung wird deutlich, dass dem Risikomanagement eine strategische Bedeutung an *Produktmärkten mit unvollkommenem Wettbewerb* zuteil werden kann. Diese Betrachtung hebt Hedging-Maßnahmen[60] von einer Bewertung ohne strategische Rückkopplung ab, wie es im Rahmen

---

[58]Viele weitere Arbeiten untersuchen auf Basis dieser grundlegenden Veröffentlichungen den Zusammenhang zwischen Kapitalstruktur von Unternehmen und Marktcharakteristika: CHEVALIER, 1995a,b, untersucht die Auswirkungen der Verschuldung auf den Preiskampf von Supermarkt-Ketten; CAMPELLO, 2003, beschäftigt sich mit dem Investitionsverhalten von Unternehmen im Verhältnis zur Preissetzung und ihrer Verschuldung.

[59]Vgl. Abschnitte 3.4 und 3.5.

[60]Entsprechend den Instrumenten, die Effizienzverluste innerhalb des Unternehmens beeinflussen können; vgl. das voranstehende Kapitel 4.

des Modells eines *vollkommenen und arbitragefreien Kapitalmarktes*[61]
angenommen wird.

5.3 Insolvenz und strategische Interaktion

Im voranstehenden Kapitel 4 wurden verschiedene Aspekte der Insolvenzgefahr aus Perspektive der Neuen Institutionenökonomik beleuchtet.[62] Es
wurde deutlich, dass diese Gefahr für Stakeholdergruppen und Fremdkapitalgeber des Unternehmens von Bedeutung sein kann. Der vorliegende
Abschnitt untersucht die Insolvenzgefahr, die durch eine Verschuldung
des Unternehmens maßgeblich beeinflusst wird, im Hinblick auf deren
strategische Implikationen für den Wettbewerb von Unternehmen an
Produktmärkten.

Die Aufsätze von BRANDER/LEWIS (1986, 1988) sind zwei der ersten
Arbeiten, die die Verbindung der Finanzierungsentscheidung von Un-
ternehmen mit dem Wettbewerb auf Produktmärkten untersuchen. In
ihrer ersten Veröffentlichung von 1986, die als bahnbrechend in Bezug auf
die Verbindung der industrieökonomischen mit der finanzwirtschaftlichen
Forschung gilt, steht die begrenzte Haftung der Eigenkapitalgeber im
Vordergrund. Der zweite Artikel von 1988 untersucht, welche strategischen
Auswirkungen Insolvenzkosten haben.

Ganz ähnlich wie in der Neuen Institutionenökonomik ist die Auseinandersetzung mit den Ursachen und Auswirkungen der Fremdfinanzierung
des Unternehmens auch in der Industrieökonomik eines der am häufigsten
untersuchten Themen mit Bezug zur Finanzwirtschaft.[63] Das BRANDER/
LEWIS-Modell stellt einen guten Ausgangspunkt für die Betrachtung der

---

[61]Vgl. dazu Abschnitt 2.2.3; insb. 2.2.3.3.
[62]Vgl. dazu Abschnitt 4.4.
[63]Vgl. etwa 5.2.4; MAKSIMOVIC, 1988; BOLTON/SCHARFSTEIN, 1990; MAKSIMOVIC/
     ZECHNER, 1991; PHILLIPS, 1995; KOVENOCK/PHILLIPS, 1997; MACKAY/PHILLIPS,
     2005.

strategischen Bedeutung des Risikomanagements dar. So wird zunächst über den indirekten Weg der Beeinflussung der Insolvenzwahrscheinlichkeit eine Verschiebung des Marktgleichgewichts über Hedging-Maßnahmen aufgezeigt.

Im BRANDER/LEWIS-Modell stehen zwei Unternehmen i, j im Mengenwettbewerb.[64] Der Gewinn beider Unternehmen G_i, G_j hängt jeweils von der eigenen abgesetzten Menge x_i sowie von der Absatzmenge des Konkurrenten x_j und einer Zufallsvariablen $\tilde{z}_i$ ab. Die Zufallsvariable $\tilde{z}_i$ stellt einen Erfolgsfaktor dar, dessen Verteilung über ein Intervall $[z_-, z_+]$ mit der Dichtefunktion $f(\tilde{z}_i)$ beschrieben ist.[65] Es wird davon ausgegangen, dass die jeweiligen Zufallsvariablen $\tilde{z}_i, \tilde{z}_j$ identisch und unabhängig voneinander verteilt sind.[66]

Die Unternehmen fällen ihre Outputentscheidung über x_i, x_j simultan. Erst im Anschluss wird die Unsicherheit der Zufallsvariablen $\tilde{z}_i, \tilde{z}_j$ aufgelöst. Bereits vor der Entscheidung über den Output wird der Fremdkapitalbestand D_i, D_j festgelegt.[67] Abbildung 5.2 verdeutlicht die zeitliche Abfolge der unternehmerischen Entscheidungen im Modell.

Die Autoren untersuchen zunächst das Gleichgewicht im Mengenwettbewerb in Abhängigkeit von der vorab festgelegten Höhe des Fremdkapitalbestandes. Dabei wird zum Zeitpunkt $t = 1$ unter Berücksichtigung des Fremdkapitalbestands der erwartete Marktwert des Eigenkapitals E_i maximiert. Dieser ergibt sich aus dem Residuum aus operativem Gewinn und den festen Ansprüchen der Fremdkapitalgeber:[68]

---

[64]Im Mengenwettbewerb wird Produktions- und Absatzentscheidung der Wettbewerber über die Entscheidungsvariable der Produktions- bzw. Absatzmenge modelliert.

[65]Wobei davon ausgegangen wird, dass die niedrigste Ausprägung der Zufallsvariablen immer noch einen positiven Gewinn erzeugt, $G_i(x_i, x_j, z_-) \geq 0$, vgl. BRANDER/ LEWIS, 1986, S. 960.

[66]Vgl. BRANDER/LEWIS, 1986, S. 958,BRANDER/LEWIS, 1988, S. 224 f. Die Notation wurde an die vorliegende Arbeit angepasst, um bessere Vergleichbarkeit zu gewährleisten.

[67]BRANDER/LEWIS, 1986, S. 959, 1988, S. 224.

[68]Vgl. BRANDER/LEWIS, 1986, S. 959; aus Vereinfachungsgründen wird davon ausgegangen, dass sich der Unternehmenswert aus den Gewinnen der einen betrachteten

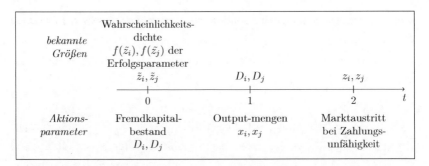

Abbildung 5.2: Zeitliche Abfolge von Information und Aktionen im Modell von
BRANDER/LEWIS, 1986, 1988

$$E_i(x_i, x_j) = \int_{\hat{z}_i}^{z^+} (G_i(x_i, x_j, z_i) - D_i)f(z_i)dz_i, \qquad (5.1)$$

wobei eine Realisation der Zufallsvariablen mit dem Wert $\hat{z}_i$ zur Folge hat, dass aus dem operativen Gewinn des Unternehmens genau die Verpflichtungen gegenüber den Fremdkapitalgebern abgegolten sind, also:[69]

$$G_i(x_i, x_j, \hat{z}_i) - D_i = 0.$$

Höhere eigene abgesetzte Mengen x_i führen zu einem höheren Gewinn G_i, eine größere Absatzmenge des Konkurrenten x_j vermindert diesen

---

Periode ergibt. Auch ist kein weiteres Vermögen vorhanden, um die Ansprüche der Fremdkapitalgeber abzudecken, sodass das Unternehmen dann zahlungsunfähig ist, wenn der operative Gewinn nicht ausreicht, um diese Ansprüche zu befrieden.
[69]Vgl. BRANDER/LEWIS, 1986, S. 959, 1988, S. 224; 226.

Gewinn. Auch sind höhere Ausprägungen des Erfolgsfaktors z_i mit einem höheren Gewinn G_i verknüpft.[70]

5.3.1 Der Effekt beschränkter Haftung im Wettbewerb

Gilt nun nicht nur, dass höhere Ausprägungen des Erfolgsfaktors zu höheren Gewinnen führen, sondern auch, dass die marginalen Gewinne in besseren Umweltzuständen größer sind,[71] so folgt, dass die Outputmenge x_i mit zunehmender Verschuldung D_i steigt.[72] Eine höhere Verschuldung führt also offenbar zu einer aggressiveren Output-Politik.[73] Dies kann als Analogie zur Agency-Problematik des Risk-Shifting interpretiert werden:[74] Bei anteiliger Fremdfinanzierung ist das höhere Insolvenzrisiko bzw. das Risiko höherer Verluste für Eigenkapitalgeber bei einer solchen aggressiveren Output-Politik durch die beschränkte Haftung begrenzt.

Der gewählte Fremdkapitalbestand ergibt sich in $t = 0$ im Gleichgewicht aus der Maximierung des erwarteten Gesamtunternehmenswerts:[75]

---

[70] Also $\frac{\partial G_i}{\partial x_i} > 0, \frac{\partial G_i}{\partial x_j} < 0,, \frac{\partial G_i}{\partial z_i} > 0$. Außerdem gilt für die Maximierung des Marktwerts des Eigenkapitals: $\frac{\partial^2 E_i}{\partial x_i^2} < 0, \frac{\partial^2 E_i}{\partial x_i \partial x_j} < 0, \frac{\partial^2 E_i}{\partial x_i^2} \frac{\partial^2 E_j}{\partial x_j^2} - \frac{\partial^2 E_i}{\partial x_i \partial x_j} \frac{\partial^2 E_j}{\partial x_j \partial x_i} > 0$.

[71] Es gilt also $\frac{\partial^2 G_i}{\partial x_i \partial z_i} > 0$. Im folgenden wird der Fall zunehmender marginaler Gewinne für höhere Ausprägungen des Erfolgsfaktors betrachtet. Für die ergänzende Betrachtung für $\frac{\partial^2 G_i}{\partial x_i \partial z_i} < 0$, vgl. BRANDER/LEWIS, 1986.

[72] Was $\frac{dx_i}{dD_i} > 0$ entspricht, vgl. BRANDER/LEWIS, 1986, S. 962.

[73] Vgl. BRANDER/LEWIS, 1986, S. 956: „as firms take on more debt, they will have an incentive to pursue output strategies that raise returns in good states and lower returns in bad states."

[74] Vgl. BRANDER/LEWIS, 1986, S. 963: „Thus increasing output is, in our model, analogeous to a risky investment in the Myers framework in that it tends to be more attractive to shareholders when the firm is partially debt financed." Vgl. dazu Abschnitt 4.5.2.3; JENSEN/MECKLING, 1976; MYERS, 1977.

[75] Vgl. BRANDER/LEWIS, 1986, S. 966; Es wird davon ausgegangen, dass Fremdkapitalgeber die Output-Strategie in Abhängigkeit des Fremdkapitalbestands antizipieren.

$$V_i(x_i(D_i, D_j), x_j(D_i, D_j), D_i, D_j)$$

$$= \int_{z^-}^{\hat{z}_i} (G_i(x_i(D_i, D_j), x_j(D_i, D_j))) f(z_i) dz_i$$

$$+ \int_{\hat{z}_i}^{z^+} (G_i(x_i(D_i, D_j), x_j(D_i, D_j))) f(z_i) dz_i.$$

Der Unternehmenswert V_i ist hier dargestellt als Summe aus dem Marktwert des Fremdkapitals und dem Marktwert des Eigenkapitals. Bis zur Schranke $\hat{z}_i$ werden die Gewinne zur Abdeckung der Ansprüche der Fremdkapitalgeber genutzt Die Auswirkung einer Veränderung des Fremdkapitalbestandes D_i auf den Unternehmenswert ergibt sich damit als:[76]

$$\frac{d}{dD_i} V_i = \left[\int_{\hat{z}_i}^{z^+} \frac{\partial G_i}{\partial x_i} f(z_i) dz_i \right] \frac{dx_i}{dD_i}$$

$$+ \left[\int_{z^-}^{\hat{z}_i} \frac{\partial G_i}{\partial x_i} f(z_i) dz_i \right] \frac{dx_i}{dD_i}$$

$$+ \left[\int_{z^-}^{\hat{z}_i} \frac{\partial G_i}{\partial x_j} f(z_i) dz_i + \int_{\hat{z}_i}^{z^+} \frac{\partial G_i}{\partial x_j} f(z_i) dz_i \right] \frac{dx_j}{dD_i}.$$

Der erste Term muss bei gleichzeitiger Maximierung des Marktwerts des Eigenkapitals null ergeben. Der zweite Term entspricht den Auswirkungen auf den Marktwert des Fremdkapitals. Dieser wird in der Regel kleiner Null sein. Der letzte Term repräsentiert den strategischen Effekt einer Veränderung des Fremdkapitalbestands. Ein höherer eigener Fremdkapitalbestand D_i induziert einen geringeren Output des Rivalen x_j, was sich wiederum positiv auf diesen letzten Term auswirkt.[77] Der Fremdkapitalbestand ist dort im Gleichgewicht, wo sich Term zwei und drei entsprechen.

---

[76]Vgl. BRANDER/LEWIS, 1986, S. 967.
[77]Vgl. BRANDER/LEWIS, 1986, S. 967.

Im Gleichgewicht ist der Fremdkapitalbestand für $\frac{\partial^2 G_i}{\partial x_i \partial z_i} > 0$ strikt positiv.[78] Das heißt im Ergebnis auch, dass in einem entsprechenden Markt insgesamt mehr produziert wird, als wenn dieser rein eigenfinanziert wäre. Der Marktwert der Industrie insgesamt wird nicht maximiert.[79] Die Konstellation entspricht einem Gefangenendilemma.[80]

5.3.2 Direkte Transaktionskosten der Insolvenz und Wettbewerb

In ihrer Veröffentlichung von 1988 bringen BRANDER/LEWIS als zusätzliche Größe die erwarteten Insolvenzkosten $E[B_i]$ ins Spiel.[81] Diese sind im ersten Schritt der Betrachtung fix und hängen von der Schranke $\hat{z}_i$ ab, ab der der operative Gewinn nicht mehr ausreicht, um die Ansprüche der Fremdkapitalgeber abzudecken.[82] Nun ergibt sich der Gesamtwert des Unternehmens aus der Differenz der erwarteten Gewinne und den erwarteten Kosten der Insolvenz:[83]

$$V_i = \int_{z_-}^{z^+} (G_i(x_i, x_j, z_i)) f(z_i) dz_i - E[B(\hat{z}_i)]. \qquad (5.2)$$

Die Autoren gehen davon aus, dass der gesamte Marktwert des Unternehmens maximiert wird – im Gegensatz zum Marktwert des Ei-

---

[78]Vgl. BRANDER/LEWIS, 1986, S. 967. Dies ergibt sich auch aus der Grenzfallbetrachtung für $D_i = 0$: Hier entfällt der zweite Term, wohingegen der strategische Effekt positiv bleibt.

[79]Vgl. BRANDER/LEWIS, 1986, S. 968.

[80]Beide Wettbewerber müssen im Gleichgewicht Fremdkapital als strategisches Mittel einsetzen, erzielen dadurch aber ein schlechteres Ergebnis als ohne dieses. Vgl. auch BRANDER/LEWIS, 1986, S. 969.

[81]Wieder wird die Verbindung zur Argumentation der Effizienzbetrachtung ersichtlich; vgl. auch Abschnitt 4.4.

[82]Vgl. BRANDER/LEWIS, 1988, S.226 f.

[83]Vgl. BRANDER/LEWIS, 1988, S. 227.

genkapitals – um vom Effekt der beschränkten Haftung zu abstrahieren.[84]

Zunächst wird im ersten Fall von einem Einbezug fixer Insolvenzkosten ausgegangen: Wiederum resultiert im Marktgleichgewicht bei Maximierung des Gesamtmarktwerts V_i, dass die Outputmenge x_i mit zunehmender Verschuldung D_i steigt, also $\frac{dx_i}{dD_i} > 0$.[85] Auf den ersten Blick scheint dieses Ergebnis nicht sehr intuitiv – mit steigender Verschuldung wird die Wahrscheinlichkeit der Insolvenz und damit der erwartete Wert dieser Insolvenzkosten erhöht. Allerdings ist im Modell bei der Wahl der Outputmenge der Fremdkapitalbestand als gegeben vorausgesetzt. Eine höhere Outputmenge erhöht dann den Wertbeitrag, den höhere Ausprägungen des Erfolgsfaktors z_i zum Unternehmenswert haben.[86]

Zusätzlich wird im nächsten Schritt der Fall proportional ansteigender Insolvenzkosten betrachtet. Diese sind nicht länger einfach nur von der Schranke $\hat{z}_i$ abhängig, sondern zusätzlich von der Größenordnung der Zahlungsunfähigkeit; also $B_i = \gamma(D_i - G_i(x_i, x_j, z_i))$, wobei γ ein fester Parameter ist, der bestimmt, in welchem Anteil die Insolvenzkosten von der Höhe des Zahlungsausfalls abhängen. Der Marktwert des Unternehmens ergibt sich aus:[87]

$$V_i = \int_{z_-}^{z_+} (G_i(x_i, x_j, z_i))f(z_i)dz_i - \gamma \int_{z_-}^{\hat{z}_i} (D_i - G_i(x_i, x_j, z_i))f(z_i)dz_i.$$

[84]Vgl. Abschnitt 5.3.1; BRANDER/LEWIS, 1988, S. 226.
[85]Vgl. BRANDER/LEWIS, 1988, S. 229.
[86]Vgl. BRANDER/LEWIS, 1988, S. 230 f.; wenn das Unternehmen einen hohen Fremdkapitalbestand hat, ist es für die Zahlungsunfähigkeit irrelevant, ob die Zahlungsverpflichtung gegenüber den Fremdkapitalgebern um einen hohen oder einen niedrigen Betrag verfehlt wird. Die beste Möglichkeit, eine Insolvenz zu vermeiden, ist im Falle hoher Ausprägungen des Erfolgsfaktors z_i durch hohen Output von diesen guten Umweltzuständen zu profitieren.
[87]Vgl. BRANDER/LEWIS, 1988, S. 233 ff.

Damit verändern sich die Auswirkungen, die ein höherer Fremdkapitalbestand auf die Outputmenge x_i im Gleichgewicht hat: Bei niedrigem, aber positivem, eigenem ansteigendem Fremdkapitalbestand D_i nimmt der Output im Gleichgewicht zunächst ab. Bei höherem Fremdkapitalbestand führt ein eigener ansteigender Fremdkapitalbestand wiederum zu steigendem Output. Ein steigender Fremdkapitalbestand des Konkurrenten D_j wirkt sich jeweils gegenläufig aus.[88]

Bei der Selektion des Fremdkapitalbestands kommt im Vergleich zu Abschnitt 5.3.1 noch ein Term für die erwarteten Insolvenzkosten hinzu, der den Unternehmenswert für einen zunehmenden Fremdkapitalbestand verringert. Im Vergleich zu BRANDER/LEWIS (1986) ergibt sich also im Gleichgewicht ein geringerer Fremdkapitalbestand. Beiden Veröffentlichungen ist aber gemein, dass die Finanzierungsentscheidung Implikationen für den Produktmarktwettbewerb und das resultierende Gleichgewicht hat. Im Modell stellt die Kapitalstruktur des Unternehmens eine Selbstverpflichtung dar.[89]

5.3.3 Diskussion möglicher Effekte des Risikomanagements

Im Modell von BRANDER/LEWIS (1986) ergibt sich ein Zusammenhang der Finanzierungs- und Output-Entscheidung aus der Berücksichtigung des risikobehafteten Erfolgsfaktors $\tilde{z}_i$. Welche Auswirkungen eine zusätzliche Unsicherheitsreduktion in Form von unternehmerischem Risikomanagement auf diesen Zusammenhang hat, soll im Folgenden skizziert werden.

---

[88]Der komparative statische Effekt $\frac{dx_i}{dD_i}$ ist eine konvexe Funktion mit einem Wendepunkt. Vgl. BRANDER/LEWIS, 1988, S. 234 f.

[89]Vgl. BRANDER/LEWIS, 1986, S. 958: „financial structure as a commitment to a particular output strategy"; 1988, S. 223; Vgl. zum Commitment auch Abschnitt 5.6.

Konkret sei eine Risikomanagement-Maßnahme so definiert, dass der
Erfolgsfaktor z_i durch ein Termingeschäft in $t = 0$ abgesichert werden
kann und einen deterministischen Wert z_i^H annimmt, mit $z_i^H = \frac{z^+ + z^-}{2}$.
Ein solcher abgesicherter Wert entspricht bei einer symmetrischen Ver-
teilungsfunktion dem Erwartungswert $E[\tilde{z}_i]$.[90] Aus dieser Absicherung
resultiert, dass der Marktwert des Eigenkapitals nicht länger von der
Ausprägung der Zufallsvariablen $\tilde{z}_i$ und damit von $\hat{z}_i$ abhängig ist. Die
Gleichung (5.1) vereinfacht sich zu:

$$E_i(x_i, x_j) = G_i(x_i, x_j) - D_i.$$

Aus der Absicherung resultiert, dass die Möglichkeit des „Risk-shifting" –
also der Risikoverschiebung einer aggressiveren Output-Strategie zu un-
gunsten der Fremdkapitalgeber – nicht länger existiert.[91] Finanzierungs-
und Output-Entscheidung werden durch die Absicherung unabhängig.[92]

Eine solche Absicherung kann auf unterschiedlichen Wegen zustande kommen: Einerseits kann im Sinne von Abschnitt 4.5.2.3 argumentiert werden,
dass ein Risikomanagement einen Bestandteil impliziter oder expliziter
Verträge mit Fremdkapitalgebern darstellt, bzw., dass es sich günstig
auf Konditionen der Fremdfinanzierung auswirkt.[93] Auch BRANDER/
LEWIS (1986), führen an, dass die aggressivere Output-Strategie unter
Einbezug eines strategischen Effekts des Fremdkapitals nicht im Sinne

---

[90] Dies entspricht BRANDER/LEWIS, 1988, die für $\tilde{z}_i$ eine Gleichverteilung annehmen,
vgl. BRANDER/LEWIS, 1988, S. 224. Durch die Fixierung von z_i in Höhe von $E[\tilde{z}_i]$ –
bei symmetrischer Verteilung – ergibt sich eine reine Risikoreduktion der Maßnahme.
Der Erwartungswert des Gewinns bleibt erhalten.

[91] Vgl. dazu Abschnitt 5.3.1.

[92] Der gleiche Effekt resultiert auch bei $\frac{\partial^2 G_i}{\partial x_i \partial z_i} = 0$, vgl. BRANDER/LEWIS, 1986,
S. 963.

[93] Ein expliziter Vertrag könnte in Form von Covenants zur Risikobegrenzung gegeben
sein. Implizite Verträge ergeben sich aus der kommunizierten Selbstverpflichtung
zu einer bestimmten Risikostrategie, vgl. Abschnitt 4.5.2.3.

der Fremdkapitalgeber ist.[94] Risikomanagement ist dann ein einfaches Mittel, die Interessen der Fremdkapitalgeber zu berücksichtigen und gleichzeitig ein Gleichgewicht im Produktmarktwettbewerb zu erzielen, das für Eigenkapitalgeber höhere Gewinne nach sich zieht.[95] Andererseits kann Risikomanagement ein Mittel der Kooperation für Wettbewerber im Produktmarkt sein.[96]

Wird ein solches Risikomanagement bei einer strategischen Betrachtung der erwarteten Insolvenzkosten einbezogen, ist wiederum die Insolvenz nicht länger von einer Zufallsvariablen abhängig, sondern nur noch von der gewählten Output-Strategie und dem Fremdkapitalbestand. Es ist davon auszugehen, dass Fremdkapitalgeber der Finanzierung nur zustimmen, wenn aus den Gewinnen im Produktmarktwettbewerb mindestens ihre Ansprüche abgedeckt werden. Ist dies der Fall, kommt auch keine Insolvenz zustande und die erwarteten Insolvenzkosten sind $B_i = 0$.

Der Marktwert des Unternehmens unter Einbezug der Insolvenzkosten, dargestellt in Gleichung (5.2), vereinfacht sich zu:

$$V_i = G_i(x_i, x_j) - B$$
$$= G_i(x_i, x_j).$$

Ein Risikomanagement kann sich im Modell von BRANDER/LEWIS (1986, 1988) also insofern auf das Gleichgewicht im Mengenwettbewerb auswirken, als dass der strategische Effekt der Fremdfinanzierung eliminiert wird, was im Falle einer symmetrischen Finanzierungsentscheidung beider

---

[94]Vgl. BRANDER/LEWIS, 1986, S. 967.

[95]Unter strategischem Einfluss der Fremdfinanzierung resultiert ein Gleichgewicht mit geringeren Gewinnen für Eigenkapitalgeber, vgl. BRANDER/LEWIS, 1986, S. 968.

[96]BRANDER/LEWIS, 1986, S. 968, bringen die Möglichkeit ins Spiel, dass eine solche Kooperation über Finanzierungsverträge in konzentrierten Kreditmärkten zustande kommen können.

Unternehmen das bestehende Gefangenendilemma bezüglich der Output-Strategie auflöst.

Allerdings ist Risikomanagement in diesem Rahmen als Form der Kooperation von Wettbewerbern einzustufen: Zwar wirkt sie sich vorteilhaft für die Gewinne beider Unternehmen aus, eine Gleichgewichtsstrategie ist Risikomanagement aber insofern nicht, als dass ein einseitiges Abweichen einem der beiden Rivalen einen Vorteil verschaffen kann.[97] Argumente für ein Risikomanagement außerhalb des Kooperationsgedanken finden sich über den Einbezug der Interessen der Fremdkapitalgeber bzw. die daraus resultierenden vorteilhaften Konditionen bei der Fremdfinanzierung.

Der gleiche kooperative Effekt ließe sich im Modell von BRANDER/LEWIS (1986, 1988) theoretisch durch eine Übereinkunft zu einem Verzicht oder einer Einschränkung der Fremdfinanzierung erzielen,[98] allerdings können dann weitere Vorteile der Fremdfinanzierung, wie etwa Steuervorteile, ebenfalls nicht erreicht werden.

Wurde in Abschnitt 4.4 gezeigt, dass durch Risikomanagement Effizienzverluste in den Vertragsbeziehungen zu Stakeholdern vermindert werden können, wird hier eine ähnliche Schlussfolgerung möglich: Im Rahmen der Rivalität am Produktmarkt wird ein verstärkter Wettbewerb, der

---

[97] Der strategische Effekt der Fremdfinanzierung ist mit einer Selbstverpflichtung zu einer aggressiveren Output-Strategie gleichzusetzen, vgl. BRANDER/LEWIS, 1986, S. 230, 1988, S. 237. Durch diese Selbstverpflichtung wird die Reaktionsfunktion so verschoben, dass mit einem höheren Output auf den gleichen Output des Rivalen reagiert wird, vgl. BRANDER/LEWIS, 1986, S. 231, 1988, S. 230; 239. Löst ein Unternehmen diese Selbstverpflichtung durch Risikomanagement auf, kann das andere einen Vorteil durch diese Verschiebung der eigenen Reaktionsfunktion erzielen.

[98] Vgl. BRANDER/LEWIS, 1988, S. 968. GLAZER, 1994, untersucht langfristige Verschuldung als Instrument der stillen Übereinkunft und kommt zu dem Ergebnis, dass langfristige Finanzierungsinstrumente kollusives Verhalten nach sich ziehen können, vgl. S. 438.

zunächst aus der Fremdfinanzierung resultiert[99], durch ein Hedging potentiell wieder entschärft.

5.4 Koordinationsprobleme und strategische Interaktion

In diesem Abschnitt werden weitere Theorien des Risikomanagements vorgestellt, die dessen Einfluss auf den Wettbewerb der hedgenden Unternehmen in ihrer Branche direkt untersuchen. Den vorgestellten Modellen ist gemein, dass sie an Theorien des Risikomanagements ansetzen, die im vorhergehenden Kapitel 4 zu Effizienzeffekten des Risikomanagements besprochen wurden. Sie argumentieren zunächst auf Basis meist agency-theoretischer[100] Überlegungen für ein Risikomanagement und untersuchen darauf aufbauend, welche Hedging-Strategien unter diesen Prämissen von Unternehmen einer Branche im strategischen Gleichgewicht verfolgt werden. Sie unterscheiden sich von der eigenen Modellierung in Abschnitt 5.6 dadurch, dass sich die grundlegende Motivation für ein Risikomanagement aus neoinstitutionalistischen Argumenten ableitet.

5.4.1 Risikomanagement, Finanzierung und Investition

Verschiedene Autoren nutzen FROOT/SCHARFSTEIN/STEIN (1993) als Ausgangspunkt für die Analyse industrieökonomischer Aspekte des Risikomanagements.[101] Sie argumentieren auf Basis der These, dass begrenzte finanzielle Mittel zur Investition zur Verfügung stehen und ein Hedging

---

[99]und negative Werteffekte hat.
[100]So LOSS, 2012; ADAM/DASGUPTA/TITMAN, 2007; MELLO/RUCKES, 2005, die auf Basis externer Kapitalrestriktionen argumentieren und HOANG/RUCKES, 2015, die DEMARZO/DUFFIE, 1995, als Ausgangspunkt für ihre industrieökonomische Modellierung nutzen.
[101]Vgl. dazu ausführlicher Abschnitt 4.5.2.1.

in erster Linie dazu dient, das Investitionsprogramm des Unternehmens zu sichern.[102]

ADAM/DASGUPTA/TITMAN (2007) gehen in ihrem Modell davon aus, dass n identische Unternehmen in einem Markt entweder die Möglichkeit haben, ihr Investitionsniveau gegen einen Schock von außen durch Hedging abzusichern oder diese Absicherung zu unterlassen.[103] Dabei sind die erwarteten variablen Kosten eines ungehedgten Unternehmens größer als die eines gehedgten. Die Auswirkungen des Kostenschocks sorgen dafür, dass der Erwartungswert der zufälligen Kostenkomponente positiv ist, $E[\widetilde{\Delta c}] > 0$ Dadurch besteht zunächst der Anreiz für alle Unternehmen der Branche, zu hedgen.

Allerdings gibt es bei einer Nachfragekurve mit negativer Steigung einen gegenläufigen Effekt: Auch der erwartete Preis, zu dem verkauft werden kann, hängt von der Zahl der nicht-gehedgten Unternehmen und dem Kostenschock positiv ab.[104] So kann es ein Marktgleichgewicht geben, in dem nicht alle Unternehmen die gleiche Hedging-Strategie verfolgen. Dabei wird Hedging generell eher vorteilhaft, wenn weniger Konkurrenzunternehmen eine Absicherungsstrategie verfolgen und vice versa.[105] Einflussfaktoren auf die heterogene Hedging-Entscheidungen sind höhere Wettbewerbsintensität, eine inelastische Nachfrage und weniger konvexe Kostenfunktionen; außerdem Finanzierungsrestriktionen und größere Märkte.[106]

MELLO/RUCKES (2005) betrachten in ihrem Modell ein Duopol mit zwei Unternehmen i und j, die in zwei verschiedenen Ländern produzieren

---

[102]MELLO/RUCKES, 2005, S. 6; ADAM/DASGUPTA/TITMAN, 2007, S. 2445; LOSS, 2012, S. 79 f.

[103]Problematisch an der Betrachtung scheint, (1) dass jedes einzelne Unternehmen entweder die Möglichkeit hat, vollständig zu hedgen oder gar nicht; (2) dass diese Entscheidung an keine Mengenentscheidung gebunden ist; dadurch entfallen wichtige Interdependenzen.

[104]Vgl. ADAM/DASGUPTA/TITMAN, 2007, S. 2454.

[105]Vgl. ADAM/DASGUPTA/TITMAN, 2007, S. 2456.

[106]Vgl. ADAM/DASGUPTA/TITMAN, 2007, S. 2445.

und so einem Wechselkursrisiko ausgesetzt sind. Jeweils die Hälfte der Produktionskosten fällt in den verschiedenen Landeswährungen an. Als Hedging-Instrument dient die Fremdfinanzierung der Unternehmen, die in den verschiedenen Währungen abgeschlossen werden kann. Es wird davon ausgegangen, dass die Unternehmen auf Fremdfinanzierung angewiesen sind.[107] Die Unternehmen gelten als vollständig gehedgt, wenn je die Hälfte der benötigten Fremdfinanzierung in den beiden Währungen aufgenommen wird.[108]

Wird davon ausgegangen, dass Kapital nur in begrenztem Rahmen zur Verfügung steht, kann gezeigt werden, dass ein einzelnes Unternehmen ohne Wettbewerber das gesamte Wechselkursrisiko seiner Finanzierung hedgen würde.[109] Haben beide Unternehmen die Möglichkeit zu hedgen, so sagen die Autoren voraus, dass die jeweiligen Hedging-Positionen in entgegengesetzten Richtungen aufgenommen werden.[110] Dabei wirkt sich eine relativ höhere Eigenkapitalausstattung so aus, dass das jeweilige Unternehmen weniger hedgt als sein Wettbewerber.[111]

Loss (2012) nutzt ebenfalls ein Duopol-Modell mit finanziellen Restriktionen, aufbauend auf Froot/Scharfstein/Stein (1993). In der Drei-Zeitpunkt-Betrachtung entscheiden beide Unternehmen i, j im Zeitpunkt $t = 0$, ob und in welchem Ausmaß sie die zufälligen, zukünftigen Rückflüsse $\tilde{X}_i, \tilde{X}_j$ aus ihrem jeweiligen Investitionsprojekt hedgen wollen. Die Rückflüsse werden in $t = 1$ realisiert. Sie sind bivariat normalverteilt mit Erwartungswert $E[\tilde{X}_i], E[\tilde{X}_j]$, Varianz σ_i^2, σ_j^2 und Korrelation ρ. Es wird davon ausgegangen, dass für die Absicherung eine Risikoprämie anfällt. Diese Risikoprämie wird über einen Risikoabschlag des gehedgten

---

[107]So werden finanzielle Restriktionen abgebildet; Vgl. Mello/Ruckes, 2005, S. 5.

[108]Vgl. Mello/Ruckes, 2005, S. 4 f. Interessanterweise wird im Modell zuerst simultan die Produktionsmenge entschieden und erst im zweiten Schritt die Hedging-Entscheidung gefällt; vgl. S. 7.

[109]Vgl. Mello/Ruckes, 2005, S. 9 f.

[110]Vgl. Mello/Ruckes, 2005, S. 10.

[111]Vgl. Mello/Ruckes, 2005, S. 11.

Cashflows im Vergleich zum erwarteten Cashflow ohne Hedging abgebildet: $X_{i|H} < E[\tilde{X}_i]$.[112] Die Rückflüsse aus dem Projekt dienen als Investitionsmittel in $t = 1$. Weitere externe Finanzierung steht nicht zur Verfügung.[113] Aus dem neuen Investitionsprojekt resultieren in $t = 2$ wiederum Rückflüsse, die sowohl vom eigenen Investitionsniveau als auch von dem des Wettbewerbers abhängen.[114]

Werden zwei symmetrische Unternehmen betrachtet, so werden diese im Modell aufgrund der positiven Risikoprämie nicht vollständig hedgen.[115] Sind die Investitionen der beiden Unternehmen strategische Substitute[116], so nimmt die Hedgingquote mit zunehmender Korrelation ρ der Investitionsrückflüsse zu.[117]

LIU/PARLOUR (2009) betrachten Hedging im Zusammenhang mit unteilbaren Investitionsprojekten, die mittels Auktion vergeben werden. Hier führt die Möglichkeit zu hedgen zu aggressiverem Biet-Verhalten.[118] Hedging ist im Modell ein zusätzliches Risiko, wenn das Unternehmen die Auktion verliert.[119] Die Hedgingquote wird dann maximal, wenn das Unternehmen die Auktion sicher gewinnt.[120] ADAM/NAIN (2013) untersuchen den Zusammenhang zwischen Marktstruktur und Hedging Verhalten zunächst empirisch: Sie finden, dass in kompetitiveren Märkten weniger Unternehmen hedgen. Dies stützt ADAM/DASGUPTA/TITMAN (2007) und MELLO/RUCKES (2005).

---

[112]Vgl. LOSS, 2012, S. 85 f.

[113]Vgl. LOSS, 2012, S. 86 f.

[114]Dabei geht LOSS, 2012, S. 87, explizit auf die Fälle strategischer Komplementär- und Substitut-Investitionen ein.

[115]Vgl. LOSS, 2012, S. 97.

[116]Ist also die beste Antwort auf eine höhere Investition des Wettbewerbers eine eigene niedrigere Investition.

[117]Vgl. LOSS, 2012, S. 96 ff. Für den Fall von Komplementärinvestitionen nimmt die symmetrische Hedgingquote mit abnehmender Korrelation der Schocks ab.

[118]Vgl. LIU/PARLOUR, 2009, S. 496.

[119]Weil dann den Cashflows aus den Hedging-Instrumenten keine Projekt-Cashflows mit korrelierten Risiken gegenüberstehen.

[120]So wird die Exposure zum Projektrisiko minimiert. Vgl. LIU/PARLOUR, 2009, S. 496.

5.4.2 Risikomanagement, Information und Eintrittsabschreckung

HOANG/RUCKES (2015) knüpfen an die Arbeiten des voranstehenden Abschnittes an und untersuchen industrieökonomische Aspekte des Risikomanagements im Kontext der Bilanzierung von Hedging Transaktionen. Dabei beleuchten sie mit dem Markteintritt, bzw. der Markteintrittsabschreckung,[121] einen klassischen Fall der IO-Analyse.[122] In ihrem zweiperiodigen Modell ist zunächst Unternehmen i Monopolist im Zeitpunkt $t = 0$. Unternehmen j entscheidet auf Basis der Gewinne von Unternehmen i in $t = 0$, ob es in $t = 1$ in den Markt eintritt. Die Gewinne des Unternehmens i in $t = 1$ sind eine Zufallsvariable und können vollständig und kostenlos gehedgt werden.

Der potentielle Wettbewerber wird dann in den Markt eintreten, wenn seine erwarteten Gewinne aus dem resultierenden Duopol die Schwelle seiner Eintrittskosten übersteigen. Die Erwartung der Gewinne nach Markteintritt ergibt sich aus Informationen, die vor Beginn des Spiels verfügbar sind, und dem tatsächlich erzielten Gewinn in $t = 0$. Je höher die (vermutete) Hedging-Quote ist, desto höher wird die Informativität des Ergebnisses aus $t = 0$ eingeschätzt und desto größer ist die Erwartungsanpassung auf Basis des realisierten Ergebnisses.[123]

Zunächst wird der Fall ohne Offenlegung der Hedging-Strategie des Monopolisten betrachtet.[124] Im Modell kann Risikomanagement dazu genutzt werden, die Wahrscheinlichkeit eines Markteintritts des potentiellen Konkurrenten zu reduzieren.[125] Wird die Hedging-Strategie nicht offengelegt, gibt es Anreiz, zu hedgen. Muss die Hedging-Quote dagegen publiziert

---

[121]Vgl. PFÄHLER/WIESE, 2008, S. 13 ff.

[122]Vgl. HOANG/RUCKES, 2015, S. 1 f.

[123]Vgl. HOANG/RUCKES, 2015, S. 9 f.

[124]Vgl. HOANG/RUCKES, 2015, S. 9 ff.

[125]Vgl. HOANG/RUCKES, 2015, S. 24: „If risk management is unobservable, even risk-neutral firms typically have strong incentives to engage in risk management activities in order to reduce the likelihood of entry"

werden, ist das Gegenteil der Fall: Die Schwelle, in den Markt einzutreten, sinkt durch eine steigende Hedging-Quote.[126] Entsprechend wird sich der Monopolist entschließen, nicht zu hedgen.[127]

5.5 Weitere Effekte des Risikomanagements an Realmärkten

Bereits FROOT/SCHARFSTEIN/STEIN (1993) erwähnen in ihrem Beitrag die Relevanz des Hedging im Produktmarktwettbewerb.[128] Sie beziehen die Absicherung des Investment-Niveaus[129] auf den Produktmarktwettbewerb und kommen zu dem Schluss, dass das Marktgleichgewicht im Duopolfall in jedem Falle Hedging beider Unternehmen beinhalten wird.[130]

ADAM/FERNANDO (2006) untersuchen in ihrem Beitrag, ob mittels Derivatehandel Cash-Flow-Gewinne erzielt werden können, die nicht von einer Veränderung des systematischen Risikos des Unternehmens kompensiert werden. Die Autoren weisen in ihrer empirischen Untersuchung nach, dass Unternehmen der Goldbergbau-Branche regelmäßig solche Gewinne erzielen konnten. Sie erklären dies mit den positiven Risikoprämien, die am Markt für Termingeschäfte bezahlt werden.[131] Unternehmen, die über natürliche Goldreserven verfügen, haben komparative Vorteile gegenüber reinen Händlern, die einen positiven Preisschock ohne entsprechende

---

[126]Vgl. HOANG/RUCKES, 2015, S. 18 f.
[127]Zwar setzen sich HOANG/RUCKES (2015), mit der strategischen Wahl eines Hedging-Aktionsparameters auseinander, allerdings ist der Fokus der Auseinandersetzung die Regulierung der Offenlegung von Hedging-Praktiken.
[128]Vgl. FROOT/SCHARFSTEIN/STEIN, 1993, S. 1650 ff.
[129]Vgl. Abschnitt 4.5.2.1.
[130]Vgl. FROOT/SCHARFSTEIN/STEIN, 1993, S. 1651.
[131]Vgl. ADAM/FERNANDO, 2006, S. 284.

Liquiditätsreserven nicht so gut abfedern können.[132] Scheinbar können demgemäß Vorteile aus einer natürlichen Absicherung durch die Unternehmenstätigkeit in einen Wertzuwachs über (finanzielles) Risikomanagement übersetzt werden. Anders ausgedrückt werden hier sogenannte „natural Hedges" ausgenutzt. In einem verwandten Beitrag betonen die Autoren, dass die Cashflow-Zuwächse nicht etwa aus Informationsvorteilen der Manager resultieren.[133]

BERGER/BATTENFELD (2008) untersuchen die optimale Hedging-Strategie eines exportierenden Unternehmens bei Unsicherheit statt Risiko.[134] Sie zeigen, dass sich *Unsicherheit* ähnlich auswirken kann wie Risikoaversion und dass Hedging dann auch für risikoneutrale Akteure optimal werden kann.[135]

AÏD u. a. (2011) untersuchen vertikale Integration und den Handel auf Terminmärkten als Risikomanagement-Alternativen. Sie kommen zu dem Schluss, dass ein vertikal integriertes Unternehmen zu durchschnittlichen Herstellkosten verkaufen kann, während ein Unternehmen, dass vom Produzenten einkauft und weiterverkauft, zu Grenzkosten verkaufen muss, die höher sind.[136] Entsprechend würde eine Risikomanagement-Strategie mit vertikaler Integration zu einer Kostenführer-Strategie passen. Der Vorteil einer vertikalen Integration wird bei Bestehen von Terminmärkten zwar geringer, lässt sich aber nicht vollständig substituieren.[137]

BROLL/WAHL/WESSEL (2011) modellieren Hedging im Cournot Duopol. Hier stehen zwei risikoaverse Produzenten im Wettbewerb, die

---

[132]Vgl. ADAM/FERNANDO, 2006, S. 301; So ginge die Risikoprämie über ein Vorhalten von entsprechender Cash-Reserven oder die Lagerhaltung der zugrundeliegenden physikalischen Basisinstrumente wieder verloren.

[133]Vgl. ADAM/FERNANDO, 2008.

[134]Vgl. zu einer Abgrenzung der Begriffe Abschnitt 2.1.1.

[135]Vgl. BERGER/BATTENFELD, 2008, S. 206.

[136]Vgl. AÏD u. a., 2011, S. 1443.

[137]AÏD u. a., 2011 gehen von risikoaversen Handelsunternehmen aus und nennen als Faktoren, die eine solche Risikoaversion für bestimmte Branchen fördern, größeren regulatorischen Druck, höhere Insolvenzkosten und höhere Unternehmensteuern als in anderen Branchen. Vgl. AÏD u. a., 2011, S. 1450

Wechselkursrisiken absichern können. Sie untersuchen dabei einmal die Möglichkeit einer simultanen Hedging- und Output-Entscheidung und schließlich die einer sequentiellen. Im ersten Fall wird aus Gründen der Risikoaversion gehedgt, im zweiten wird dem Hedging eine strategische Relevanz zugesprochen.

PELSTER (2013) modelliert Risikomanagement im Duopol ebenfalls mit risikoaversen Produzenten, bezieht aber zusätzlich zu marktfähigen Risiken – also solchen, die sich direkt absichern lassen – Hintergrund-Risiko mit ein. Dieses Hintergrundrisiko kann nicht direkt abgesichert werden und muss deshalb zusätzlich bei der Risikomanagement Entscheidung bezüglich marktfähiger Risiken beachtet werden.

5.6 Risikomanagement als Commitment

Wird Risikomanagement als strategisches Instrument im Wettbewerb betrachtet, ohne Risikoaversion oder weitere Restriktionen und Rahmenbedingungen der Unternehmen einzubeziehen, so kann ein daraus resultierendes Commitment bestimmender Faktor für eine Relevanz des Risikomanagements sein.[138]

FUDENBERG/TIROLE (1991) bemerken zu Commitment-Effekten und ihrer möglichen Wertrelevanz:

> „Commitments can be of value [...] since a player may be able to alter the play of his opponents."[139]

---

[138]Vgl. zum glaubwürdigen Commitment einer Hedging-Strategie und daraus resultierende Effizienzeffekte u.a. Abschnitt 4.7. Um effektiv zu sein, muss ein Commitment sichtbar, verständlich und glaubwürdig sein. Vgl. BESANKO, 2009, S. 241.

[139]Vgl. FUDENBERG/TIROLE, 1991, S. 75; Eine Selbstverpflichtung kann wertrelevant sein, da ein Spieler die Möglichkeit haben könnte, die Reaktion der Gegenspieler zu beeinflussen.

Als Commitment-Instrument wird nachfolgend das Hedging nach AL-
LAZ (1992) und ALLAZ/VILA (1993) sowie Hedging in einer eigenen
Modellierung eingeordnet.

5.6.1 Preis-Hedging nach Allaz

ALLAZ (1992) und ALLAZ/VILA (1993) sind die ersten, die sich direkt
mit dem Hedging als strategischem Instrument auseinandersetzen. Sie
modellieren die Hedging-Entscheidung in ihrer Veröffentlichung von 1992
in einem Zwei-Perioden-Modell mit n verschiedenen Unternehmen an
einem oligopolistischen Markt. Die Unternehmen legen im Mengenwettbewerb in $t = 1$ ihre jeweilige Produktionsmenge x_i mit $i = 1, .., n$ fest
und maximieren dabei Ihren Gewinn G_i. Der jeweilige Gewinn ergibt sich
aus:[140]

$$G_i = px_i - cx_i + (p_H - p)f_i,$$

wobei p dem Spotpreis des abgesetzten Produkts zum Zeitpunkt $t = 1$
entspricht und c den variablen Stückkosten. Im Zeitpunkt $t = 0$ kann
das Unternehmen die Menge f_i zum Preis p_H am Terminmarkt verkaufen.[141] Der Spotpreis ist gemäß einer linearen Nachfragefunktion
abhängig vom Gesamt-Output am Markt und von der Zufallsvariablen
$\tilde{\theta}$ mit Erwartungswert $E[\tilde{\theta}] = 0$ und Varianz $V[\tilde{\theta}] = \sigma^2$, sodass gilt:

---

[140]Vgl. ALLAZ, 1992, S. 300 f. Außerdem werden auf der Gegenseite des Forward-
Marktes im Modell die Gewinne der Spekulatoren abgebildet. Diese sind für die
Zwecke der vorliegenden Arbeit nicht notwendig. ALLAZ, 1992, S. 300, modellieren
die Kosten des Unternehmens als lineare Kostenfunktion aus Stückkosten und
Produktionsmenge.

[141]Dabei ist der Terminpreis p_H abhängig vom Spotpreis und ergibt sich im Gleichgewicht des Terminmarktes zum Zeitpunkt $t = 0$ aus dem Erwartungswert des
Spotpreises abzüglich einer Risikoprämie für die Risikoaversion der Spekulanten.
Sind einer oder mehrere Spekulanten risikoneutral, ist der Terminpreis ein erwar-
tungstreuer Schätzer des Spotpreises. Vgl. ALLAZ, 1992, S. 303. Vgl. für die Abfolge
von Informationen und Aktionen Abbildung 5.3.

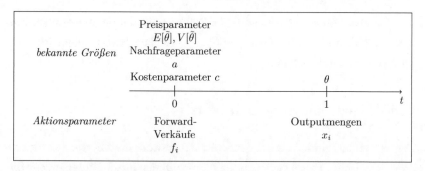

Abbildung 5.3: Zeitliche Abfolge von Information und Aktionen im Modell von
ALLAZ, 1992

$p(\sum_1^n x_i, \tilde{\theta}) = a - \sum_1^n x_i + \tilde{\theta}$.[142] Zum Zeitpunkt $t = 1$ löst sich die
Unsicherheit bezüglich θ auf, sodass der realisierte Wert in die Gleichge-
wichtsbetrachtung eingeht.[143]

Im Gleichgewicht in $t = 1$ resultiert:[144]

$$\frac{\partial G_i}{\partial x_i} = \frac{\partial p}{\partial x_i} x_i + p - c - \frac{\partial p}{\partial x_i} f_i = 0,$$

und damit die Gleichgewichtsmenge:

$$x_i = \frac{a - c + \theta + n f_i - \sum_{j=1, j \neq i}^{n} f_j}{n + 1}.$$

Offensichtlich wird ein Unternehmen i also im Gleichgewicht mehr produzieren, wenn es eine größere Menge f_i bereits vorab als Terminverkauf
abgesetzt hat. Es wird dagegen weniger herstellen, wenn seine Konkurrenten Terminverkäufe getätigt haben.[145]

---

[142]Dabei ist a der Prohibitivpreis der Nachfrage und $0 < c < a$.

[143]Vgl. ALLAZ, 1992, S. 300.

[144]Unter der Nebenbedingung $\frac{\partial^2 G_i}{\partial x_i^2} < 0$ für ein Maximum.

[145]Es gilt also: $\frac{\partial x_i}{\partial f_i} > 0$ und $\frac{\partial x_i}{\partial f_j} < 0$; vgl. ALLAZ, 1992, S. 301 f.

Unterstellt man die Risikoneutralität der Marktteilnehmer am Terminmarkt und der Unternehmen, so resultiert für das Gleichgewicht der Forwardverkaufsmenge:[146]

$$f_i = \frac{(n-1)(a-c)}{n^2+1}.$$

Im Wesentlichen stellt der Terminmarkt eine Vervielfachung des oligopolistischen Spotmarktes dar.[147] So schließen ALLAZ (1992) und ALLAZ/VILA (1993), dass Fowardverkäufe von strategischer Bedeutung sind[148] und Forwardmärkte sich aus volkswirtschaftlicher Perspektive effizienzsteigernd[149] und wettbewerbsfördernd auswirken.[150,151]

TIROLE (2006) führt an, dass ein Monopolist, der Forward-Verkäufe tätigt, die eigene *Marktmacht* schmälert und so den erwarteten Gewinn verringert.[152] Der Gedanke, dass Forward-Märkte in diesem Sinne effizi-

---

[146]Vgl. ALLAZ, 1992, S. 303 ff. Dieser Fall wird im wesentlichen in ALLAZ/VILA, 1993, für einen duopolistischen Markt betrachtet. ALLAZ, 1992, differenziert in strategische Gründe für Hedging und solche, die der Risikoreduktion als solche dienen und betrachtet zusätzlich den Fall risikoaverser Unternehmen.

[147]Betrachtet man bspw. ein Duopol, so ergibt sich ohne Terminmarkt die erwartete Gleichgewichtsmenge $x_i = \frac{a-c}{3}$. Haben beide Unternehmen die Möglichkeit, am Terminmarkt Forwardverkäufe zu tätigen, resultiert für beide die gehedgte Menge $f_i = \frac{a-c}{5}$ und die erwartete Gleichgewichtsmenge $x_i = \frac{a-c+(a-c)/5}{3} = \frac{2(a-c)}{5}$. Es resultiert ein Gleichgewicht, als würde der Terminmarkt die Zahl der Wettbewerber verdoppeln. Jedes einzelne Unternehmen erhält zwar den gleichen Marktanteil wie im einfachen Oligopol, erzielt aber geringere Gewinne.

[148]ALLAZ/VILA, 1993, S. 5 f. zeigen, dass die einseitige Möglichkeit, im Duopol Forwardverkäufe zu tätigen, eine Form des Commitment sind und ein STACKELBERG-Gleichgewicht resultiert. Ein Unternehmen, das alleine die Möglichkeit hat, Terminverkäufe zu tätigen, hätte einen First-Mover-Vorteil gegenüber seinen Wettbewerbern. Verfügen jedoch alle Unternehmen im Oligopol über diese Möglichkeit, haben zwar alle auch einen Anreiz, dies zu tun, büßen jedoch Produzentenrente ein. Vgl. auch ALLAZ, 1992, S. 305.

[149]In Bezug auf die Wohlfahrt.

[150]Vgl. ALLAZ/VILA, 1993, S. 7 f.

[151]LISKI/MONTERO, 2006, untersuchen ALLAZ' Ergebnis für ein wiederholtes Spiel mit unendlicher Wiederholungszahl und kommen zu dem Resultat, dass Forwardmärkte unter diesen Umständen bestehende Kollusion verstärken können. Allerdings wird hier auf Basis deterministischer Größen argumentiert.

[152]Vgl. TIROLE, 2006, S. 217.

enzfördernd sind, wird durch die experimentelle Untersuchung von LE COQ/ORZEN (2006) gestützt. Aus Perspektive der Unternehmen entsteht hier ein Gefangenendilemma: Forwardverkäufe sind eine strategische Notwendigkeit, führen aber für das einzelne Unternehmen zu einem geringeren Gewinn als im Wettbewerb ohne Terminmarkt.

ADILOV (2012) argumentiert, dass bei zusätzlicher Beachtung der Kapazität der preissenkende Effekt von Forward-Märkten reduziert wird. Das signalisierte Commitment, einen bestimmten Output herzustellen, wird dadurch unglaubwürdig, dass bei festgelegter Kapazität ein geringerer Output optimal wird.

5.6.2 Einseitiges Kosten-Hedging im Duopol

Im Folgenden wird eine eigene Modellierung der strategischen Auswirkungen des Risikomanagements präsentiert. Im Unterschied zu ALLAZ (1992) wird das Risiko hier nicht als Schock auf den Preis einbezogen, sondern als Schock auf die variablen Kosten des Unternehmens, die im Rahmen einer Hedging-Strategie vorab abgesichert werden können. Die größte Abweichung, die sich dadurch ergibt, ist eine stückweise definierte Gewinnfunktion. Beschaffungsseitige Preisrisiken sind eine „zentrale Ursache für das unternehmerische Risiko"[153]. Für die Absicherung von Beschaffungsrisiken stehen einerseits Terminkontrakte zur Verfügung, insofern die beschafften Waren und Rohstoffe börsengehandelt sind, und andererseits können langfristige Lieferantenverträge geschlossen werden.[154] Auch absatzseitig können langfristige Verträge mit Kunden geschlossen werden,[155] ein Absatz an einem Terminmarkt ist wiederum nur dann möglich, wenn ein solcher Markt für das verkaufte Gut existiert.[156]

---

[153]WOLKE, 2015, S. 278.
[154]Vgl. WOLKE, 2015, S. 280.
[155]Vgl. WOLKE, 2015, S. 287 f.
[156]Nur in bestimmten Fällen sind die von Unternehmen zu verkaufenden Güter solche, die für den Absatz an einem Terminmarkt in Frage kommen. In den allermeisten

Risikomanagement kann dann eine strategische Rolle für Unternehmen spielen, wenn es als Form des Commitment, also der frühzeitigen Verpflichtung, eingesetzt wird. Dies soll über ein zweistufiges strategisches Spiel abgebildet werden. Es werden zwei Unternehmen im homogenen Mengenwettbewerb betrachtet. In der ersten Stufe $t = 0$ hat zunächst nur Unternehmen 1 die Möglichkeit, über Forward-Verträge die Menge h_1 an Input zum Stückpreis von c_H zu erwerben. Eine nachträgliche Veräußerung des erworbenen Materials ist nicht möglich. In der zweiten Stufe wird eventuell zusätzlich benötigter Input zur Erstellung der Absatzmenge x_1 zum Preis $c = c_H + \Delta c$ erworben. Die Größe Δc ist zum Zeitpunkt t=0 eine diskret gleichverteilte Zufallsvariable mit $E[\widetilde{\Delta c}] = 0$ und zwei möglichen Ausprägungen Δc_+ und Δc_-.[157] Es gilt $|\Delta c| \leq c_H$; zum Zeitpunkt der Outputerstellung ist Δc bekannt. Eine Einheit an Input wird für die Erstellung einer Einheit des Produktes für den Absatzmarkt benötigt. Weitere Kosten fallen nicht an. Unternehmen 2 erwirbt sämtlichen Input der Menge x_2 in der zweiten Stufe zum Preis $c = c_H + \Delta c$.[158] Damit ergeben sich folgende Kostenfunktionen:

$$K_1(x_1, h_1) = \begin{cases} h_1 c_H, & x_1 \leq h_1 \\ h_1 c_H + (x_1 - h_1)(c_H + \Delta c), & h_1 \leq x_1 \end{cases}$$

$$K_2(x_2) = x_2(c_H + \Delta c).$$

Fällen dagegen nutzen Unternehmen zur Absatzerstellung Rohstoffe oder andere Güter, die mit (standardisierten) Terminkontrakten abgesichert werden können.

[157] Aufgrund von $E[\widetilde{\Delta c}] = 0$ und der Gleichverteilung von $\widetilde{\Delta c}$ muss gelten, dass $\Delta c_+ = -\Delta c_-$

[158] Vgl. für die zeitliche Abfolge von Aktionen und Informationen auch Abb. 5.4.

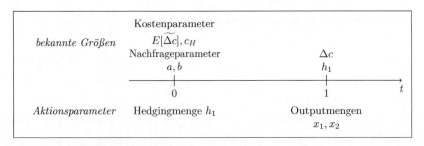

Abbildung 5.4: Zeitliche Abfolge von Information und Aktionen bei einseitigem Hedging

Wird zusätzlich eine lineare Preis-Absatzfunktion zugrunde gelegt, ergibt sich für den Gewinn der beiden Unternehmen:

$$G_1(x_1, x_2, h_1) = \begin{cases} (a - b\,(x_1 + x_2))\,x_1 - h_1 c_H, & x_1 \leq h_1 \\ (a - b\,(x_1 + x_2))\,x_1 - x_1(c_H + \Delta c) + h_1 \Delta c, & h_1 \leq x_1 \end{cases}$$

$$G_2(x_1, x_2) = (a - b\,(x_1 + x_2))\,x_2 - x_2(c_H + \Delta c).$$

Diese Gewinne werden im Rahmen der vorliegenden Arbeit als maßgeblich für die operativen Cashflows der Unternehmen betrachtet, die in der mehrperiodigen Betrachtung des Unternehmenswert-Kalküls Determinante des Marktwerts des Unternehmens sind.[159] Für den Prohibitivpreis a gilt $a > c_H + |\Delta c|$;[160] Für die Steigung der Preis-Absatzfunktion b gilt $b > 0$.[161]

---

[159]Vgl. Abschnitt 3.3.

[160]Übersteigen die Kosten einer Einheit den Prohibitivpreis, so kommt keine Absatzmenge $x_i > 0$ zustande.

[161]Diese Annahme bildet ab, dass mit zunehmender abgesetzter Menge ein geringerer Preis erzielt werden kann.

5.6.2.1 Gleichgewicht im Mengenwettbewerb

Um die Gleichgewichtsstrategien der beiden Wettbewerber zu ermitteln, wird per Rückwärtsinduktion vorgegangen und der simultane Mengenwettbewerb in der zweiten Stufe betrachtet.[162] Beide Unternehmen maximieren ihren Gewinn und gelangen so zu ihrer optimalen Produktionsmenge in Abhängigkeit von der Entscheidung des Mitspielers. Das Entscheidungsproblem der Unternehmen ist dasselbe wie im Cournot-Modell[163] und ergibt sich über die Reaktionsfunktionen der beiden Unternehmen.[164]

Für Unternehmen 2 gilt die Reaktionsfunktion:

$$x_2^R(x_1) = \operatorname*{argmax}_{x_2} \left(G_2\left(x_1, x_2\right)\right)$$

$$= \frac{a - (c_H + \Delta c)}{2b} - \frac{1}{2}x_1.$$

Unternehmen 1 trifft seine Entscheidung ebenfalls in Abhängigkeit vom Output des Konkurrenten – zusätzlich hängt sie aber von der bereits vorab erworbenen Menge an Input h_1 ab:

$$x_1^R(x_2, h_1) = \operatorname*{argmax}_{x_1} \left(G_1\left(x_1, x_2, h_1\right)\right).$$

Die Fallunterscheidungen für die optimalen Outputmengenkombinationen (x_1^*, x_2^*) als Schnittpunkte der Reaktionskurven sind Abbildung 5.5 zu entnehmen:

(a) Nutzt Unternehmen 1 in der ersten Stufe die Möglichkeit des Hedging nicht, bzw. unterschreitet die gehedgte Menge die tatsächlich benötigte

---

[162]Vgl. zum Vorgehen FUDENBERG/TIROLE, 1991, S. 92 ff.
[163]Vgl. PFÄHLER/WIESE, 2008, S. 137 ff.
[164]Vgl. für eine parallele Vorgehensweise PFÄHLER/WIESE, 1998, S. 171 ff.

Menge zur Erstellung des Outputs, hat es in der zweiten Stufe des strategischen Spiels die gleichen Grenzkosten wie Unternehmen 2.[165]

(b und c) Sind dagegen die Kosten der abgesetzten Menge frühzeitig (in $t = 0$) festgelegt, so sind sie nicht mehr Bestandteil des Entscheidungskalküls in $t = 1$. Es handelt sich hier um eine wirksame Hedgingmenge.[166] Es werden gewissermaßen variable Kosten durch eine zeitliche Vorverlagerung in fixe Kosten umgewandelt.[167] Dadurch kann Unternehmen 1 glaubhaft sein Commitment kommunizieren, eine größere Menge abzusetzen als im Fall ohne Hedging, in dem das Gleichgewicht dem einfachen Cournot-Gleichgewicht entspricht. Durch das Hedging wird eine Erhöhung der abgesetzten Menge von Unternehmen 1 möglich; im Gesamtmarkt wird eine größere Menge produziert als ohne wirksames Hedging. Diese Erhöhung der Absatzmenge im Gesamtmarkt resultiert aus der Modifikation der Reaktionskurve von Unternehmen 1 durch eine wirksame Hedgingmenge.[168] Die Outputerhöhung von Unternehmen 1 geht voll zulasten seines Konkurrenten, da die Veränderung der Reaktionskurve von Unternehmen 1 eine geringere Outputmenge von Unternehmen 2 nach sich zieht. Unternehmen 2 kann weniger Output zu einem geringeren Preis absetzen als im Fall ohne Hedging.

(b) Überschreitet die gehedgte Menge die Cournot-Menge, kann es eine Sprungstellenlösung geben: die Reaktionskurve x_2^R schneidet die vertikale Verbindungslinie der Sprungstelle von x_1^R.

(c) Ist die gehedgte Menge größer als die Outputmenge, entspricht das Gleichgewicht dem Cournot-Duopol mit unterschiedlichen Grenzkosten. Die Reaktionskurve von Unternehmen 1 verschiebt sich nach außen.

---

[165]Eine Hedingmenge, die in diesem Bereich liegt, ist nicht wirksam.

[166]Eine Hedgingmenge ist dann wirksam, wenn die abgesetzte Menge durch die Hedgingmenge abgesichert ist, $x_i \leq h_i$.

[167]Vgl. ALEXANDROV, 2011, S. 12: "a hedge of a fixed quantity is a fixed cost".

[168]Vgl. Abbildung 5.5 (b,c).

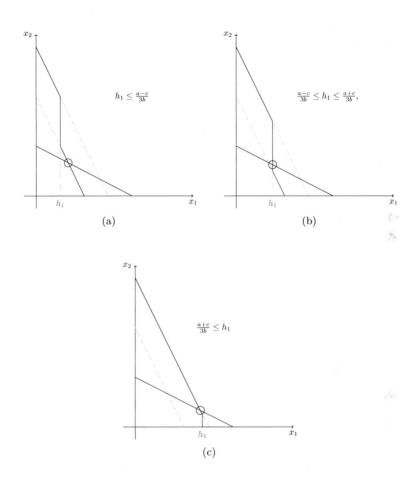

Abbildung 5.5: Reaktionsfunktionen bei einseitigem Hedging; $c = c_H + \Delta c$

Durch die stückweise definierte Gewinnfunktion von Unternehmen 1 resultieren zusammengefasst folgende Gleichgewichtslösungen in Abhängigkeit von der vorab gehedgten Menge h_1:[169]

$$(x_1^*, x_2^*) = \begin{cases} \left(\frac{a+c_H+\Delta c}{3b}, \frac{a-2(c_H+\Delta c)}{3b} \right), & \frac{a+c_H+\Delta c}{3b} \leq h_1 \\ \left(h_1, \frac{a-(c_H+\Delta c)}{2b} - \frac{h_1}{2} \right), & \frac{a-(c_H+\Delta c)}{3b} \leq h_1 \leq \frac{a+c_H+\Delta c}{3b} \\ \left(\frac{a-(c_H+\Delta c)}{3b}, \frac{a-(c_H+\Delta c)}{3b} \right), & h_1 \leq \frac{a-(c_H+\Delta c)}{3b}. \end{cases}$$

(5.3)

Zum Zeitpunkt des strategischen Spiels mit der Festlegung der Aktionsparameter x_i stehen alle anderen Parameter fest und sind somit deterministisch. Es handelt sich bei den Kombinationen (x_1^*, x_2^*) um Bestandteil der teilspielperfekten Gleichgewichtsstrategie.[170] Alle vorherigen Entscheidungen sind gegeben.[171] Im Wesentlichen entspricht dieses Gleichgewicht dem Mengenwettbewerb im SPENCE-DIXIT-Modell, wo die Mengenentscheidung von einer Kapazitätsentscheidung in der ersten Stufe des Spiels abhängt.[172]

Anders verhält sich das Hedging-Modell jedoch bei Festlegung der Hedging-Entscheidung: Im Gegensatz zum SPENCE-DIXIT-Modell kommt hier die Festlegung der zufälligen Kostengröße ins Spiel. Geht man via Rückwärtsinduktion vor, muss im nächsten Schritt die zufällige Determinierung der Kostengröße Δc einbezogen werden. Entsprechend wird in $t = 0$ der Erwartungswert der verschiedenen Teilspielgleichgewichte betrachtet und

---

[169]Für eine weitere Erläuterung der Gleichgewichtslösungen siehe Anhang A.3.1.

[170]Vgl. zum teilspielperfekten Gleichgewicht als NASH-Gleichgewicht in mehrstufigen SpielenSHOHAM/LEYTON-BROWN, 2009, S. 117 ff. FUDENBERG/TIROLE, 1991, S. 69 ff. SELTEN, 1965.

[171]Dabei beinhaltet hier der Begriff „Entscheidung" auch die zufällige Determinierung der Kostengröße Δc.

[172]SPENCE, 1977, Vgl. DIXIT, 1979; PFÄHLER/WIESE, 1998, S. 163-176.

zur Ermittlung der optimalen Hedging-Strategie für den Zeitpunkt $t = 0$ genutzt. Im Modell für einseitiges Hedging besteht keine wechselseitige Abhängigkeit der Hedging-Entscheidung mit einer Entscheidung des Konkurrenten – zwar ist die Entscheidung zu hedgen von *strategischer* Bedeutung, die Bestimmung von h_1 allerdings erfolgt auf Basis einer einseitigen Erwartungswertmaximierung. So wird das in $t = 1$ ermittelte Gleichgewicht einbezogen und antizipiert.

5.6.2.2 Hedging-Strategie

Zum Zeitpunkt der Hedging-Entscheidung besteht Unsicherheit über die Entwicklung der variablen Kosten und damit über die Ausprägung von Δc. In der Betrachtung wird davon ausgegangen, dass mittels Hedging-Entscheidung der erwartete Gewinn zu maximieren ist. Die Maximierung bezieht die jeweilige NASH-Gleichgewichtslösung zum Zeitpunkt $t = 1$ mit ein. Der erwartete Gewinn ergibt sich in Abhängigkeit der Aktionswahl h_1 und ist das Ergebnis unterschiedlicher Hedging-Strategien.[173] Für den

---

[173] Grundsätzlich ergibt sich der erwartete Gewinn von Unternehmen 1 aufgrund der binären Gleichverteilung von Δc aus zwei möglichen Abschnitten der Gewinnfunktion. Es folgen theoretisch 3^2 mögliche Abschnitte der erwarteten Gewinnfunktion in Abhängigkeit von h_1. Aus den getroffenen Annahmen für die Parameter der Preisabsatz- und Gewinnfunktion sowie der Kostenänderungsgröße Δc verbleiben 5 Abschnitte. Drei der möglichen Kombinationen entfallen aufgrund $\Delta c_+ > 0, \Delta c_- < 0$; ein erwarteter Gewinn, der sich aus einer Kombination eines unwirksamen Hedging und eines Hedging einer größeren Menge als der Absatzmenge ergibt, also $\frac{a + c_H + |\Delta c|}{3b} \leq h_1 \leq \frac{a - c_H - |\Delta c|}{3b}$ ist aufgrund $0 < c_H$ nicht möglich.

erwarteten Gewinn gilt:

$E[\tilde{G}_1]$

$$= \begin{cases} \frac{1}{2}\left(\frac{(a+c_H+|\Delta c|)^2}{9b} + \frac{(a+c_H-|\Delta c|)^2}{9b}\right) \\ \qquad -c_H h_1, & \frac{a+c_H+|\Delta c|}{3b} \leq h_1 \\[2ex] \frac{1}{2}\left(\frac{h_1}{2}(a - c_H + |\Delta c| - bh_1)\right. \\ \qquad \left.+ \frac{(a+c_H+|\Delta c|)^2}{9b} - c_H h_1\right), & \frac{a+c_H-|\Delta c|}{3b} \leq h_1 \leq \frac{a+c_H+|\Delta c|}{3b} \\[2ex] \frac{1}{2}h_1(a - c_H - bh_1), & \frac{a-c_H+|\Delta c|}{3b} \leq h_1 \leq \frac{a+c_H-|\Delta c|}{3b} \\[2ex] \frac{1}{2}\left(h_1 \frac{a-c_H+|\Delta c|-bh_1}{2}\right. \\ \qquad \left.+ \frac{(a-c_H+|\Delta c|)^2}{9b} - |\Delta c|h_1\right), & \frac{a-c_H-|\Delta c|}{3b} \leq h_1 \leq \frac{a-c_H+|\Delta c|}{3b} \\[2ex] \frac{(a-c_H)^2+\Delta c^2}{9b}, & h_1 \leq \frac{a-c_H-|\Delta c|}{3b}. \end{cases}$$

(5.4)

Auffällig ist, dass die vermeintliche Unsicherheitsreduktion in Form des Kosten-Hedgings nur in bestimmten Fällen eine Verringerung der Volatilität des Gewinns bewirkt; nämlich immer dann, wenn die Hedgingmenge für beide Umweltzustände der abgesetzten Menge entspricht. Für die anderen Fälle mit wirksamer Hedgingmenge[174] hängt die Auswirkung auf die Volatilität des Gewinns von der Parameterkonstellation ab: Entspricht das Hedging nur in einem von zwei Umweltzuständen dem Absatz, ergibt sich aus der Absicherungsmaßnahme in Bezug auf die Kosten eine

---

[174]Da zum Zeitpunkt der Hedging-Entscheidung Unsicherheit über die Ausprägung der Kostengröße Δc besteht, wird unter einer wirksamen Hedgingmenge eine Menge h_i verstanden, die in mindestens einem der beiden möglichen Umweltzustände die Absatzmenge x_i überschreitet. Die Wirksamkeitsgrenze entspricht damit $h_1 > \frac{a-c_H-|\Delta c|}{3b}$.

strategische Unsicherheit, die aus der Sprungstelle der Gewinnfunktion resultiert.[175]

Zwar ist die genaue Lokalisierung des globalen Optimums in Abhängigkeit von der Parameterkonstellation auf dieser Basis möglich, scheint aber vor dem Hintergrund des Modellaufbaus und der Zielsetzung der Arbeit nicht angezeigt.[176] Als eine der grundsätzlich wichtigsten Fragestellungen im Rahmen der Arbeit gilt es, zu untersuchen, ob eine wirksame Hedgingmenge $h_1 > \frac{a - c_H - |\Delta c|}{3b}$ stets einen größeren erwarteten Gewinn nach sich zieht, als im Fall ohne wirksames Hedging. Vor diesem Hintergrund wird gezeigt:

Aussage 1 *Bei einseitiger Möglichkeit zu hedgen existiert mindestens eine wirksame Hedgingmenge, die einen höheren erwarteten Gewinn nach sich zieht als ohne wirksames Hedging.*

Zur Untersuchung der Aussage wird der erwartete Gewinn einer Hedging-Strategie betrachtet, wenn die Hedgingmenge die Grenze der Effektivität $h_1 > \frac{a - c_H - |\Delta c|}{3b}$ überschritten hat und mit dem erwarteten Gewinn im Abschnitt ohne wirksames Hedging verglichen. Existiert eine wirksame Hedging-Strategie, die für jede Parameterkonstellation einen höheren erwarteten Gewinn ergibt als ohne Hedging, ist Aussage 1 gültig. Es wird die wirksame Hegdingstrategie definiert mit:

$$
h_1^H = \begin{cases} \frac{a - c_H - |\Delta c|}{2b}, & c_H + |\Delta c| < a \leq c_H + 5|\Delta c| \\[2mm] \frac{a - c_H + |\Delta c|}{3b}, & c_H + 5|\Delta c| < a \end{cases}
$$

---

[175]Wird das Kostenhedging also mit der Zielsetzung der Absicherung des Gewinns durchgeführt, so kommt lediglich eine Hedgingmenge aus dem mittleren Intervallbereich in Frage.

[176]So bietet sich die Annahmenkonstellation des Modells weniger für die Herleitung einer konkreten Gleichgewichtslösung bezüglich einer Hedgingmenge an, als vielmehr für die Herleitung allgemeinerer Zusammenhänge zu strategischen Anreizen des Kostenhedgings. Lediglich auf lokale Optima wird zur einfacheren Handhabung der allgemeinen Zusammenhänge zunächst zurückgegriffen. Die Ermittlung der lokal optimalen Hedgingmenge erfolgt im Anhang in Abschnitt A.4.1.

Diese Hedgingmenge ergibt sich als lokales Optimum des ersten Abschnitts der Funktion des erwarteten Gewinns.[177] Bei einem Vergleich der relativen Vorteilhaftigkeit muss $E[\tilde{G}_1(h_1^H)]$ dem Funktionswert $E[\tilde{G}_1(h_1^{oH})]$ mit einer Hedgingmenge $h_1^{oH} \leq \frac{a - c_H - |\Delta c|}{3b}$ gegenübergestellt werden:[178]

$$E[\tilde{G}_1(h_1^H)] - E[\tilde{G}_1(h_1^{oH})]$$

$$= \begin{cases} \frac{(-a + c_H + |\Delta c|)^2}{144b}, & c_H + |\Delta c| < a \leq c_H + 5|\Delta c| \\ \frac{|\Delta c|(a - c_H - |\Delta c|)}{18b} - \frac{\Delta c^2}{9b}, & c_H + 5|\Delta c| < a \end{cases}$$

$$> 0 \qquad \text{q.e.d.}$$

Für beide Fälle der betrachteten Hedgingmenge h_1^H ist der erwartete Gewinn $E[\tilde{G}_1(h_1^H)] > E[\tilde{G}_1(h_1^{oH})]$, womit Aussage 1 bestätigt werden kann.

5.6.2.3 Vergleich des Hedging mit dem Nicht-Hedging

Die optimale Hedging-Strategie hängt schon in der stark vereinfachenden Form der gewählten Modellierung von der Ausprägung der verschiedenen Modellparameter ab. Deshalb soll ein allgemeiner Vergleich einer wirksamen Hedging-Strategie mit einem Nicht-Hedging angestellt werden. Bei diesem Vergleich hängt die Vorteilhaftigkeit der wirksamen

---

[177]Vgl. zur Ermittlung der lokalen Optima Abschnitt A.4.1 im Anhang. Im ersten Abschnitt der erwarteten Gewinnfunktion, in dem die Hedgingmenge wirksam wird, gibt es zwei Möglichkeiten für die Parameterkonstellation eines lokalen Extremwerts. Entweder liegt die lokal optimale Hedgingmenge h_1^H nach der Bedingung erster Ordnung innerhalb des begrenzenden Intervalls für die Gültigkeit des lokalen Optimums und bestimmt so den erwarteten Gewinn, oder die obere Schranke bestimmt – aufgrund der quadratischen Gestalt der Gewinnfunktion – als limitierender Punkt des Abschnitts so einen lokalen Extremwert. Eine Untersuchung der unteren Schranke $h_1 = \frac{a - c_H - |\Delta c|}{3b}$ ist aufgrund der Gleichheit mit dem Funktionsabschnitt ohne Hedging nicht notwendig.

[178]Siehe Gleichung (A.3) im Anhang A.4.2.1 für einen ausführlicheren Vergleich.

Hedging-Strategie entsprechend nicht in erster Linie von der Auswahl der Hedgingmenge h_1 ab, vielmehr wird untersucht, in welchen Konstellationen der Preis- und Kostenparameter ein wirksames Hedging einem unwirksamen Hedging vorzuziehen ist.

Aussage 2 *Unabhängig von der genauen Spezifikation der Hedgingmenge ist bei einseitiger Möglichkeit zu hedgen ein wirksames Hedging für bestimmte Parameterkonstellationen aus Prohibitivpreis und variablen Kosten vorteilhaft, sofern die Hedgingmenge eine gewisse Größe nicht überschreitet.*

Es gilt dementsprechend zu ermitteln, wann der erwartete Gewinn einer wirksamen Hedging-Strategie $E[\tilde{G}_1|H]$ den erwarteten Gewinn ohne wirksames Hedging $E[\tilde{G}_1|oH]$ übertrifft. Dazu wird der erwartete Gewinn $E[\tilde{G}_1|H]$ unter Einbezug einer wirksamen Hedgingmenge $\frac{a-c_H-|\Delta c|}{3b} < h_1^H$ verglichen mit dem erwarteten Gewinn $E[\tilde{G}_1|oH]$ unter Einbezug einer Hedgingmenge $h_1^{oH} \leq \frac{a-c_H-|\Delta c|}{3b}$. Im Ergebnis existiert ein minimaler Prohibitivpreis $a > 3(c_H + |\Delta c|)$ für den unter Einbezug der Nonnegativitätsbedingungen der anderen Parameter gilt, dass ein wirksames Hedging bis zu einer bestimmten Grenze stets einen größeren erwarteten Gewinn nach sich zieht als ein unwirksames Hedging:[179]

$$E[\tilde{G}_1|H] - E[\tilde{G}_1|oH] > 0, \tag{5.5}$$

$$\text{für} \quad a > 3(c_H + |\Delta c|), \quad \frac{a-c_H-|\Delta c|}{3b} < h_1^H < \frac{4a}{9b}.$$

Somit kann das Ergebnis aus dem voranstehenden Abschnitt ergänzt werden: Nicht nur ist eine bestimmte Hedging-Strategie[180] einem Nicht-Hedging vorzuziehen. Überschreitet der Prohibitivpreis außerdem einen bestimmten Wert, $a > 3(c_H + |\Delta c|)$, wirkt sich jede Hedgingmenge

---

[179]Vgl. Gleichung (A.4) für eine Betrachtung der Fallunterscheidung der verschiedenen Strategievarianten.

[180]Vgl. der voranstehende Abschnitt 5.6.2.2.

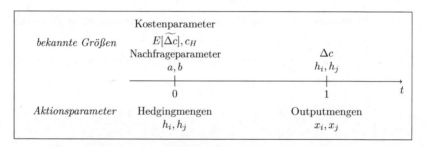

Abbildung 5.6: Zeitliche Abfolge von Information und Aktionen bei beidseitigem Hedging

$\frac{a-c_H-|\Delta c|}{3b} < h_1^H < \frac{4a}{9b}$ positiv auf den erwarteten Gewinn aus. Aussage 2 ist also gültig.[181] Zusätzlich ist $h_1^H = \frac{a+c_H+|\Delta c|}{3b}$ als obere Grenze für ein sinnvolles Hedging zu beachten: Jede Hedgingmenge, die diese Grenze überschreitet, vermindert den erwarteten Gewinn, weil die Absatzmenge in jedem Fall geringer ist als die gehedgte Menge.

Dieses Ergebnis ist bedeutsam und für die vorliegende Arbeit zentral: Kann ein Unternehmen seine variablen Produktionskosten hedgen und seine direkten Konkurrenten verfügen nicht gleichermaßen über diese Möglichkeit, so ist dies ein strategischer Vorteil im Produktmarktwettbewerb, der den erwarteten Gewinn erhöht. Ein solcher strategischer Effekt kann nicht über eine Finanzmarkttransaktion von Anteilseignern, der einer reinen Risikoreduktion dient, dupliziert werden. Nicht nur wird durch ein strategisches Hedging der Risikogehalt des erwarteten Gewinns verändert; es ändert sich außerdem der erwartete Gewinn selbst.

5.6.3 Beidseitiges Kosten-Hedging im Duopol

Im nächsten Schritt soll betrachtet werden, wie sich das Verhalten der Unternehmen verändert, wenn beide die Möglichkeit haben, ihre Kosten

---

[181]Vgl. auch Anhang A.4.2.2 für eine Darstellung des Mathematica-Codes zur Ermittlung dieses Ergebnisses.

bereits vor Entscheidung über die Output-Menge festzulegen. In der ersten Stufe $t = 0$ haben dementsprechend beide Unternehmen die Möglichkeit, über Forward-Verträge simultan die Menge h_i bzw. h_j an Input zum Stückpreis von c_H zu erwerben.[182] Die zeitliche Abfolge von Informationen und Aktionen kann auch Abbildung 5.6 entnommen werden. Eine nachträgliche Veräußerung des erworbenen Materials ist nicht möglich. In der zweiten Stufe wird eventuell zusätzlich benötigter Input zur Erstellung der Absatzmenge x_i zum Preis $c_H + \Delta c$ erworben. Von weiteren variablen Stückkosten wird abstrahiert. Damit ergibt sich folgende Kostenfunktion für beide Unternehmen:

$$K_i(x_i, h_i) = \begin{cases} h_i c_H, & x_i \leq h_i \\ h_i c_H + (x_i - h_i)(c_H + \Delta c), & h_i \leq x_i \end{cases}$$

Bei linearer Preis-Absatzfunktion ergibt sich für den Gewinn der beiden Unternehmen jeweils:

$$G_i(x_i, x_j, h_i) = \begin{cases} (a - b(x_i + x_j))x_i - h_i c_H, & x_i \leq h_i \\ (a - b(x_i + x_j))x_i - x_i(c_H + \Delta c) + h_i \Delta c, & h_i \leq x_i \end{cases}$$

Für den Prohibitivpreis a und die Steigung der Preis-Absatzfunktion b gilt weiterhin, dass $a > c_H + |\Delta c|$; $b > 0$.[183]

5.6.3.1 Gleichgewicht im Mengenwettbewerb

Um die Gleichgewichtsstrategien der beiden Wettbewerber zu ermitteln, wird erneut der simultane Mengenwettbewerb in der zweiten Stufe betrachtet. Beide Unternehmen maximieren ihren Gewinn und gelangen so zu

---

[182]Die Indexierung erfolgt aufgrund der symmetrischen Kosten- und Gewinnfunktionen und der resultierenden symmetrischen Ergebnisse mittels $i, j = 1, 2$ mit $i \neq j$.
[183]Vgl. Abschnitt 5.6.2.

198   5 *Monopoleffekte des Risikomanagements*

ihrer optimalen Produktionsmenge. Das Entscheidungsproblem der Unternehmen ist dasselbe wie im Cournot-Modell[184] und ergibt sich über die Reaktionsfunktionen der beiden Unternehmen.[185] Es gilt:

$$x_i^* = \operatorname*{argmax}_{x_i} \left(G_i \left(x_i, x_j, h_i \right) \right).$$

Die Ermittlung der Gleichgewichtslösung in Abhängigkeit von den vorab gehedgten Mengen h_i, h_j erfolgt grafisch über die Schnittstelle der Reaktionsfunktionen bzw. der Schnittstellenverbindungsgeraden; vgl. dafür Abbildung 5.7. Hier entspricht c den Gesamtkosten in $t = 1$, also $c = c_H + \Delta c$. Die stückweise definierten Reaktionsfunktionen ergeben sich als:

$$x_i^R = \frac{a}{2b} - \frac{1}{2} x_j, \qquad\qquad x_i \leq h_i,$$

$$x_i^R = \frac{a - (c_H + \Delta c)}{2b} - \frac{1}{2} x_j, \quad x_i > h_i.$$

Die Reaktionsfunktion der beiden Konkurrenten ist jeweils davon abhängig, in welcher Höhe in $t = 0$ der Hedging-Parameter h_i festgelegt wurde und in welcher Höhe eine Kostenänderung Δc eintritt. Abhängig von diesen Größen resultiert in $t = 1$ das teilspielperfekte Gleichgewicht aus Abbildung 5.7.[186]

Unterscheidet man die Kombinationsmöglichkeiten verschiedener Hedging Strategien der Wettbewerber, gelangt man zu folgenden Ergebnissen in Abhängigkeit von der vorangegangenen Hedging-Strategie (h_i, h_j) und der Abweichung der variablen Kostengröße von der Prognose zum Zeitpunkt der Hedging-Entscheidung Δc:

[184]Vgl. PFÄHLER/WIESE, 2008, S. 137 ff.
[185]Vgl. für eine parallele Vorgehensweise PFÄHLER/WIESE, 1998, S. 171 ff.
[186]Für eine weitere Interpretation der Gleichgewichtsmengen siehe Anhang A.3.2.

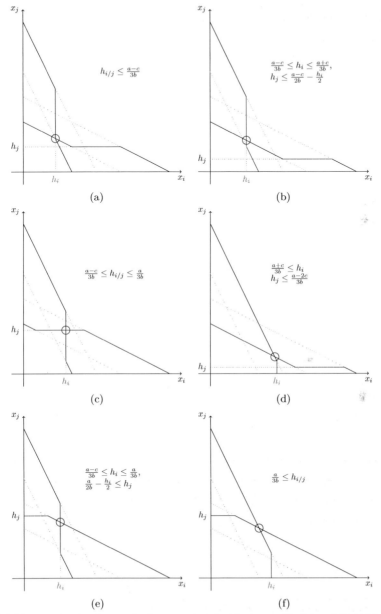

Abbildung 5.7: Reaktionsfunktionen bei beidseitiger Hedging-Möglichkeit; $c = c_H + \Delta c$

$$
(x_i^*, x_j^*) = \begin{cases}
\left(\frac{a-(c_H+\Delta c)}{3b}, \frac{a-(c_H+\Delta c)}{3b}\right), & h_{i/j} \leq \frac{a-(c_H+\Delta c)}{3b} & (5.6a) \\[2ex]
\left(h_i, \frac{a-(c_H+\Delta c)}{2b} - \frac{h_i}{2}\right), & \begin{array}{l} \frac{a-(c_H+\Delta c)}{3b} \leq h_i \leq \frac{a+c_H+\Delta c}{3b}, \\ h_j \leq \frac{a-(c_H+\Delta c)}{2b} - \frac{h_i}{2} \end{array} & (5.6b) \\[3ex]
(h_i, h_j), & \frac{a-(c_H+\Delta c)}{3b} \leq h_{i/j} \leq \frac{a}{3b} & (5.6c) \\[2ex]
\left(\frac{a+c_H+\Delta c}{3b}, \frac{a-2(c_H+\Delta c)}{3b}\right), & \begin{array}{l} \frac{a+c_H+\Delta c}{3b} \leq h_i, \\ h_j \leq \frac{a-2(c_H+\Delta c)}{3b} \end{array} & (5.6d) \\[3ex]
\left(h_i, \frac{a}{2b} - \frac{h_i}{2}\right), & \begin{array}{l} \frac{a-(c_H+\Delta c)}{3b} \leq h_i \leq \frac{a}{3b}, \\ \frac{a}{2b} - \frac{h_i}{2} \leq h_j \end{array} & (5.6e) \\[3ex]
\left(\frac{a}{3b}, \frac{a}{3b}\right), & \frac{a}{3b} \leq h_{i/j}. & (5.6f)
\end{cases}
$$

Bei der beidseitigen Möglichkeit zu hedgen ergeben sich drei symmetrische teilspielperfekte Gleichgewichtsmengen bei unterschiedlichen Hedging Strategien.

5.6.3.2 Hedging-Entscheidung

Das Hedging-Gleichgewicht bestimmt sich theoretisch aus $6^2 = 36$ möglichen Abschnitten der erwarteten Gewinnfunktion in Abhängigkeit von der Aktionswahl der Hedgingmengen h_i, h_j und von deren simultaner Optimierung für beide Unternehmen. Vorteilhaft scheint deshalb, auf die im voranstehenden Abschnitt 5.6.2 zum einseitigen Hedging gezogenen Schlussfolgerungen aufzubauen und ausgewählte Hedging-Strategien zu vergleichen.[187]

---

[187]Es wären die jeweiligen lokalen Optima sowie die Sprungstellen der erwarteten Gewinnfunktion zu vergleichen. Dies scheint vor dem Hintergrund des Charakters der Modellierung wenig zielführend: Es geht weniger um die genaue Spezifizierung der optimalen bzw. gleichgewichtigen Hedging-Strategie, sondern vielmehr darum, zu untersuchen, ob es einen generellen Effekt auf den erwarteten Gewinn gibt, wenn Unternehmen aus strategischen Gründen hedgen.

Aufgrund der symmetrischen Eigenschaften sowie der symmetrischen Strategieoptionen der Unternehmen werden beide eine symmetrische Hedgingmenge wählen. Ein potentieller Vorteil durch einseitiges Abweichen von einer symmetrischen Strategie kann nicht realisiert werden.

Diejenige Strategiekombination ist die Gleichgewichtsstrategie, bei der keines der beiden Unternehmen durch einseitiges Abweichen einen Vorteil generieren kann.[188] So wird an die vorhergehenden Abschnitte angeknüpft, in denen einseitig vorteilhafte Hedging-Strategien betrachtet wurden. Wird nun als Startpunkt der Betrachtung gewählt, dass beide Unternehmen zunächst nicht hedgen, so kann das Unternehmen i, das einseitig von dieser symmetrischen Strategie abweicht, für sich einen Vorteil generieren und ein höherer erwarteter Gewinn $E[\tilde{G}_i]$ resultiert. Da nun aber auch das Unternehmen j über die Möglichkeit des Hedging verfügt, kann dieses einseitige Hedging keine Gleichgewichtsstrategie sein.[189]

Aus der Dominanz einer wirksamen Hedging-Strategie gegenüber einem Nicht-Hedging, bzw. einem unwirksamen Hedging, folgt, dass das Gleichgewicht im Mengenwettbewerb (5.6a) keiner gleichgewichtigen Hedging-Strategie entspringen kann. Für $h_i \leq \frac{a-(c_H+\Delta c)}{3b}$ könnte sich Unternehmen j einen Vorteil durch eine höhere Hedgingmenge verschaffen.

Im Folgenden soll der erwartete Gewinn der beiden Unternehmen für drei verschiedene wirksame Hedging-Strategien untersucht werden. Diese ergeben sich aus der Evaluation der Ergebnisse aus den Abschnitten 5.6.2.2 und 5.6.2.3, sowie aus der Betrachtung der gleichgewichtigen Absatzstrate-

---

[188]Vgl. Begriff des NASH-Gleichgewichts, 1950.

[189]Vgl. NASH, 1950, S. 49, der die Gleichgewichtsstrategie dadurch definiert, dass keiner der Akteuer durch einseitiges Abweichen von dieser einen Vorteil für sich generieren kann.

gie aus Gleichung (5.6a)-(5.6f). Zur Vereinfachung sei $a \geq 3(c_H + |\Delta c|)$,[190] die restlichen Nebenbedingungen bleiben erhalten. Die Hedgingmenge sei zu wählen aus der Hedging-Strategiemenge:

$$H_i = \{h_{i1}, h_{i2}, h_{i3}\}$$

$$= \left\{ \frac{a - c_H + |\Delta c|}{3b}, \frac{a}{3b}, \frac{a + c_H + |\Delta c|}{3b} \right\}$$

Dabei spiegelt $h_{i1} = \frac{a - c_H + |\Delta c|}{3b}$ bei einseitigem Hedging eine Hedging-Strategie wider, die in jedem Falle die Absatzmenge abdeckt und eine vollständige Elimination der Unsicherheit des Gewinns nach sich zieht. Die Hedging-Strategie $h_{i3} = \frac{a + c_H + |\Delta c|}{3b}$ ist bei einseitigem Hedging die höchstmögliche sinnvolle Hedgingmenge: Ein Hedging darüber hinaus wirkt sich nur noch negativ auf den erwarteten Gewinn aus. Schließlich ergibt sich $h_{i2} = \frac{a}{3b}$ aus der Betrachtung der gleichgewichtigen Output-strategie bei beidseitigem Hedging aus Gleichung (5.6f): ein Hedging, das bei beidseitiger Hedgingmöglichkeit darüber hinausgeht, hat keinen Effekt auf das Gleichgewicht am Absatzmarkt; vorausgesetzt, dass beide Unternehmen wirksam hedgen.

Aus den drei Strategieoptionen ergeben sich neun Kombinationsmöglichkeiten, für die sich der erwartete Gewinn des jeweiligen Unternehmens $E[\tilde{G}_i]$ in Abhängigkeit von der eigenen Strategiewahl sowie der Strategiewahl des Konkurrenten ermitteln lässt.[191] Der erwartete Gewinn beider Unternehmen wird in Tabelle 5.2 in Normalform dargestellt.

Aus Tabelle 5.2 ist ersichtlich, dass es sich bei $h_{i1} = h_{j1} = \frac{a - c_H + |\Delta c|}{3b}$ um die gleichgewichtige Hedging-Strategie handelt. Ein einseitiges Abweichen von dieser Strategie verschafft dem jeweils abweichenden Un-

---

[190] Aus dieser Beschränkung folgt, dass jede der spezifizierten Hedging-Strategien bei einseitigem Hedging vorteilhaft ist.

[191] Vgl. für die Fallunterscheidung (A.5a)-(A.5i) im Anhang A.4.3.

ternehmen einen geringeren erwarteten Gewinn und ist deshalb nachteilig.[192]

Dieses Ergebnis zeigt, dass bei beidseitiger Möglichkeit zu hedgen zwar die strategische Notwendigkeit besteht, eine wirksame Hedgingmenge zu wählen. Allerdings verschafft ein solches beidseitiges Hedging den Unternehmen keinen Vorteil – im Gegensatz zu einer einseitigen Möglichkeit zu hedgen. Der erwartete Gewinn der gleichgewichtigen Hedging-Strategie aus Tabelle 5.2 ist kleiner als der erwartete Gewinn, wenn beide Unternehmen nicht hedgen:

$$E[\tilde{G}_i(h_{i0}, h_{j0})] = \frac{(a - c_H)^2 + \Delta c^2}{9b}$$

$$> E[\tilde{G}_i(h_{i1}, h_{j1})] = \frac{(a - c_H - 2|\Delta c|)(a - c_H + |\Delta c|)}{9b},$$

wobei $h_{i0} = h_{j0} = 0$ einem Nicht-Hedging entspricht.

Dennoch werden beide Unternehmen sich für ein Hedging entscheiden, weil ansonsten der jeweilige Gegenspieler einen Vorteil erlangen könnte. Das strategische Hedging-Gleichgewicht bei beidseitiger Hedgingmöglichkeit entspricht hierbei einer Absicherung des Gewinns.

Zwar gilt die Spezifikation der gleichgewichtigen Hedging-Strategie nur im betrachteten Fall. Dennoch lässt sich für die allgemeine Betrachtung einer beidseitigen Hedging-Möglichkeit ebenfalls der beschriebene Effekt für die beiden Wettbewerber herleiten: Da der Anreiz besteht, eine wirksame Hedgingmenge zu wählen, werden beide Unternehmen dies tun. Wie sich dieses wirksame Hedging auf den erwarteten Gewinn auswirkt, hängt dabei von den jeweiligen Marktkonstellationen ab.

---

[192]Für den Vergleich der erwarteten Gewinne für die verschiedenen Strategiekombinationen vgl. Anhang A.4.3.

Tabelle 5.2: Erwarteter Gewinn der Unternehmen i, j ($E[\tilde{G}_i], E[\tilde{G}_j]$) in Abhängigkeit von der Strategiewahl aus H_i/H_j; Die Markierung kennzeichnet die Gleichgewichtsstrategie.

Hedging-strategie $h_i \backslash h_j$	$\dfrac{a-c_H+\|\Delta c\|}{3b}$	$\dfrac{a}{3b}$	$\dfrac{a+c_H+\|\Delta c\|}{3b}$
$\dfrac{a-c_H+\|\Delta c\|}{3b}$	$\left(\dfrac{(a-c_H-2\|\Delta c\|)(a-c_H+\|\Delta c\|)}{9b},\ \dfrac{(a-c_H-2\|\Delta c\|)(a-c_H+\|\Delta c\|)}{9b}\right)$	$\left(\dfrac{(a-2c_H-\|\Delta c\|)(a-c_H+\|\Delta c\|)}{9b},\ \dfrac{a(a-2c_H-\|\Delta c\|)}{9b}\right)$	$\left(\dfrac{(2a-5c_H-\|\Delta c\|)(a-c_H+\|\Delta c\|)}{18b},\ \dfrac{(2a-\|\Delta c\|)^2-c_H(8a+11c_H+14\|\Delta c\|)}{36b}\right)$
$\dfrac{a}{3b}$	$\left(\dfrac{a(a-2c_H-\|\Delta c\|)}{9b},\ \dfrac{(a-2c_H-\|\Delta c\|)(a-c_H+\|\Delta c\|)}{9b}\right)$	$\left(\dfrac{a(a-3c_H)}{9b},\ \dfrac{a(a-3c_H)}{9b}\right)$	$\left(\dfrac{a(a-3c_H)}{9b},\ \dfrac{a(a-3c_H)}{9b}\right)$
$\dfrac{a+c_H+\|\Delta c\|}{3b}$	$\left(\dfrac{(2a-\|\Delta c\|)^2-c_H(8a+11c_H+14\|\Delta c\|)}{36b},\ \dfrac{(2a-5c_H-\|\Delta c\|)(a-c_H+\|\Delta c\|)}{18b}\right)$	$\left(\dfrac{a^2-3c_H(a-c_H-\|\Delta c\|)}{9b},\ \dfrac{a(a-3c_H)}{9b}\right)$	$\left(\dfrac{a^2-3c_H(a-c_H-\|\Delta c\|)}{9b},\ \dfrac{a^2-3c_H(a-c_H-\|\Delta c\|)}{9b}\right)$

5.6.3.3 Implikationen der Ergebnisse und Einordnung in bestehende Forschung

Im vorgestellten homogenen Duopol-Modell wird ersichtlich, dass es in Produktmärkten mit unvollständigem Wettbewerb den strategischen Anreiz gibt, zu hedgen. Von der Hedging-Entscheidung wird nicht nur der Risikogehalt des erwarteten Gewinns beeinflusst, sondern ebenfalls der erwartete Gewinn selbst. Damit ist eine Wertrelevanz des Risikomanagements aus strategischer Perspektive prinzipiell gegeben. Bei einer einseitigen Hedging-Möglichkeit kann durch Hedging ein Wettbewerbsvorteil erzielt werden. Dieser Vorteil ist bei beidseitiger Möglichkeit zu hedgen nicht gegeben. Obwohl sich allerdings das Hedging in den betrachteten Fällen negativ auf den erwarteten Gewinn beider Konkurrenten auswirkt, ist es aus strategischer Perspektive zwingend.

Setzt man die Ergebnisse in Bezug zu der vorgestellten IO-Forschung, so lassen sich diese einerseits gut in bestehende Resultate einordnen, andererseits besteht die Möglichkeit zur Kombination verschiedener Ansätze: Trotz abweichender Herangehensweise von ALLAZ (1992) und ALLAZ/ VILA (1993) bei Einbezug der Wirkung des Risikos auf das Ergebnis[193], stellen sich vergleichbare Ergebnisse ein: Risikomanagement ist strategisch notwendig, führt aber im Duopol zu einer Förderung des Wettbewerbs und somit einer Verschlechterung des Ergebnisses für die einzelnen Unternehmen.

Das Ergebnis ist insofern ebenfalls vergleichbar mit BRANDER/LEWIS (1986, 1988), deren Ergebnisse eine erhöhte Fremdkapitalquote mit einer aggressiveren Output-Strategie in Verbindung bringen. Wird nun Risikomanagement einerseits als Möglichkeit der Abschwächung der strategischen Effekte der Fremdfinanzierung gesehen und es wird andererseits

---

[193]Im Vergleich zu einem einfachen Nachfrageschock in ALLAZ, 1992; ALLAZ/VILA, 1993.

aber einbezogen, dass es bei alleiniger Betrachtung des Risikomanagements ebenfalls zu einer Wettbewerbsbeschleunigung kommt, so wäre eine Modellierung der gemeinsamen Effekte der Fremdfinanzierung und des Risikomanagements im Wettbewerb von Interesse für zukünftige Forschung.

5.7 Zwischenfazit: Monopoleffekte des Risikomanagements

Im vorliegenden Kapitel wurde darauf eingegangen, inwiefern Risikomanagement sich im Rahmen des Wettbewerbs auf Produktmärkten mit unvollständigem Wettbewerb auswirken kann und Werteffekte nach sich zieht. Diese Effekte wurden im Rahmen der Arbeit als Monopoleffekte bezeichnet. Sowohl die vorgestellte Literatur als auch eine Modellierung für den Duopol-Fall führen zu der Schlussfolgerung, dass Hedging Folgen für die Marktstellung des Unternehmens hat und somit prinzipiell wertrelevant ist. Ob sich die Hedging-Möglichkeit allerdings ergebniserhöhend und damit werterhöhend für das einzelne Unternehmen auswirkt, hängt vor allem davon ab, ob allen Konkurrenten der Zugang zu Hedging-Möglichkeiten offensteht.

Im Wesentlichen kann Hedging in diesem Rahmen nur dann für ein einzelnes Unternehmen von Vorteil sein, wenn dieses die alleinige Möglichkeit hat, das Instrument zu nutzen. Denkbar ist in diesem Sinne ein Risikomanagement, das etwa eine Integration der vorgelagerten Produktionsstufe beinhaltet, oder andere Maßnahmen, die Konkurrenten nicht gleichermaßen umsetzen können.[194]

---

[194]ARROW, 1975, zeigt, dass vertikale Integration von Vorteil für nachgelagerte Stufen der Wertschöpfungskette ist. Ein Terminmarkt kann diesen Vorteil nur teilweise ersetzen. Hier besteht der Vorteil allerdings vor allem in der gewonnenen Information, nicht in der Absicherung.

Tabelle 5.3: Monopoleffekte des Risikomanagements - Übersicht

STRATEGISCHER EFFEKT	EFFEKT DES RISIKOMANAGEMENTS
Insolvenz & Financial Distress	
direkte Insolvenzkosten beschränkte Haftung durch Fremdfinanzierung **Koordinationsprobleme**	eliminiert strategischen Effekt aus Fremdfinanzierung und Insolvenzkosten: ↑ *Unternehmenswert*
Finanzierung & Investition	Absicherung Investitionsniveau
Markteintritt & Eintrittsabschreckung	ohne Offenlegung des Hedging: Eintrittsabschreckung; Absicherung Cashflow mit Offenlegung: erhöht Informativität Ergebnis: Anreiz für Markteintritt
Hedging als Commitment	
Preishedging im Oligopol	↓ *Cashflow*
einseitiges Kostenhedging im Duopol	↑ *Cashflow*
beidseitiges Kostenhedging im Duopol	↓ *Cashflow*

Forward-Märkte, an denen alle Unternehmen handeln können, wirken sich wettbewerbsfördernd aus und vermindern entsprechend die Summe der Unternehmensgewinne an einem Markt. Es profitieren die Konsumenten, die größere Mengen zu geringeren Preisen erwerben können. Die strategische Notwendigkeit zu hedgen ergibt sich dennoch und lässt sich an vielen Märkten in der Realität erahnen.[195]

Wird als Ausgangspunkt eine strategische Betrachtung der Fremdfinanzierung gewählt, kann ein Risikomanagement potentiell den aus der Fremdfinanzierung resultierenden aggressiveren Wettbewerb abschwächen: Es wirkt sich auf diesem Wege positiv auf den Unternehmenswert aus. In Tabelle 5.3 werden die strategischen Effekte des Risikomanagements, die in diesem Kapitel gesammelt wurden, noch einmal als Übersicht zusammengefasst. Anhand der Übersicht wird deutlich, dass sich ein Hedging

---

[195]Etwa in der Airline-Industrie ist auffällig, dass ein großer Prozentsatz der Unternehmen Hedging-Möglichkeiten nutzt. Vgl. etwa CARTER/ROGERS/SIMKINS, 2006a, S. 21 f.; 2006b, S. 54 f. Beide Artikel untersuchen den Zusammenhang des Hedging in der Airline-Industrie mit dem Börsenwert der Unternehmen empirisch. Als Motivation für Hedging werden Argumente aus Kapitel 4 genannt; vgl. CARTER/ROGERS/SIMKINS, 2006a,b. Auf Arbeiten mit industrieökonomischem Fokus bezieht sich CARTER/ROGERS/SIMKINS, 2006b, auf S. 59, allerdings lediglich zur Erklärung heterogener Hedging-Quoten.

im Produktmarktwettbewerb negativ auf das Ergebnis des einzelnen Unternehmens auswirken kann. Ein solcher Effekt ist relevant für den Unternehmenswert.

Der strategische Effekt des Risikomanagements kann zusätzlich in Verbindung zu Kapitel 4 betrachtet werden: Hier wurde im Zwischenfazit der Schluss gezogen, dass vor allem ein glaubwürdiges Commitment, Hedging-Maßnahmen zu ergreifen, ausschlaggebend dafür ist, ob Effizienzverluste abgebaut werden können. Die vorliegende Analyse des Risikomanagements im Wettbewerb zeigt, dass oftmals die strategische Notwendigkeit für ein Hedging besteht. Eine solche Notwendigkeit macht die Selbstverpflichtung von Unternehmen, Hedgingmaßnahmen durchzuführen, glaubwürdig. Diese Glaubwürdigkeit kann sich positiv auf die Entstehung von Effizienzeffekten des Risikomanagements auswirken. Abbildung 5.8 zeigt noch einmal zusammenfassend auf, in welchen Wettbewerbssituationen für das Risikomanagement im vorliegenden Kapitel eine strategische Wirkung festgestellt werden konnte, die ergebnisrelevant ist und damit einen Monopoleffekt darstellt. Besteht die strategische Notwendigkeit zu hedgen kann dies förderlich für die Entstehung von Effizienzeffekten sein.

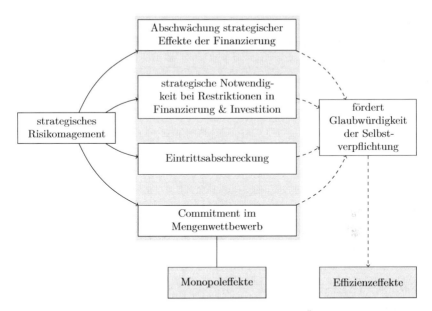

Abbildung 5.8: Monopoleffekte des Risikomanagements – Übersicht & Beziehung zu Effizienzeffekten

6 Zusammenfassung und Schlussbetrachtung

Das Ziel der Arbeit bestand darin, die Wertrelevanz des Risikomanagements zu untersuchen. Die neoklassische Kapitalmarkttheorie, die in der wertorientierten Unternehmensführung die Grundlage zur Ableitung von Kapitalkostensätzen als Wertmaßstab bildet, diente als Ausgangspunkt der Analyse. Welchen Einfluss das Risikomanagement auf die Beziehungen des Unternehmens zu seinen Stakeholdern und seinen Wettbewerbern haben kann, wurde anschließend aus Sicht der Neuen Institutionenökonomik und der Industrieökonomik analysiert. Diese Beziehungen sind maßgeblich für den zu bewertenden Erfolg des Unternehmens und damit maßgeblich für den Unternehmenswert.

Es wurde gezeigt, dass Risikomanagement sowohl aus neoinstitutionalistischer als auch aus industrieökonomischer Perspektive Auswirkungen auf die Komponenten des Unternehmenswertkalküls haben kann, die nicht zwangsweise an anderer Stelle des Kalküls kompensiert werden. Diese Effekte wurden als Effizienzeffekte bezeichnet, insofern sie aus neoinstitutionalistischen Überlegungen resultieren, und als Monopoleffekte, insofern sie aus einer veränderten Marktposition des Unternehmens relativ zu seinen Konkurrenten heraus zustande kommen und aus industrieökonomischer Sicht analysiert wurden.

Aus neoinstitutionalistischer Perspektive konnte gezeigt werden, dass eine Begrenzung des Unternehmensrisikos durch ein betriebliches Risikomanagement einen positiven Wertbeitrag haben kann. Diese Effizienzeffekte des Risikomanagements entstehen unter anderem aus einer Verringerung der direkten und indirekten Insolvenzkosten, die vor allem zu einer Cashflow-Erhöhung beitragen. Sie können aber auch den Marktwertbeitrag der Tax Shields erhöhen und unter Umständen eine Verminderung der (veranschlagten) Fremdkapitalkosten bewirken. Zudem werden Koordinationsprobleme innerhalb des Unternehmens abgeschwächt und Agency Kosten reduziert, die etwa bei der Entlohnung und Anreizsetzung entstehen. Zusätzlich kann die Beurteilung der Management-Leistung durch eine Verminderung des Zufallseinflusses verbessert werden, was einen Self-Selection-Mechanismus und Abschwächung der Moral Hazard Problematik in Bezug auf das Management nach sich ziehen kann. Diese Effekte tragen vor allem zu einer Cashflow-Erhöhung bei. Schließlich werden auch Koordinationsprobleme im Rahmen der Finanzierungs- und Investitionsaktivitäten des Unternehmens vermindert: Dies kann eine Reduktion der Kosten externer Finanzierung bewirken, was geringere Kapitalkosten bedeuten kann, sowie zu einer Erhöhung des Investitionsumfangs beitragen. Die Volumenerhöhung von Investitionen zieht eine Erhöhung des Marktwerts des Unternehmens nach sich; zudem werden höhere Marktwertbeiträge durch Tax Shields ermöglicht.

Aus industrieökonomischer Perspektive kann Risikomanagement die Wettbewerbsposition des Unternehmens und damit den Unternehmenswert beeinflussen. Ob dieser Einfluss positiv oder negativ ist, hängt von der Marktstruktur ab. Verschiedene Monopoleffekte des Risikomanagements wurden identifiziert: Im strategischen Produktmarktgleichgewicht des Duopols resultiert aus der Insolvenzgefahr in Kombination mit einer teilweisen Fremdfinanzierung eine Erhöhung der Gesamtabsatzmenge des Marktes und bei symmetrischer Gewinnverteilung ein geringerer Marktwert der Unternehmen. Dieser Effekt kann durch Hedging eliminiert werden. Auch bezüglich bestimmter Koordinationsprobleme ergibt sich eine Wechselwirkung des Hedgings mit dem Wettbewerb: Zum einen kann ein bestimmtes Investitionsniveau abgesichert werden, zum anderen kann der Markteintritt eines potentiellen Konkurrenten durch Hedging bzw. dessen Offenlegung durch Rechnungslegungspflichten beeinflusst werden. Schließlich wurde ausführlich auf den Commitment-Effekt des Hedgings im Oligopol bzw. im Duopol eingegangen: Hier ergibt sich eine klare strategische Notwendigkeit, zu hedgen. Ohne Hedging des einen Unternehmens kann der Konkurrent von einer eigenen Hedging-Maßnahme profitieren und die Gewinnsituation des Wettbewerbers verschlechtern. Insgesamt stellen sich die oligopolistischen Wettbewerber allerdings bei symmetrischen Hedging-Möglichkeiten sowohl bei einer Preis- als auch bei einer Kostenabsicherung schlechter als in einem Markt ohne Absicherungsmöglichkeiten.

Es konnte gezeigt werden, dass zahlreiche Aktivitäten des Unternehmens in Wechselwirkung mit einem unternehmerischen Risikomanagement stehen: Risikomanagement-Maßnahmen haben vielfältige Auswirkungen, die über eine *Risikoreduktion* hinausgehen. Das bedeutet, dass in der Unternehmenspraxis besser auf eine Koordination dieser verschiedenen Bereiche und Zwecke eingegangen werden muss. Insbesondere sollten die Verbindung zwischen Risikomanagement, Strategiewahl, Liquiditätsmanagement und Finanzierung sowie den Beziehungen zu verschiedenen Stakeholder-Gruppen berücksichtigt werden.

Werden Monopol- und Effizienzeffekte in ein DCF-Kalkül überführt, wirkt sich die Modifikation der Ergebnisfunktion sowohl im erwarteten Ergebnis als auch im Kapitalkostensatz aus: Allerdings wird, anders als von der neoklassischen Kapitalmarkttheorie vorhergesagt, die Verminderung des Kapitalkostensatzes nicht unbedingt durch eine korrespondierende Verminderung des erwarteten Ergebnisses kompensiert. Vielmehr besteht die Möglichkeit, das erwartete Ergebnis durch eine Verminderung der Effizienzverluste sogar zu steigern. Im Folgenden wird noch einmal zusammenfassend knapp erläutert, welche der vorgestellten Effekte auf die wichtigsten Komponenten des Wertkalküls in welcher Art wirken können. Zunächst wird auf die wichtigsten Komponenten des Free Cashflows eingegangen,[1] im Anschluss wird der Einfluss des Risikomanagements auf Kapitalkosten und Finanzierungspolitik des Unternehmens diskutiert.[2]

Umsatzerlöse/ Gesamtleistung

Sowohl Monopol- als auch Effizienzeffekte können zu einer Steigerung der Umsatzerlöse führen. Im Produktmarktwettbewerb führt das Commitment aus einer Hedgingmaßnahme zu einer größeren Absatzmenge.[3] Allerdings steigen die Umsatzerlöse aus strategischer Sicht unter Umständen nicht im gleichen Maße wie der Materialaufwand, geht man davon aus, dass mit zunehmendem Absatz ein geringerer Preis am Markt realisiert werden kann.[4] Aus Perspektive von Kapitel 4 werden die Kunden des Unternehmens von einer Verminderung der Insolvenzgefährdung des Unternehmens profitieren und bereit sein, höhere Preise zu bezahlen.[5] Zudem kann durch eine Abschwächung von Koordinationsproblemen in Bezug auf die Finanzierungs- und Investitionstätigkeit des Unternehmens ein größerer Umfang an Investitionsprojekten realisiert werden, was zu einer Erhöhung der Umsatzerlöse führt.[6]

Materialaufwand

Hier wirken Monopol- und Effizienzeffekte unter Umständen in entgegengesetzte Richtungen. Prinzipiell unterliegt der Materialaufwand einem

---

[1] Vgl. Abschnitt 3.3.2.1.
[2] Vgl. zu einer ausführlicheren Darstellung dieser Komponenten des DCF-Kalküls Abschnitt 3.3.2.2.
[3] Vgl. Abschnitt 5.6.
[4] Dies ist beim Kostenhedging der Fall, wenn alle Wettbewerber über die Möglichkeit des Hedging verfügen, vgl. Abschnitt 5.6.3 und beim Preishedging ist die Verringerung der Rohergebnis-Marge die Regel, vgl. Abschnitt 5.6.1.
[5] Vgl. Abschnitt 4.4.3.
[6] Vgl. Abschnitt 4.5.2. Insbesondere eine Abschwächung der Unterinvestitionsproblematik trägt dazu bei, vgl. Abschnitt 4.5.2.2

Preis-Mengen-Gerüst: Vergrößert sich die Absatzmenge, steigen die Aufwendungen für Material ebenso. Wie oben erläutert, kann der strategische Effekt des Risikomanagements zu einer Verringerung der Rohergebnis-Marge führen.[7] Gegebenenfalls werden aber Lieferanten günstigere Konditionen anbieten, wenn sie sich einem geringeren Insolvenzrisiko des Abnehmer-Unternehmens ausgesetzt sehen, bzw. faktorspezifische Investitionen durchführen, die eine relative Senkung des Materialaufwands bewirken können.[8]

Personalaufwand

Strategische Effekte wurden an dieser Stelle nicht explizit einbezogen. Wohl aber wirkt sich ein verringertes Unternehmensrisiko günstig auf die Vertragsbeziehungen zu Angestellten und Managern aus: Sowohl die Verringerung der Insolvenzgefahr wird positiv bewertet und führt zu einer Verminderung der Personalkosten,[9] als auch der Effizienzverlust bei einer erfolgsabhängigen variablen Entlohnung kann vermindert werden.[10] Durch einen Selbstselektionsmechanismus werden zudem eher leistungsstarke Manager an einer Verminderung des Zufallseinflusses auf das Ergebnis interessiert sein: So können die Entlohnungskosten relativ zu einem verbesserten Ergebnis sinken.[11]

Investitionen

Durch Risikomanagement kann eine Verminderung der Unterinvestitionsproblematik, von Substitutionsproblemen und des externen Finanzierungsbedarfs erreicht werden. Dies vermindert die entsprechenden

---

[7]Vgl. die Abschnitte 5.6.1 und 5.6.3.
[8]Vgl. Abschnitt 4.4.3.
[9]Vgl. Abschnitt 4.4.3.
[10]Vgl. Abschnitt 4.5.1.1.
[11]Vgl. Abschnitt 4.5.1.2.

Finanzierungskosten und es kann von einer Erhöhung des Investitionsumfangs ausgegangen werden. Allerdings werden weiterhin unter Beachtung der Wertorientierung nur solche Projekte durchgeführt, die sich marktwerterhöhend auswirken. Eine Ausweitung des Investitionsumfangs wird demgemäß höhere erwartete Cashflows in den folgenden Jahren nach sich ziehen.[12]

Eigenkapitalkostensatz

Wird das Gesamtrisiko der Cashflows vermindert, die es mittels der Kapitalkostensätze zu bewerten gilt, ist davon auszugehen, dass auch eine Verminderung der Eigenkapitalkostensätze folgt.[13] Wird das systematische Risiko des Unternehmens verringert, das im Eigenkapitalkostensatz zum Ausdruck kommt, ohne dass dies durch eine Verminderung der erwarteten Cashflows kompensiert wird, resultiert ein höherer Unternehmenswert.[14] Kann durch Risikomanagement die zusätzliche Aufnahme von kostspieligem Eigenkapital vermieden werden, bedeutet dies eine zusätzliche Ersparnis bei der Finanzierung.[15]

Fremdkapitalkostensatz

Wird als Näherungslösung für den Fremdkapitalkostensatz der geforderte Fremdkapitalzins zugrundegelegt, ist von einer Verminderung dieser Größe durch eine Risikobegrenzung auszugehen.[16] Wird der Fremdkapitalkostensatz unter expliziter Berücksichtigung der Ausfallwahrscheinlichkeit

---

[12]Vgl. Abschnitt 4.5.2.
[13]Vgl. Abschnitt 3.3.2.2.
[14]Vgl. zum systematischen Risiko auch Abschnitt 2.1.3.2.
[15]Vgl. dazu die Ausführungen zur Pecking Order Theorie in Abschnitt 4.5.2.1.
[16]Die Fremdkapitalgeber wollen für das Ausfallrisiko kompensiert werden und fordern mit der Fremdkapitalzinszahlung eine Vergütung für das übernommene Risiko. Vgl. Abschnitt 3.3.2.2.

geschätzt, kann eine Risikobegrenzung unter Umständen sogar einen gegenläufigen Effekt auf die Fremdkapitalkosten des Unternehmens haben. Dieses Vorgehen ist vor allem für Unternehmen mit hohem Ausfallrisiko empfohlen. In diesen Fällen wird dann aber für die Bewertung i.d.R. auf das APV-Verfahren zurückgegriffen: Hier kann der Fremdkapitalzinssatz zur Berücksichtigung des Marktwerts der Steuervorteile zum Ansatz kommen.[17] Wird zusätzlich einbezogen, dass der durch zufällige Schwankungen des Cashflows induzierte Außenfinanzierungsbedarf durch Risikomanagement verringert werden kann, und dass diese zusätzliche Außenfinanzierung durch Fremdkapital gemäß Pecking-Order-Theorie kostspielig ist, so kann von einer Reduktion der Fremdkapitalkosten durch ein Risikomanagement ausgegangen werden.[18]

Kapitalstruktur, Finanzierungspolitik und Tax Shields

Das Risikomanagement steht in enger Verbindung zur Finanzierung eines Unternehmens: Verschiedene Koordinationsprobleme, die mit risikobehafteten Investitionen und deren teilweiser Fremdfinanzierung einhergehen, können abgeschwächt werden. Dadurch kann zunächst der Marktwert des Fremdkapitals erhöht werden. Wird gleichzeitig im Rahmen einer wertorientierten Finanzierungspolitik von einer festen, angestrebten Fremdkapitalquote ausgegangen, so wird sich durch einen größeren Fremdkapitalbestand der Marktwert des Unternehmens insgesamt erhöhen. Dies kann durch eine Ausweitung des Investitionsvolumens realisiert werden.[19] Kann der Marktwert des Fremdkapitals erhöht werden, erhöht sich, ceteris paribus, außerdem der barwerte Steuervorteil der Fremdfinanzierung. Der Marktwert des Unternehmens erhöht sich. Die barwerten

---

[17]Vgl. Abschnitt 4.4.2.
[18]Vgl. Abschnitt 4.5.2.1.
[19]Vgl. Abschnitt 4.5.2.

Steuervorteile der Fremdfinanzierung kommen den Eigenkapitalgebern zugute.[20]

Die Beziehung zwischen Fremdfinanzierung und einer aggressiveren Absatzstrategie wird durch das Risikomanagement potentiell abgeschwächt.[21] Auch dadurch kann eine Marktwerterhöhung erreicht werden.

Offensichtlich wirken die geschilderten Werteffekte des Risikomanagements in vielfältiger Weise auf die Komponenten des DCF-Kalküls ein. Dabei können die einzelnen Effekte weder genau quantifiziert werden, noch kann analytisch ohne weiteres festgestellt werden, welcher Anteil des Unternehmenswerts auf das Risikomanagement zurückzuführen ist. Das macht die Auswirkungen des Risikomanagements in einem betriebswirtschaftlichen Steuerungssystem äußerst schwierig zu handhaben.[22] Außer Frage scheint aber zu stehen, dass es Auswirkungen des Risikomanagements auf den Unternehmenswert gibt, die nicht von Kapitalmarktteilnehmern dupliziert werden können und die damit wertrelevant sind.

Hieraus ergeben sich vielfältige Implikationen und Ansätze für weitere Forschung: So können etwa Schlussfolgerungen für die strategische Unternehmensführung gezogen werden. Es kann untersucht werden, welche Risikomanagement-Strategien mit welchen Produkt-Markt-Strategien kompatibel sind. Beispielsweise sollten die PORTERschen generischen

---

[20]Selbst wenn der operative Cashflow ohne Beachtung der Finanzierung unverändert bleibt, also keine Ausweitung der Investitionstätigkeit folgt, profitieren die Eigenkapitalgeber davon, wenn der Marktwert des Fremdkapitals steigt; bzw. Fremdkapitalgeber bereit sind, mehr Fremdkapital zu unveränderten Konditionen zur Verfügung zu stellen: dadurch stehen zusätzliche Mittel zur Verfügung, die in jedem Fall zu Marktkonditionen reinvestiert werden können. Der Steuervorteil der Fremdfinanzierung innerhalb des Unternehmens aber bleibt erhalten.

[21]Vgl. Abschnitt 5.3.3.

[22]Im Anhang A.5 wird im Rahmen eines State-Preference-Ansatzes dargestellt, wie sich Effizienz- und Monopoleffekte des Risikomanagements auf zustandsabhängige Cashflows des Unternehmens auswirken können, sodass eine Wertrelevanz für das Risikomanagement gegeben ist.

Strategien der Kosten-/Preisführerschaft, der Technologie-/Qualitäts-
führerschaft sowie die Produktvariantenstrategie in Kombination mit
Hedging-Maßnahmen betrachtet werden.

Denkbar ist auch, dass sich werterhöhende Maßnahmen insgesamt in einer
Struktur von Monopol- und Effizienzeffekten analysieren lassen. Während
die Modellwelt der perfekten Kapitalmärkte ein guter Ausgangspunkt
für die Bewertung von Unternehmen ist, werden weiterführende Modelle
benötigt, die die Auswirkungen der real existierenden Imperfektionen in
Märkten begreifbar machen. Die vorliegende Arbeit zeigt, dass Neoinstitutionalismus und Industrieökonomik zwei verwandte Analyserahmen
bieten, die für die wertorientierte Unternehmensführung nutzbar zu machen sind. Sie können helfen, Unternehmensaktivitäten zu untersuchen
und zu evaluieren. Auch empirisch besteht weiteres Forschungspotential.
Bisherige Forschungsarbeiten stützen die prinzipielle Wertrelevanz des
Risikomanagements. Der erarbeitete theoretische Ansatz von Monopoleffekten bietet zusätzlichen Erklärungsgehalt für Zusammenhänge zwischen
Risikomanagement und Unternehmenswert, den es auch in Abgrenzung
von Effizienzeffekten empirisch zu untersuchen gilt.

Vor dem Hintergrund der Arbeit ergeben sich zudem für die Integration
des Risikomanagements in die wertorientierte Unternehmenssteuerung
und Performance Measurement Systeme neue Impulse: Einerseits wird
deutlich, dass als übergeordnete Zielgröße der wertorientierten Unternehmensführung der Marktwert des Eigenkapitals Bestand hat. Zusätzlich
ist aber eine explizite Berücksichtigung der Risikoposition angezeigt, für
deren Ausgestaltung noch weiterer Forschungsbedarf besteht. Diese ziel-
gerichtete Integration von Risikomanagement in die Führungssysteme
von Unternehmen ist zudem eine Problemstellung von hoher Praxisrele-
vanz.

A Anhang

A.1 Effizienz und Monopol

Abbildung A.1 gibt WILLIAMSONs kognitives Vertragsschema wieder und untergliedert Monopol- und Effizienzzweck des Unternehmens weiter: Die Leverage-Theorie ist vor allem in der juristischen Debatte um den Wettbewerbsschutz angesiedelt und im Rahmen dieser Arbeit zu vernachlässigen.[1] Die Preisdiskriminierungstheorie beschreibt Maßnahmen, auf Verkäuferseite eine unterschiedliche Produktbewertung durch Kunden zu erkennen und zu nutzen und so ursprüngliche Konsumentenrente einzustreichen.[2] Theorien, die sich mit dem Verhalten des Unternehmens gegenüber potentieller und aktueller Konkurrenten auseinandersetzen, sind der traditionellen und neueren Industrieökonomik zuzuordnen.[3] Dem Effizienzansatz ordnet WILLIAMSON (1990a) die verschiedenen Strömungen des Neoinstitutionalismus zu. Dazu gehört der Property-Rights-Ansatz (Theorie der Verfügungsrechte) und die Agency Theorie[4] sowie der Trans-

---

[1] Die Leverage-Theorie besagt, dass Monopolmacht in einem Markt ausgenutzt werden kann und auf weitere (Komplementär-)Produkte ausgedehnt wird. Vgl. WILLIAMSON, 1990a, S. 27.

[2] Vgl. WILLIAMSON, 1990a, S. 29.

[3] Für potentielle Konkurrenten sind dabei insbesondere Eintrittsschranken relevant. Im Rahmen der aktuellen Konkurrenzsituation wird das strategische Verhalten der Wettbewerber untersucht. Vgl. Abschnitt 5.2. WILLIAMSON, 1990a, S. 29 nennt BAIN, 1956 als exemplarisch für die Literatur zu Eintrittsschranken.

[4] In Abbildung A.1 entspricht diese dem Zweig „Geschäftsführung".

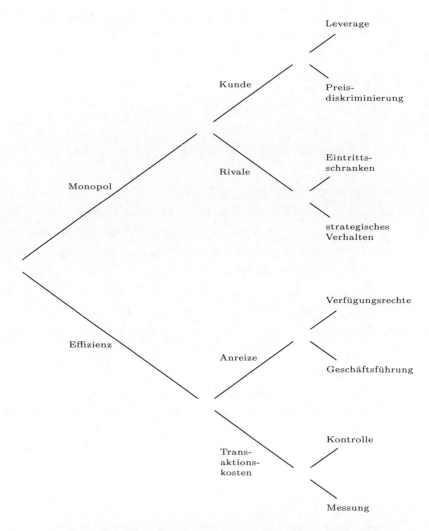

Abbildung A.1: Monopol- und Effizienzzweck ökonomischer Institutionen; Abbildung aus WILLIAMSON, 1990a, S. 28

aktionskostenansatz, der in Abbildung A.1 weiter in die Messung und Kontrolle von Transaktionskosten untergliedert wird.[5]

---

[5]Vgl. WILLIAMSON, 1990a, S. 30; vgl. zu den verschiedenen Ansätzen des Neoinstitutionalismus Abschnitt 4.3.

A.2 Grundlagen der Neuen Institutionenökonomik

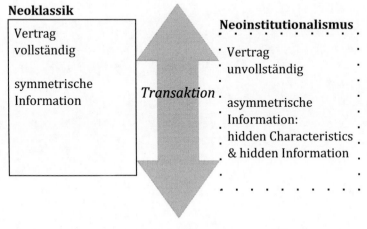

Neoklassik

Vertrag
vollständig

symmetrische
Information

Transaktion

Neoinstitutionalismus

Vertrag
unvollständig

asymmetrische
Information:
hidden Characteristics
& hidden Information

Abbildung A.2: Neoklassik vs. Neoinstitutionalismus – Vergleich der Transaktion

Tabelle A.1: Vergleich von Transaktionskostentheorie, Property Rights Theorie und Agency Theorie[*]

	TRANSAKTIONSKOSTENTHEORIE	PROPERTY RIGHTS THEORIE	AGENCY THEORIE
Analyseobjekt	Transaktion	Institution	Prinzipal-Agenten-Vertrag
Fokus	Faktorspezifität	Verfügungsrechte	Anreize
Effizienzverlust	Fehlanpassung, Hold-up	Externalitäten, Rent Seeking	Residualverluste
Fokus des Vertragsdesigns	Wahl der (ex post) Organisationsstruktur	ex ante Zuweisung von Verfügungsrechten, ex post Verteilungskonflikte	ex ante Anreizausrichtung, Monitoring
Theoretisches Vorgehen	Vergleichende Untersuchung	Vergleichende Untersuchung	Optimierung mit Nebenbedingungen
Ausrichtung	Shareholder Sicht	Stakeholder Sicht	Shareholder Sicht
Ursachen der Friktionen	begrenzte Rationalität, Unsicherheit, Informationsasymmetrien, Opportunismus, Faktorspezifität	Externalitäten, unklar/nicht definierte Verfügungsrechte: unvollständige Verträge, Eigennutz	Informationsasymmetrien; Hidden Action & Hidden Characteristics, Risikoaversion

[*]Vgl. KIM/MAHONEY, 2005, S.231; vgl. auch PICOT/DIETL/FRANCK, 2008, S. 142

A.3 Mengenwettbewerb

A.3.1 Gleichgewicht im Mengenwettbewerb bei einseitigem Hedging

Aus den Reaktionsfunktionen in Abbildung 5.5 ergeben sich drei denkbare *Gleichgewichtslösungen* für den simultanen Mengenwettbewerb:

(a) entspricht dem Gleichgewicht für $x_1 > h_1$: Unternehmen 1 hat die gleichen Grenzkosten wie Unternehmen 2. Es gilt:

$$x_1^* = x_2^* = \frac{a - (c_H + \Delta c)}{3b}.$$

(b) entspricht dem Gleichgewicht für $h_1 = x_1$: Liegt die gehedgte Menge h_1 zwischen den beiden gleichgewichtigen Outputmengen der Fälle (a) und (c), muss mit Blick auf Abb. 5.5 gelten:

$$x_1^* = h_1,$$

$$x_2^* = \frac{a - (c_H + \Delta c)}{2b} - \frac{h_1}{2}.$$

(c) entspricht dem Gleichgewicht für $h_1 < x_1$: Unternehmen 1 hat keine Grenzkosten mehr; diese wurden durch den Vorabkauf zu Fixkosten umgewandelt. Es gilt:

$$x_1^* = \frac{a + (c_H + \Delta c)}{3b},$$

$$x_2^* = \frac{a - 2(c_H + \Delta c)}{3b}.$$

A.3.2 Gleichgewicht im Mengenwettbewerb bei beidseitigem Hedging

Aus den Reaktionsfunktionen in Abbildung 5.7 ergeben sich sechs denkbare *Gleichgewichtslösungen* für den simultanen Mengenwettbewerb:

(a) Haben beide Unternehmen weniger gehedgt als die Cournot-Menge, $h_{i/j} \leq \frac{a-c}{3b}$, ergibt sich das Gleichgewicht wie im Fall ohne Hedging.

(b) Eine Sprungstellenlösung für Unternehmen i ergibt sich für $\frac{a-c}{3b} \leq h_i \leq \frac{a+c}{3b}$ in Kombination mit $h_j \leq \frac{a-c}{2b} - h_i$. Hier hat Unternehmen j weniger gehedgt, als es in Reaktion auf x_i absetzen muss.

(c) Befinden sich die Hedging-Mengen beider Wettbewerber im Intervall $\frac{a-c}{3b} \leq h_{i/j} \leq \frac{a}{3b}$, schneiden sich die beiden Reaktionsfunktionen an der Sprungstelle – beide Unternehmen werden genau ihre gehedgte Menge herstellen und absetzen.

(d) Im Fall mit $\frac{a+c}{3b} \leq h_i$, $h_j \leq \frac{a-2c}{3b}$ verfolgt Unternehmen i eine sehr aggressive Hedging-Strategie, während Unternehmen j nur sehr wenig gehedgt hat.

(e) Eine weitere Sprungstellenlösung für Unternehmen i ergibt sich bei $\frac{a-c}{3b} \leq h_i \leq \frac{a+c}{3b}$ und $\frac{a-c}{2b} - h_i \leq h_j$. In diesem Fall aber befindet sich die von Unternehmen j gehedgte Menge oberhalb der Schnittstelle.

(f) Im letzten Fall $\frac{a}{3b} \leq h_{i/j}$ haben beide Wettbewerber mehr gehedgt als die Schnittstelle der äußeren Reaktionsfunktionen – diese ergibt dann die optimale Outputmengenkombination.

A.4 Hedging-Strategien

A.4.1 Optimierung der Gewinnfunktion bei einseitigem Hedging

Zur Ermittlung der optimalen Hedgingmenge wird zunächst das Optimalitätskriterium erster Ordnung genutzt:

$$\frac{\partial E[\tilde{G}_1]}{\partial h_1} \overset{!}{=} 0$$

$$= \begin{cases} -c_H, & \frac{a+c_H+|\Delta c|}{3b} \leq h_1 \\[2mm] \frac{1}{4}\left(a - c_H + |\Delta c| - 2bh_1\right) - \frac{c_H}{2}, & \frac{a+c_H-|\Delta c|}{3b} \leq h_1 \leq \frac{a+c_H+|\Delta c|}{3b} \\[2mm] \frac{1}{2}(a - c_H - 2bh_1), & \frac{a-c_H+|\Delta c|}{3b} \leq h_1 \leq \frac{a+c_H-|\Delta c|}{3b} \\[2mm] \frac{1}{4}\left(a - c_H + |\Delta c| - 2bh_1\right) - \frac{|\Delta c|}{2}, & \frac{a-c_H-|\Delta c|}{3b} \leq h_1 \leq \frac{a-c_H+|\Delta c|}{3b} \\[2mm] 0, & h_1 \leq \frac{a-c_H-|\Delta c|}{3b} \end{cases}$$

$$\text{(A.1)}$$

Daraus resultieren drei lokale Optima mit:[6]

$$h_1 = \begin{cases} \frac{a-3c_H+|\Delta c|}{2b}, & \frac{a+c_H-|\Delta c|}{3b} \leq h_1 \leq \frac{a+c_H+|\Delta c|}{3b} \\[2mm] \frac{a-c_H}{2b}, & \frac{a-c_H+|\Delta c|}{3b} \leq h_1 \leq \frac{a+c_H-|\Delta c|}{3b} \\[2mm] \frac{a-c_H-|\Delta c|}{2b}, & \frac{a-c_H-|\Delta c|}{3b} \leq h_1 \leq \frac{a-c_H+|\Delta c|}{3b} \end{cases}$$

Die abschnittsweise Definition lässt zu, dass sich die global optimale Hedgingmenge sowohl in den lokalen Maxima der Funktionsabschnit-

---

[6]Diese sind aufgrund des Kriteriums zweiter Ordnung $\frac{\partial^2 E[\tilde{G}_1]}{\partial h_1^2} < 0$ für die jeweiligen Funktionsabschnitte lokale Maxima.

te als auch auf den Sprungstellen befinden kann.[7] Zur Ermittlung der global optimalen Hedgingmenge h_1^* müssen die lokalen Maxima untereinander und mit den Sprungstellen verglichen werden. In Abhängigkeit von den Parametern der Preisabsatz- und Gewinnfunktion sowie der Kostenänderungsgröße Δc ergeben sich unterschiedliche Ausprägungen der lokal optimalen Hedgingmenge.[8]

Offensichtlich gelten die lokalen Optima nur für relativ kleine Ausprägungen des Prohibitivpreises a. Ersichtlich ist außerdem, dass die Definitionsbereiche der Parameterausprägungen für die lokalen Optima nicht überschneidungsfrei sind. Diese Definitionsbereiche sind bei der Bestimmung des globalen Optimums zu berücksichtigen.

A.4.2 Vergleich einer wirksamen mit einer unwirksamen Hedging-Strategie bei einseitigem Hedging

A.4.2.1 Vergleich der wirksamen Hedging-Strategie mit unwirksamem Hedging für eine spezifizierte Hedgingmenge

Für den erwarteten Gewinn bei der definierten Hedgingmenge h_1^H gilt:

---

[7]Zudem besteht die Möglichkeit, dass es kein globales Maximum gibt; wenn nämlich der erwartete Gewinn eines der beiden äußeren Funktionsabschnitte größer ist als alle Funktionswerte der anderen Abschnitte.

[8]Erhalten bleiben die vorgenannten Bedingungen $c_H \geq |\Delta c| > 0, a - c_H - |\Delta c| \geq 0, b > 0$.

$$E[\tilde{G}_1(h_1^H)]$$

$$= \begin{cases} E[\tilde{G}_1(\frac{a-c_H-|\Delta c|}{2b})], & c_H + |\Delta c| < a \leq c_H + 5|\Delta c| \\ E[\tilde{G}_1(\frac{a-c_H+|\Delta c|}{3b})], & c_H + 5|\Delta c| < a \end{cases}$$

$$= \begin{cases} \frac{1}{2}\left[\frac{(a-(c_H+|\Delta c|))^2}{8b} + \frac{(a-(c_H-|\Delta c|))^2}{9b}\right], & c_H + |\Delta c| < a \leq c_H + 5|\Delta c| \\ \frac{(a-c_H)^2}{9b} + \frac{|\Delta c|(a\ (c_H+|\Delta c|))}{18b}, & c_H + 5|\Delta c| < a. \end{cases}$$

$$(A.2)$$

In der ausführlicheren Betrachtung folgt für den Vergleich mit der un-wirksamen Hedgingmenge:

$$E[\tilde{G}_1(h_1^H)] - E[\tilde{G}_1(h_1^{oH})]$$

$$= \begin{cases} \frac{1}{2}\left(\frac{(a-(c_H+|\Delta c|))^2}{8b} + \frac{(a-(c_H-|\Delta c|))^2}{9b}\right) \\ \quad - \frac{(a-c_H)^2+|\Delta c|^2}{9b}, & c_H + |\Delta c| < a \leq c_H + 5|\Delta c| \\ \frac{(a-c_H)^2}{9b} + \frac{|\Delta c|(a-(c_H+|\Delta c|))}{18b} \\ \quad - \frac{(a-c_H)^2+|\Delta c|^2}{9b}, & c_H + 5|\Delta c| < a \end{cases}$$

$$= \begin{cases} \frac{(-a+c_H+|\Delta c|)^2}{144b}, & c_H + |\Delta c| < a \leq c_H + 5|\Delta c| \\ \frac{|\Delta c|(a-c_H-|\Delta c|)}{18b} - \frac{\Delta c^2}{9b}, & c_H + 5|\Delta c| < a \end{cases}$$

$$> 0 \qquad \text{q.e.d.}$$

$$(A.3)$$

A.4.2.2 Vergleich sämtlicher wirksamer Hedging-Strategien mit unwirksamem Hedging

Gleichung (A.4) stellt die Fallunterschiedung der verschiedenen Hedging-Strategien aus Gleichung (5.5) dar.

$$E[\tilde{G}_1|H] - E[\tilde{G}_1|oH]$$

$$= \begin{cases} \frac{1}{2}\left(\frac{(a+c_H+|\Delta c|)^2}{9b} + \frac{(a+c_H-|\Delta c|)^2}{9b}\right) \\ \quad -c_H h_1^H - \frac{(a-c_H)^2+\Delta c^2}{9b}, & \frac{a+c_H+|\Delta c|}{3b} \leq h_1^H \\[2em] \frac{1}{2}\left(\frac{h_1^H}{2}(a - c_H + |\Delta c| - bh_1^H)\right. \\ \quad \left.+\frac{(a+c_H+|\Delta c|)^2}{9b} - c_H h_1^H\right) \\ \quad -\frac{(a-c_H)^2+\Delta c^2}{9b}, & \frac{a+c_H-|\Delta c|}{3b} \leq h_1^H \leq \frac{a+c_H+|\Delta c|}{3b} \\[2em] \frac{1}{2}h_1^H(a - c_H - bh_1^H) \\ \quad -\frac{(a-c_H)^2+\Delta c^2}{9b}, & \frac{a-c_H+|\Delta c|}{3b} \leq h_1^H \leq \frac{a+c_H-|\Delta c|}{3b} \\[2em] \frac{1}{2}\left(h_1^H\frac{a-c_H+|\Delta c|-bh_1^H}{2}\right. \\ \quad \left.+\frac{(a-c_H+|\Delta c|)^2}{9b} - |\Delta c|h_1^H\right) \\ \quad -\frac{(a-c_H)^2+\Delta c^2}{9b}, & \frac{a-c_H-|\Delta c|}{3b} \leq h_1^H \leq \frac{a-c_H+|\Delta c|}{3b} \end{cases}$$

$$\tag{A.4}$$

$$> 0 \quad \text{für} \quad a > 3(c_H + |\Delta c|), \quad \frac{a-c_H-|\Delta c|}{3b} < h_1^H < \frac{4a}{9b}.$$

Im Folgenden wird der Mathematica-Code dargestellt, der zum Vergleich einer wirksamen mit einer unwirksamen Hedging-Strategie genutzt wurde.

die Variablen a, b finden ihre Entsprechung im Mathematica-Code; $|\Delta c|$ entspricht d; c_H entspricht ch.[9]

Zunächst wird die abschnittsweise Gewinnfunktion aus Gleichung (5.4) als `EG1` definiert. Im Anschluss erfolgt der Vergleich der wirksamen Hedging-Strategien mit einer unwirksamen Hedging-Strategie aus Gleichung (5.5) bzw. (A.4) in `EGDiff`. Über die Funktion `Reduce` wird ermittelt, unter welchen Nebenbedingungen diese Differenz des erwarteten Gewinns positiv ist. Aus den verschiedenen Parameterkonstellationen, die zu einer Erfüllung aller Nebenbedingungen führen, führt $a > 3(c_H + |\Delta c|)$ als Begrenzung des Prohibitivpreises dazu, dass eine Obergrenze für $h_1 < \frac{4a}{9b}$ existiert, bis hin zu der ein Hedging sinnvoll ist.

Daraus ergibt sich, dass für einen Prohibitivpreis $a > 3(c_H + |\Delta c|)$ ein Hedging mit einer Hedgingmenge $\frac{a - c_H - |\Delta c|}{3b} < h_1^H < \frac{4a}{9b}$ generell sinnvoll ist.

---

[9]Siehe Abbildung A.3-A.5.

In[13]:= `ClearAll[a, b, ch, h1, d, EG1, EGDiff]`

$$
EG1 := \begin{cases}
\frac{1}{2}\left(\frac{(a+ch+d)^2}{9b} - ch\,h1\right) + \frac{1}{2}\left(\frac{(a+ch-d)^2}{9b} - ch\,h1\right) & \frac{a+ch+d}{3b} \le h1 \\[2mm]
\frac{1}{2}\left(\frac{1}{2}h1\,(a-ch+d-b\,h1)\right) + \frac{1}{2}\left(\frac{(a+ch-d)^2}{9b} - ch\,h1\right) & \frac{a+ch-d}{3b} \le h1 < \frac{a+ch+d}{3b} \\[2mm]
\frac{1}{2}\left(\frac{1}{2}h1\,(a-ch+d-b\,h1)\right) + \frac{1}{2}\left(\frac{1}{2}h1\,(a-ch-d-b\,h1)\right) & \frac{a-ch+d}{3b} \le h1 < \frac{a+ch-d}{3b} \\[2mm]
\frac{1}{2}\left(\frac{1}{2}h1\,(a-ch+d-b\,h1)\right) + \frac{1}{2}\left(\frac{(a-ch+d)^2}{9b} - d\,h1\right) & \frac{a-ch-d}{3b} \le h1 < \frac{a-ch+d}{3b} \\[2mm]
\frac{1}{2}\left(\frac{(a-ch-d)^2}{9b} + d\,h1\right) + \frac{1}{2}\left(\frac{(a-ch+d)^2}{9b} - d\,h1\right) & h1 < \frac{a-ch-d}{3b}
\end{cases}
$$

In[15]:= `Simplify[EG1]`

$$
Out[15]= \begin{cases}
\frac{a^2+2\,a\,ch+ch^2+d^2-9\,b\,ch\,h1}{9b} & \frac{a+ch+d}{3b} \le h1 \\[2mm]
\frac{1}{4}\left(h1\,(a-ch+d-b\,h1) + 2\left(\frac{(a+ch-d)^2}{9b} - ch\,h1\right)\right) & \frac{a+ch-d}{3b} \le h1 < \frac{a+ch+d}{3b} \\[2mm]
-\frac{1}{2}h1\,(-a+ch+b\,h1) & \frac{a-ch+d}{3b} \le h1 < \frac{a+ch-d}{3b} \\[2mm]
\frac{1}{4}\left(h1\,(a-ch+d-b\,h1) + 2\left(\frac{(a-ch+d)^2}{9b} - d\,h1\right)\right) & -\frac{a+ch+d}{3b} \le h1 < \frac{a-ch+d}{3b} \\[2mm]
\frac{a^2-2\,a\,ch+ch^2+d^2}{9b} & \frac{-a+ch+d+3b\,h1}{b} < 0
\end{cases}
$$

In[16]:= `EGDiff :=`
$$
\begin{cases}
\frac{1}{2}\left(\frac{(a+ch+d)^2}{9b} - ch\,h1\right) + \frac{1}{2}\left(\frac{(a+ch-d)^2}{9b} - ch\,h1\right) - \frac{a^2-2\,a\,ch+ch^2+d^2}{9b} & \frac{a+ch+d}{3b} \le h1 \\[2mm]
\frac{1}{2}\left(\frac{1}{2}h1\,(a-ch+d-b\,h1)\right) + \frac{1}{2}\left(\frac{(a+ch-d)^2}{9b} - ch\,h1\right) - \frac{a^2-2\,a\,ch+ch^2+d^2}{9b} & \frac{a+ch-d}{3b} \le h1 < \frac{a+ch+d}{3b} \\[2mm]
\frac{1}{2}\left(\frac{1}{2}h1\,(a-ch+d-b\,h1)\right) + \frac{1}{2}\left(\frac{1}{2}h1\,(a-ch-d-b\,h1)\right) - \frac{a^2-2\,a\,ch+ch^2+d^2}{9b} & \frac{a-ch+d}{3b} \le h1 < \frac{a+ch-d}{3b} \\[2mm]
\frac{1}{2}\left(\frac{1}{2}h1\,(a-ch+d-b\,h1)\right) + \frac{1}{2}\left(\frac{(a-ch+d)^2}{9b} - d\,h1\right) - \frac{a^2-2\,a\,ch+ch^2+d^2}{9b} & \frac{a-ch-d}{3b} \le h1 < \frac{a-ch+d}{3b} \\[2mm]
\frac{1}{2}\left(\frac{(a-ch-d)^2}{9b} + d\,h1\right) + \frac{1}{2}\left(\frac{(a-ch+d)^2}{9b} - d\,h1\right) - \frac{a^2-2\,a\,ch+ch^2+d^2}{9b} & h1 < \frac{a-ch-d}{3b}
\end{cases}
$$

In[18]:= `Reduce[EGDiff > 0 && a ≥ 0 && b ≥ 0 && ch ≥ 0 && d > 0 && ch > d && a > ch + d, h1]`

$$
Out[18]= \begin{cases}
-\frac{a^2-2\,a\,ch+ch^2+d^2}{9b} + \frac{1}{2}\left(\frac{(a+ch-d)^2}{9b} - ch\,h1\right) + \frac{1}{2}\left(\frac{(a+ch-d)^2}{9b} - ch\,h1\right) & \frac{a+ch+d}{3b} \le h1 \\[2mm]
-\frac{a^2-2\,a\,ch+ch^2+d^2}{9b} + \frac{1}{4}h1\,(a-ch+d-b\,h1) + \frac{1}{2}\left(\frac{(a+ch-d)^2}{9b} - ch\,h1\right) & \frac{a+ch-d}{3b} \le h1 < \frac{a+ch+d}{3b} \\[2mm]
-\frac{a^2-2\,a\,ch+ch^2+d^2}{9b} + \frac{1}{4}h1\,(a-ch-d-b\,h1) + \frac{1}{4}h1\,(a-ch+d-b\,h1) & \frac{a-ch+d}{3b} \le h1 < \frac{a+ch-d}{3b} \in \text{Reals} \;\&\& \\[2mm]
-\frac{a^2-2\,a\,ch+ch^2+d^2}{9b} + \frac{1}{4}h1\,(a-ch+d-b\,h1) + \frac{1}{2}\left(\frac{(a-ch+d)^2}{9b} - d\,h1\right) & \frac{a-ch-d}{3b} \le h1 < \frac{a-ch+d}{3b} \\[2mm]
-\frac{a^2-2\,a\,ch+ch^2+d^2}{9b} + \frac{1}{2}\left(\frac{(a-ch+d)^2}{9b} - d\,h1\right) + \frac{1}{2}\left(\frac{(a-ch+d)^2}{9b} + d\,h1\right) & h1 < \frac{a-ch-d}{3b}
\end{cases}
$$

$$
\left(\left(d>0 \;\&\&\; ch>d \;\&\&\; a>3\,ch+3\,d \;\&\&\; b>0 \;\&\&\; \frac{a+ch+d}{3b} \le h1 < \frac{4a}{9b}\right)\; || \right.
$$

$$
\left(d>0 \;\&\&\; ch>d \;\&\&\; \left(\left(\frac{6\,ch^2-5\,ch\,d+3\,d^2}{2\,ch-d} < a \le 3\,ch+3\,d \;\&\&\; b>0 \;\&\&\right.\right.\right.
$$

$$
\left.\left.\frac{a+ch-d}{3b} \le h1 < \frac{a-3\,ch+d}{2b} + \frac{1}{6}\sqrt{\frac{a^2-6\,a\,ch+73\,ch^2+2\,a\,d-70\,ch\,d+d^2}{b^2}}\right)\; || \right.
$$

$$
\left.\left.\left(a>3\,ch+3\,d \;\&\&\; b>0 \;\&\&\; \frac{a+ch-d}{3b} \le h1 < \frac{a+ch+d}{3b}\right)\right)\right)\; ||
$$

Abbildung A.3: Mathematica Code: Erwarteter Gewinn bei einseitigem Hedging
 - 1

$$\left(d > 0 \,\&\& \left(\left(\left(d < ch < \frac{d}{2} + \frac{\sqrt{d^2}}{\sqrt{2}} \,\&\& \left(\left(\frac{6\,ch^2 - 5\,ch\,d + 3\,d^2}{2\,ch - d} < a \le ch + 3\,d \,\&\& b > 0 \,\&\& \right.\right.\right.\right.\right.\right.$$

$$\frac{a - ch}{2\,b} - \frac{1}{6}\sqrt{\frac{a^2 - 2\,a\,ch + ch^2 - 8\,d^2}{b^2}} < h1 < \frac{a + ch - d}{3\,b}\right) \,||$$

$$\left(a > ch + 3\,d \,\&\& b > 0 \,\&\& \frac{a - ch + d}{3\,b} \le h1 < \frac{a + ch - d}{3\,b}\right)\right) \,||$$

$$\left(ch = \frac{d}{2} + \frac{\sqrt{d^2}}{\sqrt{2}} \,\&\& \left(\left(\frac{6\,ch^2 - 5\,ch\,d + 3\,d^2}{2\,ch - d} < a < ch + 3\,d \,\&\& b > 0 \,\&\& \right.\right.\right.$$

$$\frac{a - ch}{2\,b} - \frac{1}{6}\sqrt{\frac{a^2 - 2\,a\,ch + ch^2 - 8\,d^2}{b^2}} < h1 < \frac{a + ch - d}{3\,b}\right) \,|| \left(a = ch + 3\,d \,\&\& b > 0 \,\&\& \right.$$

$$\frac{a - ch + d}{3\,b} < h1 < \frac{a + ch - d}{3\,b}\right) \,|| \left(a > ch + 3\,d \,\&\& b > 0 \,\&\& \frac{a - ch + d}{3\,b} \le h1 < \frac{a + ch - d}{3\,b}\right)\right) \,||$$

$$\left(\frac{d}{2} + \frac{\sqrt{d^2}}{\sqrt{2}} < ch < \frac{3\,d}{2} \,\&\& \left(\left(ch + 2\sqrt{2}\,\sqrt{d^2} < a < \frac{6\,ch^2 - 5\,ch\,d + 3\,d^2}{2\,ch - d} \,\&\& b > 0 \,\&\& \right.\right.\right.$$

$$\frac{a - ch}{2\,b} - \frac{1}{6}\sqrt{\frac{a^2 - 2\,a\,ch + ch^2 - 8\,d^2}{b^2}} < h1 < \frac{a - ch}{2\,b} + \frac{1}{6}\sqrt{\frac{a^2 - 2\,a\,ch + ch^2 - 8\,d^2}{b^2}}\right) \,||$$

$$\left(\frac{6\,ch^2 - 5\,ch\,d + 3\,d^2}{2\,ch - d} \le a < ch + 3\,d \,\&\& b > 0 \,\&\& \frac{a - ch}{2\,b} - \frac{1}{6}\sqrt{\frac{a^2 - 2\,a\,ch + ch^2 - 8\,d^2}{b^2}} < \right.$$

$$h1 < \frac{a + ch - d}{3\,b}\right) \,|| \left(a = ch + 3\,d \,\&\& b > 0 \,\&\& \frac{a - ch + d}{3\,b} < h1 < \frac{a + ch - d}{3\,b}\right) \,||$$

$$\left(a > ch + 3\,d \,\&\& b > 0 \,\&\& \frac{a - ch + d}{3\,b} \le h1 < \frac{a + ch - d}{3\,b}\right)\right) \,||$$

$$\left(ch = \frac{3\,d}{2} \,\&\& \left(\left(ch + 2\sqrt{2}\,\sqrt{d^2} < a < \frac{6\,ch^2 - 5\,ch\,d + 3\,d^2}{2\,ch - d} \,\&\& b > 0 \,\&\& \right.\right.\right.$$

$$\frac{a - ch}{2\,b} - \frac{1}{6}\sqrt{\frac{a^2 - 2\,a\,ch + ch^2 - 8\,d^2}{b^2}} < h1 < \frac{a - ch}{2\,b} + \frac{1}{6}\sqrt{\frac{a^2 - 2\,a\,ch + ch^2 - 8\,d^2}{b^2}}\right) \,||$$

$$\left(a = \frac{6\,ch^2 - 5\,ch\,d + 3\,d^2}{2\,ch - d} \,\&\& b > 0 \,\&\& \frac{a - ch + d}{3\,b} < h1 < \frac{a + ch - d}{3\,b}\right) \,||$$

$$\left(a > \frac{6\,ch^2 - 5\,ch\,d + 3\,d^2}{2\,ch - d} \,\&\& b > 0 \,\&\& \frac{a - ch + d}{3\,b} \le h1 < \frac{a + ch - d}{3\,b}\right)\right) \,||$$

Abbildung A.4: Mathematica Code: Erwarteter Gewinn bei einseitigem Hedging - 2

$$\left(ch > \frac{3\,d}{2} \,\&\&\, \left(\left(ch + 2\sqrt{2}\,\sqrt{d^2} < a < ch + 3\,d \,\&\&\, b > 0 \,\&\&\, \frac{a - ch}{2\,b} - \frac{1}{6}\sqrt{\frac{a^2 - 2\,a\,ch + ch^2 - 8\,d^2}{b^2}} < \right. \right. \right.$$

$$h1 < \frac{a - ch}{2\,b} + \frac{1}{6}\sqrt{\frac{a^2 - 2\,a\,ch + ch^2 - 8\,d^2}{b^2}} \right) \,||\, \left(a == ch + 3\,d \,\&\&\, b > 0 \,\&\&\, \frac{a - ch + d}{3\,b} < \right.$$

$$h1 < \frac{a - ch}{2\,b} + \frac{1}{6}\sqrt{\frac{a^2 - 2\,a\,ch + ch^2 - 8\,d^2}{b^2}} \right) \,||\, \left(ch + 3\,d < a < \frac{6\,ch^2 - 5\,ch\,d + 3\,d^2}{2\,ch - d} \,\&\& \right.$$

$$b > 0 \,\&\&\, \frac{a - ch + d}{3\,b} \le h1 < \frac{a - ch}{2\,b} + \frac{1}{6}\sqrt{\frac{a^2 - 2\,a\,ch + ch^2 - 8\,d^2}{b^2}} \right) \,||$$

$$\left(a \ge \frac{6\,ch^2 - 5\,ch\,d + 3\,d^2}{2\,ch - d} \,\&\&\, b > 0 \,\&\&\, \frac{a - ch + d}{3\,b} \le h1 < \frac{a + ch - d}{3\,b} \right) \right) \right) \,||$$

$$\left(d > 0 \,\&\&\, ch > d \,\&\&\, \left(\left(ch + d < a \le ch + 3\,d \,\&\&\, b > 0 \,\&\&\, \frac{a - ch - d}{3\,b} < h1 < \frac{2\,a - 2\,ch - 2\,d}{3\,b} \right) \,|| \right. \right.$$

$$\left. \left. \left(a > ch + 3\,d \,\&\&\, b > 0 \,\&\&\, \frac{a - ch - d}{3\,b} < h1 < \frac{a - ch + d}{3\,b} \right) \right) \right) \right)$$

In[19]:= **Reduce[EGDiff > 0 && a ≥ 0 && b ≥ 0 && ch ≥ 0 && d > 0 && ch > d && a > 3 ch + 3 d, h1]**

Out[19]=

$$\left[\begin{array}{ll}
-\frac{a^2 - 2\,a\,ch + ch^2 + d^2}{9\,b} + \frac{1}{2}\left(\frac{(a + ch - d)^2}{9\,b} - ch\,h1 \right) + \frac{1}{2}\left(\frac{(a + ch + d)^2}{9\,b} - ch\,h1 \right) & \frac{a + ch + d}{3\,b} \le h1 \\
-\frac{a^2 - 2\,a\,ch + ch^2 + d^2}{9\,b} + \frac{1}{4}\,h1\,(a - ch + d - b\,h1) + \frac{1}{2}\left(\frac{(a + ch - d)^2}{9\,b} - ch\,h1 \right) & \frac{a + ch - d}{3\,b} \le h1 < \frac{a + ch + d}{3\,b} \\
-\frac{a^2 - 2\,a\,ch + ch^2 + d^2}{9\,b} + \frac{1}{4}\,h1\,(a - ch + d - b\,h1) + \frac{1}{4}\,h1\,(a - ch + d - b\,h1) & \frac{a - ch + d}{3\,b} \le h1 < \frac{a + ch - d}{3\,b} \in \text{Reals} \,\&\& \\
-\frac{a^2 - 2\,a\,ch + ch^2 + d^2}{9\,b} + \frac{1}{4}\,h1\,(a - ch + d - b\,h1) + \frac{1}{2}\left(\frac{(a - ch + d)^2}{9\,b} - d\,h1 \right) & \frac{a - ch + d}{3\,b} \le h1 < \frac{a + ch - d}{3\,b} \\
-\frac{a^2 - 2\,a\,ch + ch^2 + d^2}{9\,b} + \frac{1}{2}\left(\frac{(a - ch + d)^2}{9\,b} - d\,h1 \right) + \frac{1}{2}\left(\frac{(a - ch + d)^2}{9\,b} + d\,h1 \right) & h1 < \frac{a - ch + d}{3\,b}
\end{array} \right.$$

$$\left(\left(d > 0 \,\&\&\, ch > d \,\&\&\, a > 3\,ch + 3\,d \,\&\&\, b > 0 \,\&\&\, \frac{a + ch + d}{3\,b} \le h1 < \frac{4\,a}{9\,b} \right) \,|| \right.$$

$$\left(d > 0 \,\&\&\, ch > d \,\&\&\, a > 3\,ch + 3\,d \,\&\&\, b > 0 \,\&\&\, \frac{a + ch - d}{3\,b} \le h1 < \frac{a + ch + d}{3\,b} \right) \,||$$

$$\left(d > 0 \,\&\&\, ch > d \,\&\&\, a > 3\,ch + 3\,d \,\&\&\, b > 0 \,\&\&\, \frac{a - ch + d}{3\,b} \le h1 < \frac{a + ch - d}{3\,b} \right) \,||$$

$$\left. \left(d > 0 \,\&\&\, ch > d \,\&\&\, a > 3\,ch + 3\,d \,\&\&\, b > 0 \,\&\&\, \frac{a - ch - d}{3\,b} < h1 < \frac{a - ch + d}{3\,b} \right) \right)$$

Abbildung A.5: Mathematica Code: Erwarteter Gewinn bei einseitigem Hedging
- 3

A.4.3 Vergleich erwarteter Gewinne bei verschiedenen Hedging-Strategiekombinationen und beidseitigem Hedging

Im Folgenden wird der Mathematica-Code dargestellt, der zum Vergleich des erwarteten Gewinns aus den Kombinationsmöglichkeiten der Hedging-Strategien $H_i \times H_j$ genutzt wurde. die Variablen a, b finden ihre Entsprechung im Mathematica-Code; $|\Delta c|$ entspricht d; c_H entspricht ch. Es werden der Reihe nach die Gewinne aus den Strategiekombinationen ermittelt und vereinfacht:

$$
E[\tilde{G}_i(h_i, h_j)] =
\begin{cases}
E[G_i(\frac{a-c_H+|\Delta c|}{3b}, \frac{a-c_H+|\Delta c|}{3b})] & \text{(A.5a)} \\[4pt]
E[G_i(\frac{a-c_H+|\Delta c|}{3b}, \frac{a}{3b})] & \text{(A.5b)} \\[4pt]
E[G_i(\frac{a-c_H+|\Delta c|}{3b}, \frac{a+c_H+|\Delta c|}{3b})] & \text{(A.5c)} \\[4pt]
E[G_i(\frac{a}{3b}, \frac{a-c_H+|\Delta c|}{3b})] & \text{(A.5d)} \\[4pt]
E[G_i(\frac{a}{3b}, \frac{a}{3b})] & \text{(A.5e)} \\[4pt]
E[G_i(\frac{a}{3b}, \frac{a+c_H+|\Delta c|}{3b})] & \text{(A.5f)} \\[4pt]
E[G_i(\frac{a+c_H+|\Delta c|}{3b}, \frac{a-c_H+|\Delta c|}{3b})] & \text{(A.5g)} \\[4pt]
E[G_i(\frac{a+c_H+|\Delta c|}{3b}, \frac{a}{3b})] & \text{(A.5h)} \\[4pt]
E[G_i(\frac{a+c_H+|\Delta c|}{3b}, \frac{a+c_H+|\Delta c|}{3b})], & \text{(A.5i)}
\end{cases}
$$

wobei sich (A.5e) und (A.5f) sowie (A.5h) und (A.5i) jeweils entsprechen. im Anschluss wird (A.5a) zunächst mit (A.5d) und dann mit (A.5g) verglichen, um zu überprüfen, ob ein einseitiges Abweichen von der Strategie $h_{i1} = \frac{a-c_H+|\Delta c|}{3b}$ gerechtfertigt wäre.[10]

---

[10]Der Vergleich erfolgt via der Funktion **Reduce**: Gibt es Konstellationen, in denen der Gewinn aus den Strategien (A.5d), (A.5g) größer als (A.5a) ist, ist ein Abweichen in diesen Fällen vorteilhaft.

```
ClearAll[a, b, ch, d]

Simplify[(a - 2 b * ((a - ch + d) / (3 b))) * (a - ch + d) / (3 b) - (a - ch + d) / (3 b) * ch]
```

$$\frac{a^2 + ch^2 + ch\,d - 2\,d^2 - a\,(2\,ch + d)}{9\,b}$$

```
Factor[a² + ch² + ch d - 2 d² - a (2 ch + d)]
```

$(a - ch - 2 d)\ (a - ch + d)$

```
Simplify[(a - b * ((a - ch + d) / (3 b) + a / (3 b))) * (a - ch + d) / (3 b) - (a - ch + d) / (3 b) * ch]
```

$$-\frac{-a^2 + 3\,a\,ch - 2\,ch^2 + ch\,d + d^2}{9\,b}$$

```
Factor[-a² + 3 a ch - 2 ch² + ch d + d²]
```

$- (a - 2\,ch - d)\ (a - ch + d)$

```
Simplify[(a - b * ((a - ch + d) / (3 b) + a / (2 b) - (a - ch + d) / (6 b))) * (a - ch + d) / (3 b) -
    (a - ch + d) / (3 b) * ch]
```

$$\frac{2\,a^2 - 7\,a\,ch + 5\,ch^2 + a\,d - 4\,ch\,d - d^2}{18\,b}$$

```
Factor[2 a² - 7 a ch + 5 ch² + a d - 4 ch d - d²]
```

$(2\,a - 5\,ch - d)\ (a - ch + d)$

```
Simplify[(a - b * ((a - ch + d) / (3 b) + a / (3 b))) * (a) / (3 b) - (a) / (3 b) * ch]
```

$(2\,a - 5\,ch - d)\ (a - ch + d)$

$$\frac{a\,(a - 2\,ch - d)}{9\,b}$$

```
Simplify[(a - b * ((a) / (3 b) + a / (3 b))) * a / (3 b) - a / (3 b) * ch]
```

$$\frac{a\,(a - 3\,ch)}{9\,b}$$

```
Simplify[(a - b * ((a - ch + d) / (3 b) + a / (2 b) - (a - ch + d) / (6 b))) *
    (a / (2 b) - (a - ch + d) / (6 b)) - (a + ch + d) / (3 b) * ch]
```

$$\frac{4\,a^2 - 11\,ch^2 - 14\,ch\,d + d^2 - 4\,a\,(2\,ch + d)}{36\,b}$$

```
Simplify[(a - 2 * b * (a) / (3 b)) * (a / (3 b)) - (a + ch + d) / (3 b) * ch]
```

$$\frac{a^2 - 3\,a\,ch - 3\,ch\,(ch + d)}{9\,b}$$

```
Reduce[ a² + ch² + ch d - 2 d² - a (2 ch + d)      a (a - 2 ch - d)
       ──────────────────────────────────  <  ───────────────  && a > ch + d > 0 && b > 0 && ch > d > 0, a]
                   9 b                              9 b
```

$$\text{Reduce}\left[\frac{a^2 + ch^2 + ch\,d - 2\,d^2 - a\,(2\,ch + d)}{9\,b} < \frac{a\,(a - 2\,ch - d)}{9\,b}\ \&\&\ a > ch + d > 0\ \&\&\ b > 0\ \&\&\ ch > d > 0,\ a\right]$$

False

$$\text{Reduce}\left[\frac{a^2 + ch^2 + ch\,d - 2\,d^2 - a\,(2\,ch + d)}{9\,b} < \frac{4\,a^2 - 11\,ch^2 - 14\,ch\,d + d^2 - 4\,a\,(2\,ch + d)}{36\,b}\ \&\&\right.$$
$$\left. a > ch + d > 0\ \&\&\ b > 0\ \&\&\ ch > d > 0,\ a\right]$$

False

Abbildung A.6: Mathematica Code: Vergleich Erwarteter Gewinn bei beidseitigem Hedging

A.5 Die Wertrelevanz des Risikomanagements

In den voranstehenden Kapiteln wurde herausgearbeitet, dass ein Risikomanagement innerhalb des Unternehmens den Unternehmenswert auf vielfältige Weise beeinflussen kann. Dieser Einfluss ergibt sich insbesondere aus Zusammenhängen zwischen unternehmerischem Risiko und resultierenden Effizienzverlusten in den Beziehungen zu Stakeholdern,[11] aber auch aus den wettbewerblichen Beziehungen zu Konkurrenten: hier kann Risikomanagement die Marktmacht des Unternehmens beeinflussen.[12] Beide Einflussmöglichkeiten, die im Rahmen dieser Arbeit als Effizienz- und Monopoleffekte bezeichnet wurden, sind nicht durch Kapitalmarktteilnehmer duplizierbar und können deshalb prinzipiell Auswirkungen auf den Unternehmenswert haben.

Generell muss für ein Risikomanagement, das wertsteigernde Effekte im Sinne einer Eigentümerorientierung[13] haben soll, folgender Zusammenhang gelten:[14]

$$E_H > E_{oH}$$
$$V_H - D_H > V_{oH} - D_{oH}$$

$$\sum_{t=1}^{T} \frac{E[\tilde{X}_{H,t}]}{\prod_{\kappa=1}^{t}(1 + k_{H,\kappa})} - D_H > \sum_{t=1}^{T} \frac{E[\tilde{X}_{oH,t}]}{\prod_{\kappa=1}^{t}(1 + k_{oH,\kappa})} - D_{oH}.$$

Der Marktwert des Eigenkapitals unter Einbezug von Hedgingmaßnahmen E_H muss also größer sein als derjenige ohne diese, E_{oH}. Dieser Marktwert des Eigenkapitals lässt sich als Differenz aus dem Marktwert des gesamten Unternehmens unter Einbezug der Zahlungsströme an alle Kapitalgeber V und dem Marktwert des Fremdkapitals D ermitteln. In Abschnitt 3.3

---

[11]Vgl. Kapitel 4.
[12]Vgl. Kapitel 5.
[13]Vgl. hierzu Abschnitt 3.2.2.
[14]Vgl. zum Unternehmenswertkalkül Abschnitt 3.3.

wurde der Marktwert des Unternehmens als Summe der diskontierten, erwarteten Zahlungsströme $E[\tilde{X}_t]$ über die Lebensdauer des Unternehmens ermittelt, wobei der Diskontierungsfaktor k_t die Risiko- und Finanzierungsstruktur des Unternehmens widerspiegelt.

Im Folgenden sollen Überlegungen angestellt werden, wie die Wertrelevanz von Effizienz- und Monopoleffekten des Risikomanagements zusammenfassend aufgezeigt werden kann. Dazu wird ebenso wie in Kapitel 2, wo zunächst auf eine Irrelevanz des Risikomanagements für den Unternehmenswert verwiesen wurde, auf einen State-Preference-Ansatz zurückgegriffen.[15] Abschließend werden einige empirische Untersuchungen zusammengefasst, die sich mit der Wertrelevanz des Risikomanagements auseinandersetzen.

Effizienzverluste, wie sie in Kapitel 4 thematisiert wurden, können als Opportunitätskosten für das Unternehmen interpretiert werden. Sie stellen einen Nutzenverlust gegenüber einem theoretischen Optimum dar. Denkbar ist entsprechend, zumindest einen Teil dieser Effizienzverluste als Kostengröße in den Wertkalkül einzubeziehen. So wurde gezeigt, dass sich direkte und indirekte Insolvenzkosten, aber auch Koordinationsprobleme in Bezug auf das Management des Unternehmens im Cashflow widerspiegeln.[16]

Monopoleffekte, wie sie in Kapitel 5 thematisiert wurden, können als Einflussfaktor auf die Marktmacht des Unternehmens interpretiert werden. Im einfachen Oligopol-Modell wirkt sich die Marktmacht eines Unternehmens auf seine Gewinnspanne, also die Differenz aus erzielbaren Umsatzerlösen und Umsatzkosten aus. Diese Gewinnspanne kann in einer vereinfachenden Betrachtung als Cashflow-Größe interpretiert werden.

---

[15]Vgl. Abschnitt 2.2.3.3.

[16]Vgl. für die zusammenfassende Übersicht zu Effizienzverlusten und Auswirkungen des Risikomangements auf diese, Abschnitt 4.7.

Zur Veranschaulichung werden diese Effekte in einer einperiodigen Betrachtung im Rahmen eines State-Preference-Ansatzes gemäß Abschnitt 2.2.3.3 modelliert. Im Rahmen dieser Betrachtung werden Effizienzeffekte des Risikomanagements als Komponente des Zahlungsstroms betrachtet, die von der Schwankungsbreite der Zahlungen insgesamt abhängig sind. Monopoleffekte des Risikomanagements werden abgebildet, indem dem Risikomanagement eine Wirksamkeit als Modifikation der Zahlungsstromfunktion zugeschrieben wird.

Der Kapitalmarkt sei vollständig definiert durch zwei Arrow-Debreu-Wertpapiere WP_1, WP_2 mit dem Preis p_1, p_2 zum Zeitpunkt $t = 0$. Das Wertpapier WP_1 generiert zum Zeitpunkt $t = 1$ im Umweltzustand $s = 1$ einen Zahlungsstrom mit dem Wert 1, ansonsten (in $s = 2$) ist der Zahlungsstrom 0. Das Wertpapier WP_2 generiert zum Zeitpunkt $t = 1$ im Umweltzustand $s = 2$ einen Zahlungsstrom mit dem Wert 1, ansonsten (in $s = 1$) ist der Zahlungsstrom 0. In einem Markt mit einem zukünftigen Zeitpunkt mit zwei möglichen Umweltzuständen ist das Preissystem damit vollständig definiert und jeglicher unsichere Zahlungsstrom kann bewertet werden.

Ein Unternehmen generiert in $t = 1$ einen unsicheren Zahlungsstrom, der aus zwei Komponenten besteht: Für $s = 1$ wird ohne Durchführung einer Hedgingmaßnahme ein niedriger Zahlungsstrom X_{oH-} realisiert; für $s = 2$ der hohe Zahlungsstrom X_{oH+}. Zusätzlich entstehen Effizienzverluste aus den Beziehungen des Unternehmens mit seinen Stakeholdern, C_{EL}. Diese Effizienzverluste sind von der Schwankungsbreite der Auszahlung abhängig, $|X(s = 1) - X(s = 2)|$, und nehmen mit zunehmender Schwankungsbreite ebenfalls zu, sind aber vom Umweltzustand unabhängig. So werden zusammenfassend die negativen Werteffekte aus Kapitel 4 abgebildet. Der Zahlungsstrom des Unternehmens ist dabei eine Funktion der Zufallsvariablen $\tilde{z}$, sodass die niedrige Ausprägung des Zahlungsstroms X_{oH-} dem Funktionswert $X_{oH}(z_1)$ entspricht; die hohe Ausprägung X_{oH+} entspricht dem Funktionswert $X_{oH}(z_2)$. Eine strategische Risikomanagement-

Maßnahme, die wirksam im Sinne von Kapitel 5 ist, bewirkt eine Modifikation der Zahlungsstromfunktion, sodass eine gehedgte Zahlungsstromfunktion an Stelle der ursprünglichen Funktion tritt, $X_{oH}(\tilde{z}) \mapsto X_H(\tilde{z})$. Wird durch diese Maßnahme eine Risikoverminderung erreicht, so gilt $|X_H(z_1) - X_H(z_2)| < |X_{oH}(z_1) - X_{oH}(z_2)|$.

Effizienzeffekte

Aufgrund der vorgegebenen zustandsabhängigen Zahlungsansprüche p_1, p_2 beträgt der Marktwert des ungehedgten Unternehmens in $t = 0$ bei Berücksichtigung von Effizienzverlusten:

$$V_{oH} = p_1 X_{oH-} + p_2 X_{oH+} - (p_1 + p_2)C_{EL,oH}.$$

Soll nun durch eine Hedging-Maßnahme die Unsicherheit im Zahlungsstrom des Unternehmens eliminiert werden, so kann bspw. im Zustand $s = 1$ die Hälfte der Differenz aus dem vorteilhaften und dem weniger vorteilhaften, unsicheren Zahlungsstrom zusätzlich generiert werden $(\frac{X_{oH+} - X_{oH-}}{2})$ und im Zustand $s = 2$ dieser Betrag von X_{oH+} abgezogen werden. Eine solche Hedging-Aktivität ist wiederum zu bewerten und hat in $t = 0$ einen Marktwert von $\frac{X_{oH+} - X_{oH-}}{2}(p_1 - p_2)$, den das Unternehmen für die Hedging-Maßnahme aufzubringen hat. Zu diesem Zweck ist ein Kredit aufzunehmen, der in $t = 1$ einen sicheren Zahlungsrückfluss zur Folge hat.

Eine solche Maßnahme ist, wie in Abschnitt 2.2.3.3 gezeigt wurde, ohne Beachtung von Monopol- und Effizienzeffekten des Risikomanagements für den Wert des Zahlungsstroms irrelevant.[17] Wird nun aber ein Effizienzverlust C_{EL} einbezogen, der von der Variabilität der Cashflows abhängig ist, so resultiert ein Effizienzeffekt des Risikomanagements. Ein positiver

---

[17]Vgl. insb. Tabelle 2.1.

Tabelle A.2: Effizienz- und Monopoleffekt des Hedgings[*]

Zeitpunkt	Marktwert in t_0	Zahlungsstrom in t_1	
Umweltzustand		s_1	s_2
zustandsabhängige Zahlungsansprüche	p_1	1	0
	p_2	0	1

Unternehmen ohne Hedging

zustandsabhängiger Zahlungsstrom	$p_1 X_{oH-} + p_2 X_{oH+}$	X_{oH-}	X_{oH+}
Effizienzverlust	$-(p_1 + p_2)C_{EL,oH}$	$-C_{EL,oH}$	$-C_{EL,oH}$

Gehedgtes Unternehmen: Effizienzeffekte

zustandsabhängiger Zahlungsstrom	$p_1 X_{oH-} + p_2 X_{oH+}$	X_{oH-}	X_{oH+}
Hedging	$-\dfrac{X_{oH+}-X_{oH-}}{2}(p_1 - p_2)$	$\dfrac{X_{oH+}-X_{oH-}}{2}$	$-\dfrac{X_{oH+}-X_{oH-}}{2}$
Kredit	$\dfrac{X_{oH+}-X_{oH-}}{2}(p_1 - p_2)$	$-\dfrac{X_{oH+}-X_{oH-}}{2}\dfrac{p_1-p_2}{p_1+p_2}$	$-\dfrac{X_{oH+}-X_{oH-}}{2}\dfrac{p_1-p_2}{p_1+p_2}$
Summe	$p_1 X_{oH-} + p_2 X_{oH+}$	$\dfrac{p_1 X_{oH-} + p_2 X_{oH+}}{p_1+p_2}$	$\dfrac{p_1 X_{oH-} + p_2 X_{oH+}}{p_1+p_2}$
Effizienzverlust	$-(p_1 + p_2)C_{EL,H}$	$-C_{EL,H}$	$-C_{EL,H}$

Gehedgtes Unternehmen: Monopol- und Effizienzeffekte

modifizierter Zahlungsstrom	$p_1 X_H + p_2 X_H$	$X_H(z_1)$	$X_H(z_2)$
Effizienzverlust	$-(p_1 + p_2)C_{EL,H}$	$-C_{EL,H}$	$-C_{EL,H}$

[*] eigene Darstellung

Werteffekt des Risikomanagements aus Effizienzeffekten resultiert genau dann, wenn die Effizienzverluste ohne Risikomanagement größer sind als diejenigen in einem gehedgten Unternehmen, $C_{EL,oH} > C_{EL,\bar{H}}$.[18] Zwar ist die Maßnahme an sich durch Kapitalmarktteilnehmer duplizierbar, nicht aber die folgende Veränderung der Effizienzverluste.

Diese Wertdifferenz ist konzeptionell vergleichbar mit dem Marktwert der Tax Shields, allerdings bei weitem nicht so leicht zu approximieren.[19]

---

[18] Vgl. Tabelle A.2

[19] So bleiben auch die vorgestellten Arbeiten, die Effizienzeffekte des Risikomanagements aufzeigen, bei deren qualitativer Beschreibung stehen.

Der Marktwertunterschied des Risikomanagements aus Effizienzeffekten bemisst sich aus:

$$\Delta_E V = (p_1 + p_2)(C_{EL,oH} - C_{EL,H}).$$

Eine differenziertere Betrachtung der Effizienzverluste aus Kapitel 4 macht eine Aufteilung der Effizienzverluste aus unternehmerischem Risiko in verschiedene Komponenten denkbar:[20]

$$C_{EL} = E[\tilde{C}_{dirIns}] + C_{indIns} + C_{TS} + C_{Ag} + C_{Inv}.$$

Die Summe der Effizienzverluste ergibt sich aus der Summe der erwarteten direkten Insolvenzkosten $E[\tilde{C}_{dirIns}]$, der indirekten Insolvenzkosten aus schlechteren Vertragsbeziehungen mit Stakeholdern C_{indIns}, der entgangenen Tax Shields C_{TS}, die durch eine höhere Verschuldung bei geringerem Unternehmensrisiko möglich wären, sonstiger Agency Kosten aus den Vertragsbeziehungen des Unternehmens C_{Ag}, in denen Risiko in Verbindung mit Informationsasymmetrien zu Effizienzverlusten führt, sowie Opportunitätskosten aus unterlassenen Investitionen C_{Inv}. Am ehesten handhabbar scheint dabei eine Quantifizierung der erwarteten direkten Insolvenzkosten als Funktion der Ausfallwahrscheinlichkeit, sowie der entgangenen Tax Shields aus einer möglichen höheren Verschuldung.

Monopoleffekte

Ausgangspunkt für die Berücksichtigung bestimmter Monopoleffekte ist zunächst wieder der Zahlungsstrom eines Unternehmens. Dieser ergibt sich in einer einfachen Betrachtung als Differenz aus den Umsatzerlösen

---

[20]Vgl. Abschnitt 4.7.

und den Umsatzkosten, die in Abschnitt 5.6 von einer Zufallsvariablen $\tilde{z}$ abhängen.[21] Eine Hedgingmaßnahme, die im Sinne von Kapitel 5 Auswirkungen auf das strategische Gleichgewicht hat, modifiziert die Cashflow-Funktion des Unternehmens, $X_{oH}(\tilde{z}) \mapsto X_H(\tilde{z})$.

Eine Absicherung dieser Art führt im strategischen Gleichgewicht zu einer Veränderung des Marktwerts der zukünftigen Zahlungen, bzw., das strategische Hedging entspricht nicht dem Hedging durch die Kapitalmarktteilnehmer:

$$p_1 X_H(z_1) + p_2 X_H(z_2) \neq p_1 X_{oH}(z_1) + p_2 X_{oH}(z_2).$$

Dabei hängt das Vorzeichen der Differenz zwischen dem Marktwert mit und ohne Kostenhedging davon ab, ob alle am Produktmarkt konkurrierenden Unternehmen über die Absicherungsmöglichkeiten verfügen.[22] Bei einem Preishedging ist von einem wettbewerbsfördernden Effekt des Hedging, also einer Verringerung der Gewinnspanne, auszugehen.[23] Auch bestehen Wechselwirkungen mit den strategischen Effekten der Fremdfinanzierung: Kann die aus der Fremdfinanzierung resultierende aggressivere Output-Strategie abgeschwächt werden, so kann auf diesem Wege eine Erhöhung der Gewinnspanne als indirekte Auswirkung des Hedging folgen.[24]

Es wird davon ausgegangen, dass die Durchführung der Absicherungsmaßnahme im modifizierten Gewinn eingepreist ist und dass zunächst keine weitere Hedgingmaßnahme durchgeführt wird. Der Monopoleffekt des Risikomanagements bemisst sich dann in einem Wertunterschied:

---

[21] Je nach Modell handelt es sich bei der Zufallsvariablen um einen Schock auf den Absatz, vgl. Abschnitt 5.6.1, oder um einen Kostenschock, vgl. Abschnitte 5.6.2 und 5.6.3.

[22] Vgl. Abschnitte 5.6.2 und 5.6.3

[23] Vgl. Abschnitt 5.6.1.

[24] Vgl. Abschnitt 5.3.3

$$\Delta_M V = p_1 X_H(z_1) + p_2 X_H(z_2) - (p_1 X_{oH}(z_1) + p_2 X_{oH}(z_2))$$

Bezieht man außerdem mit ein, dass ein erfolgreiches strategisches Hedging die Schwankungsbreite der Zahlungsrückflüsse beeinflusst, so zieht der Monopoleffekt des Risikomanagements einen Effizienzeffekt nach sich. Der gesamte Werteffekt des Risikomanagements unter Beachtung der Effizienz- und Monopoleffekte bemisst sich dann als:

$$\begin{aligned}
\Delta_{RM} V &= \Delta_M V + \Delta_{RM} V \\
&= p_1 X_H(z_1) + p_2 X_H(z_2) - (p_1 X_{oH}(z_1) + p_2 X_{oH}(z_2)) \\
&\quad + (p_1 + p_2)(C_{EL,oH} - C_{EL,H}).
\end{aligned}$$

Unter Rückgriff auf die Ergebnisse aus den Kapiteln 4 und 5 kann sich in bestimmten Marktkonstellationen eine strategische Notwendigkeit für ein unternehmerisches Risikomanagement ergeben.[25] Ob ein solcher strategischer Hedgingeffekt sich positiv oder negativ auf den Marktwert des Unternehmens auswirkt, hängt dabei vor allem davon ab, ob die direkten Konkurrenten des Unternehmens am Produktmarkt über die gleichen Absicherungsmöglichkeiten verfügen. In solchen Fällen wird der Werteffekt des strategischen Risikomanagements regelmäßig kleiner gleich Null sein. Allerdings sind zusätzlich Effizienzeffekte des Risikomanagements zu beachten: diese Effekte resultieren vor allem aus einer Verbesserung der Vertragsbeziehung mit den Stakeholdern des Unternehmens, aber auch aus einer Verminderung der erwarteten Kosten aus Insolvenz und Financial Distress. Diese Effekte können von Kapitalmarktteilnehmern nicht dupliziert werden.

Im wesentlichen wird mit der vorgestellten Modellierung unterstellt, dass sich Risikomanagement innerhalb des Unternehmens mittels einer Veränderung der betrieblichen Ergebnisfunktion auf den Unternehmenswert

---

[25]Vgl. insb. Abschnitte 5.6.1, 5.6.2 und 5.6.3.

auswirken kann. Nur durch eine solche Modifikation der Ergebnisfunktion kann eine betriebliche Maßnahme einen Gegenwert haben, der sich nicht vom Kapitalmarkt nachbilden lässt.

Literatur

AAKER, David A./Robert JACOBSON (1987). „The role of risk in explaining differences in profitability". In: *Academy of Management Journal* 30.2, S. 277–296.

ACHARYA, Viral V./Heitor ALMEIDA/Murillo CAMPELLO (2013). „Aggregate Risk and the Choice between Cash and Lines of Credit". In: *Journal of Finance* 68.5, S. 2059–2116.

ACHARYA, Viral V./Yakov AMIHUD/Lubomir LITOV (2011). „Creditor rights and corporate risk-taking". In: *Journal of Financial Economics* 102.1, S. 150–166.

ADAM, Tim R. (2002). „Do Firms Use Derivatives to Reduce their Dependence on External Capital Markets?" In: *European Finance Review* 6.2, S. 163–187.

ADAM, Tim R./Chitru S. FERNANDO (2008). „Can Companies Use Hedging Programs to Profit from the Market? Evidence from Gold Producers". In: *Journal of Applied Corporate Finance* 20.4, S. 86–97.

ADAM, Tim R./Chitru S. FERNANDO/Evgenia GOLUBEVA (2013). „Do Managers Exhibit Loss Aversion in Their Risk Management Practices? Evidence from the Gold Mining Industry". In: *Advances in financial risk management*. Hrsg. von Jonathan BATTEN/Peter MACKAY/Niklas F. WAGNER, S. 105–124.

ADAM, Tim/Sudipto DASGUPTA/Sheridan TITMAN (2007). „Financial Constraints, Competition, and Hedging in Industry Equilibrium". In: *The Journal of Finance* 62.5, S. 2445–2473.

ADAM, Tim/Chitru FERNANDO (2006). „Hedging, speculation and share-holder value". In: *Journal of Financial Economics* 81, S. 283–309.

ADAM, Tim/Amrita NAIN (2013). „Strategic Risk Management and Product Market Competition". In: *Advances in financial risk management*. Hrsg. von Jonathan BATTEN/Peter MACKAY/Niklas F. WAGNER, S. 3–29.

ADILOV, Nodir (2012). „Strategic use of forward contracts and capacity constraints". In: *International Journal of Industrial Organization* 30.2, S. 164–173.

AGGARWAL, Rajesh K./Andrew A. SAMWICK (2003). „Why Do Managers Diversify Their Firms? Agency Reconsidered". In: *Journal of Finance* 58.1, S. 71–118.

AÏD, René/Gilles CHEMLA/Arnaud PORCHET/Nizar TOUZI (2011). „Hedging and Vertical Integration in Electricity Markets". In: *Management Science* 57.8, S. 1438–1452.

AKERLOF, George A. (1970). „The Market for 'Lemons': Quality Uncertainty and the Market Mechanism". In: *Quarterly Journal of Economics* 84.3, S. 488–500.

AKRON, Sagi/Simon BENNINGA (2013). „Production and hedging implications of executive compensation schemes". In: *Journal of Corporate Finance* 19, S. 119–139.

ALCHIAN, Armen A. (1969). „Corporate management and property rights". In: *Economic policy and the regulation of corporate securities*, S. 337–360.

ALCHIAN, Armen A./Harold DEMSETZ (1972). „Production, Information Costs, and Economic Organization". In: *The American Economic Review* 62.5, S. 777–795.

ALEXANDROV, Alexei (2011). *Firms Should be Risky at the Margin*. Arbeitspapier. URL: http://ssrn.com/abstract=1880062.

ALLAYANNIS, George/Ugur LEL/Darius P. MILLER (2004). *The use of foreign currency derivatives, corporate governance, and firm value around the world*. Arbeitspapier.

– (2012). „The use of foreign currency derivatives, corporate governance, and firm value around the world". In: *Journal of International Economics* 87.1, S. 65–79.

ALLAYANNIS, George/James P. WESTON (2001). „The use of foreign currency derivatives and firm market value". In: *The review of financial studies* 14.1, S. 243–276.

ALLAZ, Blaise (1992). „Oligopoly, uncertainty and strategic forward transactions". In: *International Journal of Industrial Organization* 10.2, S. 297–308.

ALLAZ, Blaise/Jean-Luc VILA (1993). „Cournot Competition, Forward Markets and Efficiency". In: *Journal of Economic Theory* 59.1, S. 1–16.

ALMEIDA, Heitor/Murillo CAMPELLO/Michael S. WEISBACH (2004). „The Cash Flow Sensitivity of Cash". In: *Journal of Finance* 59.4, S. 1777–1804.

– (2011). „Corporate financial and investment policies when future financing is not frictionless". In: *Journal of Corporate Finance* 17.3, S. 675–693.

ALMEIDA, Heitor/Thomas PHILIPPON (2007). „The Risk-Adjusted Cost of Financial Distress". In: *The Journal of Finance* 62.6, S. 2557–2586.

ALTMAN, E. I./E. HOTCHKISS (2010). *Corporate Financial Distress and Bankruptcy: Predict and Avoid Bankruptcy, Analyze and Invest in Distressed Debt*. Wiley.

ALTMAN, Edward I. (1984). „A Further Empirical Investigation of the Bankruptcy Cost Question". In: *The Journal of Finance* 39.4, S. 1067–1089.

AMIT, R./B. WERNERFELT (1990). „Why Do Firms Reduce Business Risk?" In: *Academy of Management Journal* 33, S. 520–533.

ANDERSEN, Torben Juul (2009). „Effective risk management outcomes: Exploring effects of innovation and capital structure". In: *Journal of strategy and management* 2.4, S. 352–379.

ANSOFF, H. Igor (1965). *Corporate Strategy: An Analytic Approach to Business Policy for Growth and Expansion.* New York, NY: MacGraw-Hill.

APPEL, Markus/Andreas HOFFJAN (2014). „State-of-the-Art der empirischen Risikomanagementforschung". In: *Wirtschaftswissenschaftliches Studium : WiSt ; Zeitschrift für Studium und Forschung* 43.2, S. 64–70.

ARBEITSKREIS EXTERNE UND INTERNE ÜBERWACHUNG DER UNTERNEHMUNG DER SCHMALENBACH-GESELLSCHAFT FÜR BETRIEBSWIRTSCHAFT E. V. , KÖLN (2010). „Aktuelle Herausforderungen im Risikomanagement - Innovationen und Leitlinien". In: *Der Betrieb* 23, S. 1245–1252.

ARETZ, Kevin/Söhnke M. BARTRAM/Gunter DUFEY (2007). „Why hedge? Rationales for corporate hedging and value implications". In: *Journal of Risk Finance* 8.5, S. 434–449.

ARROW, K. J. (1964). „The Role of Securities in the Optimal Allocation of Risk-bearing". In: *The Review of Economic Studies* 31.2, S. 91–96.

ARROW, Kenneth J. (1975). „Vertical integration and communication". In: *Bell Journal of Economics* 6.1, S. 173–183.

ARROW, Kenneth Joseph (1963). *Social choice and individual values.* 2nd ed. New Haven, CT: Yale University Press.

– (1974). *The limits of organization.* New York, NY: Norton.

ASHER, Cheryl Carleton/James M. MAHONEY/Joseph T. MAHONEY (2005). „Towards a Property Rights Foundation for a Stakeholder Theory of the Firm". In: *Journal of Management and Governance* 9.1, S. 5–32.

ASHTON, D. J. (1995). „The cost of equity capital and a generalisation of the dividend growth model". In: *Accounting and Business Research* 26.1, S. 3–17.

BAIN, Joe S. (1951). „Relation of Profit Rate to Industry Concentration: American Manufacturing, 1936-1940". In: *The Quarterly Journal of Economics* 65.3, S. 293–324.

– (1956). „Advantages of the large firm: Production, distribution, and sales promotion". In: *Journal of Marketing* 20.4, S. 336–346.

BALLWIESER, Wolfgang/Dirk HACHMEISTER (2013). *Unternehmensbewertung: Prozess, Methoden und Probleme.* 4., überarb. Auflage. Stuttgart: Schäffer-Poeschel.

BAMBERG, Günter/Adolf Gerhard COENENBERG/Michael KRAPP (2012). *Betriebswirtschaftliche Entscheidungslehre.* 15. Aufl. München: Vahlen.

BARNARD, Chester I. (1938). *The Functions of the Executive.* Cambridge, MA: Harvard University Press.

BARNEY, Jay B. (1986a). „Organizational Culture: Can It Be a Source of Sustained Competitive Advantage?" In: *The Academy of Management Review* 11.3, S. 656–665.

– (1986b). „Strategic Factor Markets: Expectations, Luck, and Business Strategy". In: *Management Science* 32.10, S. 1231–1241.

BARNEY, Jay (1991). „Firm Resources and Sustained Competitive Advantage". In: *Journal of Management* 17.1, S. 99–120.

BARTRAM, Söhnke M. (2000). „Corporate Risk Management as a Lever for Shareholder Value Creation". In: *Financial Markets, Institutions & Instruments* 9.5, S. 279–324.

BARTRAM, Söhnke M./Gregory W. BROWN/Jennifer CONRAD (2011). „The Effects of Derivatives on Firm Risk and Value". In: *Journal of Financial and Quantitative Analysis* 46.04, S. 967–999.

BARTRAM, Söhnke M./Gregory W. BROWN/Frank R. FEHLE (2004). *International Evidence on Financial Derivatives Usage.* Arbeitspapier. URL: http://public.kenan-flagler.unc.edu/faculty/browngr/irm.pdf (besucht am 18.01.2016).

– (2009). „International evidence on financial derivatives usage". In: *Financial Management* 38.1, S. 185–206.

BASEL COMMITTEE ON BANKING SUPERVISION (2005). *Basel II: International Convergence of Capital Measurement and Capital Standards.* Basel.

– (2011). *Basel III: a global regulatory framework for more resilient banks and banking systems.* December 2010 (rev. June 2011). Basel: Bank for International Settlements.

BAXTER, Nevins D. (1967). „Leverage, Risk of Ruin and the Cost of Capital". In: *The Journal of Finance* 22.3, S. 395–403.

BEA, Franz Xaver/Jürgen HAAS (2005). *Strategisches Management.* 4., neu bearb. Aufl. Stuttgart: Lucius & Lucius.

BEATTY, Anne/Reining PETACCHI/Haiwen ZHANG (2012). „Hedge commitments and agency costs of debt: evidence from interest rate protection covenants and accounting conservatism". In: *Review of Accounting Studies* 17.3, S. 700–738.

BERGER, Wolfram/Dirk BATTENFELD (2008). „Preispolitik und Hedging bei Ungewißheit". In: *Betriebswirtschaftliche Forschung und Praxis* 3, S. 197–209.

BERK, Jonathan B./Richard STANTON/Josef ZECHNER (2010). „Human Capital, Bankruptcy, and Capital Structure". In: *The Journal of Finance* 65.3, S. 891–926.

BESANKO, David (2009). *Economics of strategy.* 5th International student ed. Chichester: John Wiley & Sons.

BESSEMBINDER, Hendrik (1991). „Forward Contracts and Firm Value: Investment Incentive and Contracting Effects". In: *Journal of Financial & Quantitative Analysis* 26.4, S. 519–532.

BESTER, Helmut (1987). „The role of collateral in credit markets with imperfect information". In: *Special Issue on Market Competition, Conflict and Collusion* 31.4, S. 887–899.

– (2012). *Theorie der Industrieökonomik.* 6., korr. und erg. Aufl. Aufl. 2013. Berlin, Heidelberg: Springer Gabler.

BEYER, Bettina/Dirk HACHMEISTER/Niklas LAMPENIUS (2010). „Die Bedeutung des Risikomanagements in Unternehmen — Eine empirische Untersuchung". In: *Controlling & Management* 54.2, S. 114–121.

BILMOG (29.05.2009). *Gesetz zur Modernisierung des Bilanzrechts: Bilanzrechtsmodernisierungsgesetz – BilMoG*. URL: http://www.bgbl.d e/xaver/bgbl/start.xav?startbk=Bundesanzeiger_BGBl&jumpTo =bgbl109s1102.pdf#__bgbl__%2F%2F*%5B%40attr_id%3D%27bgbl1 09s1102.pdf%27%5D__1432735276769.

BILREG (4.12.2004). *Gesetz zur Einführung internationaler Rechnungslegungsstandards und zur Sicherung der Qualität der Abschlussprüfung: Bilanzrechtsreformgesetz*. URL: http://www.bgbl.de/xaver/bgbl/st art.xav?startbk=Bundesanzeiger_BGBl&jumpTo=bgbl104s3166.p df#__bgbl__%2F%2F*%5B%40attr_id%3D%27bgbl104s3166.pdf%27 %5D__1432819973232.

BLACK, Fischer/Myron SCHOLES (1973). „The pricing of options and corporate liabilities". In: *The Journal of Political Economy*, S. 637–654.

BLUM, Ulrich/Simone MÜLLER/Andreas WEISKE (2006). *Angewandte Industrieökonomik: Theorien, Modelle, Anwendungen*. Wiesbaden: Gabler.

BOCK, Julita/Anne CHWOLKA (2014). „Wie effektiv ist Risiko-Management?" In: *Controlling & Management Review* 58.2, S. 60–68.

BOLTON, Patrick/Hui CHEN/Neng WANG (2011). „A Unified Theory of Tobin's q, Corporate Investment, Financing, and Risk Management". In: *Journal of Finance* 66.5, S. 1545–1578.

– (2012). *Market Timing, Investment, and Risk Management*. Arbeitspapier. URL: http://ssrn.com/paper=1571149 (besucht am 17.04.2016).

BOLTON, Patrick/David S. SCHARFSTEIN (1990). „A Theory of Predation Based on Agency Problems in Financial Contracting". In: *The American Economic Review* 80.1, S. 93–106.

BOLTON, Patrick/Michael D. WHINSTON (1993). „Incomplete Contracts, Vertical Integration, and Supply Assurance." In: *Review of Economic Studies* 60.1, S. 121–149.

BOOTH, Laurence (1991). „The Influence of Production Technology on Risk and the Cost of Capital". In: *Journal of Financial & Quantitative Analysis* 26.1, S. 109–127.

BOVA, Francesco/Kalin KOLEV/Jacob K. THOMAS/X. Frank ZHANG (2014). „Non-executive employee ownership and corporate risk". In: *The Accounting Review* 90.1, S. 115–145.

BOWMAN, Cliff/Veronique AMBROSINI (2000). „Value creation versus value capture: towards a coherent definition of value in strategy". In: *British Journal of Management* 11.1, S. 1–15.

BRANDER, James A./Tracy R. LEWIS (1986). „Oligopoly and Financial Structure: The Limited Liability Effect". In: *The American Economic Review* 76.5, S. 956–970.

– (1988). „Bankruptcy Costs and the Theory of Oligopoly". In: *The Canadian Journal of Economics / Revue canadienne d'Economique* 21.2, S. 221–243.

BRAUN, Herbert (1984). *Risikomanagement: Eine spezifische Controllingaufgabe.* Darmstadt: STMV.

BREEDEN, Douglas/S. VISWANATHAN (1998). *Why do firms hedge? An asymmetric information model.* Arbeitspapier. URL: http://www.doug breeden.net/uploads/Breeden_1991_Viswanathan_Why_Do_Firms _Hedge_Unpublished.pdf (besucht am 17.04.2016).

BREUER, Wolfgang (2010). *Portfoliomanagement.* 3., aktualisierte und überarb. Aufl. Wiesbaden: Gabler.

BROLL, Udo/Jack E. WAHL/Christoph WESSEL (2011). „Export, exchange rate risk and hedging: the duopoly case". In: *German Economic Review* 12.4, S. 490–502.

BUSSMANN, Karl Friedrich (1955). *Das betriebswirtschaftliche Risiko.* Meisenheim am Glan: Anton Hain.

CALLAHAN, Matthew (2002). „To Hedge or Not to Hedge... That Is the Question. Empirical Evidence from the North American Gold Mining Industry 1996–2000". In: *Financial Markets, Institutions & Instruments* 11.4, S. 271–288.

CAMPBELL, Tim S./William A. KRACAW (1990). „Corporate Risk Management and the Incentive Effects of Debt". In: *Journal of Finance* 45.5, S. 1673–1686.

CAMPELLO, Murillo (2003). „Capital structure and product markets interactions: evidence from business cycles". In: *Journal of Financial Economics* 68.3, S. 353–378.

CAMPELLO, Murillo/Chen LIN/Y. U.E. MA/Hong ZOU (2011). „The Real and Financial Implications of Corporate Hedging". In: *The Journal of Finance* 66.5, S. 1615–1647.

CARTER, David A./Daniel A. ROGERS/Betty J. SIMKINS (2006a). „Does hedging affect firm value? Evidence from the US airline industry". In: *Financial Management*, S. 53–86.

– (2006b). „Hedging and Value in the U.S. Airline Industry". In: *Journal of Applied Corporate Finance* 18.4, S. 21–33.

CARTER, David/Daniel ROGERS/Betty J. SIMKINS (2003). *Does fuel hedging make economic sense? The Case of the U.S. Airline Industry.* Arbeitspapier. URL: http://www.gresi-cetai.hec.ca/cref/sem/do cuments/030923.pdf (besucht am 17.04.2016).

CHAMBERLIN, Edward (1969). *The theory of monopolistic competition; A re-orientation of the theory of value.* 8th ed. Cambridge, MA: Harvard University Press.

CHANDLER, Alfred Dupont (1990). *Strategy and structure: Chapters in the history of the industrial enterprise.* Cambridge, MA: M.I.T. Press.

CHEN, Jun/Tao-Hsien Dolly KING (2014). „Corporate hedging and the cost of debt". In: *Journal of Corporate Finance* 29.0, S. 221–245.

CHEVALIER, Judith A. (1995a). „Capital Structure and Product-Market Competition: Empirical Evidence from the Supermarket Industry". In: *The American Economic Review* 85.3, S. 415–435.

– (1995b). „Do LBO Supermarkets Charge More? An Empirical Analysis of the Effects of LBOs on Supermarket Pricing". In: *The Journal of Finance* 50.4, S. 1095–1112.

CHMIELEWICZ, Klaus (1994). *Forschungskonzeptionen der Wirtschaftswissenschaft*. 3. Aufl. Stuttgart: Schäffer-Poeschel.

CLARKSON, Max B. E. (1995). „A Stakeholder Framework for Analyzing and Evaluating Corporate Social Performance". In: *The Academy of Management Review* 20.1, S. 92–117.

COASE, Ronald H. (1937). „The Nature of the Firm". In: *Economica* 4.16, S. 386–405.

– (1972). „Industrial Organization: A Proposal for Research". In: *Policy issues and research opportunities in industrial organization*. Hrsg. von Victor R. FUCHS. National Bureau of Economic Research. General series, no. 96 Economic research: retrospect and prospect, v. 3. New York, NY: National Bureau of Economic Research und distributed by Columbia University Press, S. 59–73.

COENENBERG, Adolf Gerhard/Rainer SALFELD (2007). *Wertorientierte Unternehmensführung: Vom Strategieentwurf zur Implementierung*. 2., überarb. Aufl. Stuttgart: Schäffer-Poeschel.

COFF, Russell W. (1999). „When Competitive Advantage Doesn't Lead to Performance: The Resource-Based View and Stakeholder Bargaining Power". In: *Organization Science* 10.2, S. 119–133.

CONINE, Thomas E. (1983). „On the theoretical relationship between systematic risk and price elasticity of demand". In: *Journal of Business Finance & Accounting* 10.2, S. 173–182.

COOPER, Ian A./Antonio S. MELLO (1999). „Corporate Hedging: The Relevance of Contract Specifications and Banking Relationships". In: *European Finance Review* 2.2, S. 195–223.

COPELAND, Thomas E./J. Fred WESTON/Kuldeep SHASTRI (2005). *Financial theory and corporate policy*. 4th ed. Boston, MA: Addison-Wesley.

CORNELL, Bradford/Alan C. SHAPIRO (1987). „Corporate Stakeholders and Corporate Finance". In: *Financial Management (1972)* 16.1, S. 5–14.

COURNOT, Antoine Augustin (1838). *Recherches sur les principes mathématiques de la théorie des richesses*. Paris: L. Hachette.

CYERT, Richard Michael/James G. MARCH (1992). *A behavioral theory of the firm*. 2nd ed. Cambridge, MA: Blackwell Business.

CYREE, K./Pinghsun HUANG (2004). *Bank Hedging and Derivatives Use: The Impact on and Sources of Shareholder Value and Risk*. Arbeitspapier.

DANTHINE, Jean-Pierre/John B. DONALDSON (2002). „Labour Relations and Asset Returns". In: *The Review of Economic Studies* 69.1, S. 41–64.

DEMARZO, Peter M./Darrell DUFFIE (1991). „Corporate Financial Hedging with Proprietary Information". In: *Journal of Economic Theory* 53.2, S. 261–286.

– (1995). „Corporate incentives for hedging and hedge accounting". In: *Review of Financial Studies* 8.3.

DEBREU, Gerard (1959). *Theory of value: An axiomatic analysis of economic equilibrium*. New Haven, CT: Yale University Press.

DEMSETZ, Harold (1967). „Towards a Theory of Property Rights". In: *The American Economic Review* 57.2, S. 347–359.

– (1969). „Information and Efficiency: Another Viewpoint". In: *Journal of Law and Economics* 12.1, S. 1–22.

DENRELL, Jerker/Christina FANG/Sidney G. WINTER (2003). „The Economics of Strategic Opportunity". In: *Strategic Management Journal* 24.10, S. 977–990.

DIEDRICH, Ralf (2003). „Die Sicherheitsäquivalentmethode der Unternehmensbewertung. Ein (auch) entscheidungstheoretisch wohlbegründbares

Verfahren". In: *Zeitschrift für betriebswirtschaftliche Forschung* 55.5, S. 281–286.

DIEDRICH, Ralf/Stefan DIERKES (2015). *Kapitalmarktorientierte Unternehmensbewertung*. Stuttgart: Kohlhammer.

DIEDRICH, Ralf/Carolin STIER (2013). „Risikoorientierte Kennzahlen im Rahmen der wertorientierten Unternehmensführung". In: *Jahrbuch für Controlling und Rechnungswesen 2013*. Hrsg. von Gerhard SEICHT. Bd. 2013. Jahrbuch für Controlling und Rechnungswesen. Wien: LexisNexis, S. 237–256.

DIERICKX, Ingemar/Karel COOL (1989). „Asset Stock Accumulation and Sustainability of Competitive Advantage". In: *Management Science* 35.12, S. 1504–1511.

DIERKES, Stefan/Hans-Christian GRÖGER (2010). „Hybride Finanzierungspolitiken in der Unternehmensbewertung". In: *Finanz Betrieb* 1.1, S. 59.

DIGGELMANN, Patrick B. (1999). *Value at risk: Kritische Betrachtung des Konzepts : Möglichkeiten der Übertragung auf den Nichtfinanzbereich*. Zürich: Versus.

DISATNIK, David/Ran DUCHIN/Breno SCHMIDT (2014). „Cash Flow Hedging and Liquidity Choices". In: *Review of Finance* 18.2, S. 715–748.

DIXIT, Avinash (1979). „A Model of Duopoly Suggesting a Theory of Entry Barriers". In: *Bell Journal of Economics* 10.1, S. 20–32.

DONALDSON, Thomas/Lee E. PRESTON (1995). „The stakeholder theory of the corporation: Concepts, evidence, and implications". In: *Academy of Management Review* 20.1, S. 65–91.

DÖRSCHELL, Andreas/Lars FRANKEN/Jörn SCHULTE (2009). *Der Kapitalisierungszinssatz in der Unternehmensbewertung: Praxisgerechte Ableitung unter Verwendung von Kapitalmarktdaten*. Düsseldorf: IDW-Verl.

DRUKARCZYK, Jochen/Andreas SCHÜLER (2009). *Unternehmensbewertung: [Excel-Dateien zu allen Berechnungen und Übungsaufgaben auf CD]*. 6., überarb. und erw. Aufl. München: Vahlen.

DUFEY, Gunter/Sam L. SRINIVASULU (1983). „The case for corporate management of foreign exchange risk". In: *Financial Management*, S. 54–62.

DYCKHOFF, Harald/Heinz AHN (2001). „Sicherstellung der Effektivität und Effizienz der Führung als Kernfunktion des Controlling". In: *Controlling & Management* 45.2, S. 111–121.

EHRMANN, Harald (2012). *Risikomanagement in Unternehmen: Mit Basel lll.* 2. aktual. und erhebl. überarb. Aufl. Herne: Kiehl.

EISENHARDT, Kathleen M. (1989). „Agency Theory: An Assessment and Review". In: *The Academy of Management Review* 14.1, S. 57–74.

ERLEI, Mathias/Peter-Jürgen JOST (2001). „Theoretische Grundlagen des Transaktionskostenansatzes". In: *Der Transaktionskostenansatz in der Betriebswirtschaftslehre*. Hrsg. von Peter-Jürgen JOST. Stuttgart: Schäffer-Poeschel.

ERLEI, Mathias/Dirk SAUERLAND/Martin LESCHKE (2007). *Neue Institutionenökonomik.* 2., überarb. und erw. Aufl. Stuttgart: Schäffer-Poeschel.

FAMA, Eugene F. (1977). „Risk-adjusted discount rates and capital budgeting under uncertainty". In: *Journal of Financial Economics* 5.1, S. 3–24.

– (1980). „Agency Problems and the Theory of the Firm". In: *Journal of Political Economy* 88.2, S. 288–307.

FAMA, Eugene F./Michael C. JENSEN (1983). „Agency Problems and Residual Claims". In: *Journal of Law and Economics* 26.2, S. 327–349.

FIEGE, Stefanie (2006). *Risikomanagement- und Überwachungssystem nach KonTraG: Prozess, Instrumente, Träger.* Wiesbaden: Deutscher Universitäts-Verlag.

FIEGE, Stefanie (2010). „Risikomanagement und KonTraG". In: *Perspektiven des Strategischen Controllings*. Hrsg. von Marko REIMER/Stefanie FIEGE. Gabler, S. 301–312.

FISHER, Franklin M. (1989). „Games economists play: a noncooperative view". In: *The RAND Journal of Economics*, S. 113–124.

FRANKE, Günter/Herbert HAX (2009). *Finanzwirtschaft des Unternehmens und Kapitalmarkt*. 6., überarb. und erw. Berlin und Heidelberg: Springer.

FREILING, Jörg (2001). *Resource-based view und ökonomische Theorie: Grundlagen und Positionierung des Ressourcenansatzes*. Wiesbaden: Dt. Univ.-Verl.

– (2010). *Markt und Unternehmung. Eine marktorientierte Einführung in die Betriebswirtschaftslehre*. 3., überarbeitete und erweiterte Auflage. Wiesbaden: Gabler.

FROOT, Kenneth A./David S. SCHARFSTEIN/Jeremy C. STEIN (1993). „Risk Management: Coordinating Corporate Investment and Financing Policies". In: *The Journal of Finance* 48, S. 1629–1658.

FUDENBERG, Drew/Jean TIROLE (1991). *Game theory*. Cambridge, MA: MIT Press.

FURUBOTN, Eirik G./Svetozar PEJOVICH (1972). „Property Rights and Economic Theory: A Survey of Recent Literature". In: *Journal of Economic Literature* 10.4, S. 1137–1162.

GAMBA, Andrea/Alexander J. TRIANTIS (2011). „Corporate Risk Management: Integrating Liquidity, Hedging, and Operating Policies". In: *Robert H. Smith School Research Paper No. RHS 06-106*.

GAY, Gerald D./Jouahn NAM (1998). „The underinvestment problem and corporate derivatives use". In: *Financial Management*, S. 53–69.

GERTNER, Robert H./David S. SCHARFSTEIN/Jeremy C. STEIN (1994). „Internal versus External Capital Markets". In: *Quarterly Journal of Economics* 109.4, S. 1211–1230.

GIBBONS, Robert (2005). „Four formal(izable) theories of the firm?" In: *Theories of the Firm* 58.2, S. 200–245.

GJESDAL, Frøystein (1982). „Information and Incentives: The Agency Information Problem". In: *The Review of Economic Studies* 49.3, S. 373–390.

GLAUM, Martin (2002). „The determinants of selective exchange risk management – Evidence from German non-financial corporations". In: *Journal of Applied Corporate Finance* 14.4, S. 108–121.

GLAZER, Jacob (1994). „The strategic effects of long-term debt in imperfect competition". In: *Journal of Economic Theory* 62.2, S. 428–443.

GLEISSNER, Werner (2011). *Grundlagen des Risikomanagements im Unternehmen.* 2. Aufl. München: Vahlen.

GOSSY, Gregor (2008). *A Stakeholder Rationale for Risk Management: Implications for Corporate Finance Decisions.* Wiesbaden: Gabler.

GRANOVETTER, Mark (1992). „Economic Institutions as Social constructions: A Framework for Analysis". In: *Acta Sociologica (Taylor & Francis Ltd)* 35.1, S. 3–11.

GRÖGER, Hans-Christian (2009). *Kapitalmarktorientierte Unternehmensbewertung: Untersuchung unter Berücksichtigung der persönlichen Besteuerung der Kapitalgeber.* Wiesbaden: Gabler.

GROSSMAN, Sanford J./Oliver D. HART (1983). „An Analysis of the Principal-Agent Problem". In: *Econometrica* 51.1, S. 7–45.

– (1986). „The Costs and Benefits of Ownership: A Theory of Vertical and Lateral Integration". In: *Journal of Political Economy* 94.4, S. 691–719.

GUNTHER, Thomas (1997). *Unternehmenswertorientiertes Controlling.* München: Vahlen.

HAHN, Dietger (2006). „Strategische Unternehmungsführung — Grundkonzept". In: *Strategische Unternehmungsplanung — Strategische Unternehmungsführung.* Hrsg. von Dietger HAHN/Bernard TAYLOR. Berlin und Heidelberg: Springer, S. 29–50.

HALLER, Axel (2002). „Wertschöpfung". In: *Handwörterbuch Unternehmensrechnung und Controlling*. Hrsg. von Hans-Ulrich KÜPPER/Alfred WAGENHOFER. Bd. Bd. 3. Enzyklopädie der Betriebswirtschaftslehre. Stuttgart: Schäffer-Poeschel, S. 2131–2142.

HAMEL, Gary/Coimbatore K. PRAHALAD (1990). „The core competence of the corporation". In: *Harvard Business Review* 68.3, S. 79–91.

HARFORD, Jarrad/Sandy KLASA/William F. MAXWELL (2014). „Refinancing Risk and Cash Holdings". In: *The Journal of Finance* 69.3, S. 975–1012.

HARRIS, Milton/Artur RAVIV (1991). „The Theory of Capital Structure". In: *The Journal of Finance* 46.1, S. 297–355.

HART, Oliver (1989). „An Economist's Perspective on the Theory of the Firm". In: *Columbia Law Review* 89.7, S. 1757–1774.

HART, Oliver/John MOORE (1990). „Property Rights and the Nature of the Firm". In: *The Journal of Political Economy* 98.6, S. 1119–1158.

HAYEK, Friedrich A. (1945). „The use of knowledge in society". In: *American Economic Review* 35.4, S. 519.

HEINEN, E. (1971). „Der entscheidungsorientierte Ansatz in der Betriebswirtschaftslehre". In: *Zeitschrift für Betriebswirtschaft* 41.7, S. 429–444.

HENS, Thorsten/Jörg LAITENBERGER/Andreas LÖFFLER (2002). „Two remarks on the uniqueness of equilibria in the CAPM". In: *Journal of Mathematical Economics* 37.2, S. 123–132.

HENZE, Norbert (2013). *Stochastik für Einsteiger: Eine Einführung in die faszinierende Welt des Zufalls*. 10., überarb. Aufl. 2013. Wiesbaden: Springer Spektrum.

HILLMAN, Amy J./Gerald D. KEIM (2001). „Shareholder value, stakeholder management, and social issues: what's the bottom line?" In: *Strategic Management Journal* 22.2, S. 125–139.

HINZE, Anne-Kathrin/Remmer SASSEN (2014). „Auswirkungen der mit Basel III einhergehenden aufsichtsrechtlichen Anforderungen auf die

Steuerung von Kreditinstituten". In: *Wirtschaftsprüfung* 67.12, S. 618–629.

HOANG, Daniel/Martin E. RUCKES (2015). *Corporate Risk Management, Product Market Competition, and Disclosure.* Arbeitspapier. URL: htt p://finance.fbv.kit.edu/rd_download/Corporate_Risk_Manage ment_Product_Market_Competition_and_Disclosure.pdf (besucht am 18.04.2016).

HOLLER, Manfred J./Gerhard ILLING (2006). *Einführung in die Spieltheorie.* 6., überarbeitete Aufl. Berlin, Heidelberg: Springer.

HOLMSTRÖM, Bengt (1979). „Moral Hazard and Observability". In: *The Bell Journal of Economics* 10.1, S. 74–91.

HOLMSTRÖM, Bengt/Jean TIROLE (1989). „The theory of the firm". In: *Handbook of Industrial Organization.* Hrsg. von Richard SCHMALENSEE/Robert WILLIG. Bd. Volume 1. Amsterdam u.a.: Elsevier, S. 61–133.

– (2000). „Liquidity and Risk Management". In: *Journal of Money, Credit and Banking* 32.3, S. 295–319.

HULL, John C. (2014). *Risikomanagement: Banken, Versicherungen und andere Finanzinstitutionen.* 3., aktualisierte Auflage. Hallbergmoos: Pearson Deutschland.

HUNGENBERG, Harald (2014). *Strategisches Management in Unternehmen: Ziele - Prozesse - Verfahren.* 8. Aufl. Wiesbaden: Gabler.

HUNGENBERG, Harald/Torsten WULF (2011). *Grundlagen der Unternehmensführung.* 4., aktualisierte und erw. Aufl. Berlin und Heidelberg: Springer.

IDW, Hrsg. (2014). *WP Handbuch 2014: Wirtschaftsprüfung, Rechnungslegung, Beratung, Band II.* 14., vollständig überarbeitete u. aktualisierte Aufl. Düsseldorf: IDW.

JENSEN, Michael C. (1983). „Organization Theory and Methodology". In: *The Accounting Review* 58.2, S. 319–339.

JENSEN, Michael C. (2001). „Value Maximization, Stakeholder Theory, and the Corporate Objective Function". In: *Journal of Applied Corporate Finance* 14.3, S. 8–21.

– (2002). „Value maximization, stakeholder theory, and the corporate objective function". In: *Business Ethics Quarterly* 12.2, S. 235–256.

JENSEN, Michael C./William H. MECKLING (1976). „Theory of the firm: Managerial behavior, agency costs and ownership structure". In: *Journal of Financial Economics* 3.4, S. 305–360.

JENSEN, Michael C./Richard S. RUBACK (1983). „The Market for Corporate Control: The Scientific Evidence". In: *Journal of Financial Economics* 11.1–4, S. 5–50.

JENSEN, Michael C./Clifford W. SMITH Jr. (2000). *Stockholder, Manager, and Creditor Interests: Applications of Agency Theory.* Arbeitspapier. URL: http://ssrn.com/abstract=173461.

JIN, Yanbo/Philippe JORION (2004). *Firm value and hedging: Evidence from US oil and gas producers.* Arbeitspapier.

– (2006). „Firm value and hedging: Evidence from US oil and gas producers". In: *The Journal of Finance* 61.2, S. 893–919.

JORION, Philippe (1997). *Value at risk: The new benchmark for controlling market risk.* Chicago, IL: Irwin Professional Pub.

JOST, Peter-Jürgen (2001a). „Der Transaktionskostenansatz im Unternehmenskontext". In: *Der Transaktionskostenansatz in der Betriebswirtschaftslehre.* Hrsg. von Peter-Jürgen JOST. Stuttgart: Schäffer-Poeschel.

– (2001b). „Die Prinzipal-Agenten-Theorie im Unternehmenskontext". In: *Die Prinzipal-Agenten-Theorie in der Betriebswirtschaftslehre.* Hrsg. von Peter-Jürgen JOST. Stuttgart: Schäffer-Poeschel.

KALE, Jayant R./Costanza MENEGHETTI/Husayn SHAHRUR (2013). „Contracting with Nonfinancial Stakeholders and Corporate Capital Structure: The Case of Product Warranties". In: *Journal of Financial and Quantitative Analysis* 48.03, S. 699–727.

KALE, Jayant R./Husayn SHAHRUR (2007). „Corporate capital structure and the characteristics of suppliers and customers". In: *Journal of Financial Economics* 83.2, S. 321–365.

KIM, Jongwook/Joseph T. MAHONEY (2002). „Resource-Based and Property Rights Perspectives on Value Creation: The Case of Oil Field Unitization". In: *Managerial & Decision Economics* 23.4/5, S. 225–245.

– (2005). „Property rights theory, transaction costs theory, and agency theory: an organizational economics approach to strategic management". In: *Managerial & Decision Economics* 26.4, S. 223–242.

KIM, Young Sang/Ike MATHUR/Jouahn NAM (2004). *Is Operational Hedging a Substitute for or a Complement to Financial Hedging?* Arbeitspapier.

– (2006). „Is operational hedging a substitute for or a complement to financial hedging?" In: *Journal of Corporate Finance* 12.4, S. 834–853.

KLEIN, Benjamin/Robert G. CRAWFORD/Armen A. ALCHIAN (1978). „Vertical Integration, Appropriable Rents, and the Competitive Contracting Process". In: *Journal of Law and Economics* 21.2, S. 297–326.

KNABE, Matthias (2012). *Die Berücksichtigung von Insolvenzrisiken in der Unternehmensbewertung.* Lohmar und Köln: Josef Eul.

KNIGHT, Frank Hyneman (1921). *Risk, Uncertainty, and Profit.* Boston, MA und New York, NY: Houghton Mifflin.

KOLLER, Tim/Marc H. GOEDHART/David WESSELS (2015). *Valuation: Measuring and managing the value of companies.* Sixth edition. Hoboken, NJ: John Wiley & Sons.

KONTRAG (01.05.1998). *Gesetz zur Kontrolle und Transparenz im Unternehmensbereich.* URL: http://www.bgbl.de/xaver/bgbl/start.x av?startbk=Bundesanzeiger_BGBl&jumpTo=bgbl198s0786.pdf.

KOVENOCK, Dan/Gordon M. PHILLIPS (1997). „Capital structure and product market behavior: an examination of plant exit and investment decisions". In: *Review of Financial Studies* 10.3, S. 767–803.

KRAUS, Alan/Robert H. LITZENBERGER (1973). „A state-preference model of optimal financial leverage". In: *The Journal of Finance* 28.4, S. 911–922.

KRUSCHWITZ, Lutz/Arnd LODOWICKS/Andreas LÖFFLER (2005). „Zur Bewertung insolvenzbedrohter Unternehmen". In: *Die Betriebswirtschaft* 3, S. 221–236.

KRUSCHWITZ, Lutz/Andreas LÖFFLER/Daniela LORENZ (2012). „Zum Unlevering und Relevering von Betafaktoren: Stellungnahme zu Meitner/Streitferdt, WPg 2012, S. 1037-1047—Zugleich Grundsatzüberlegungen zu Kapitalkostendefinitionen". In: *Wirtschaftsprüfung* 65.19, S. 1048–1052.

KUERSTEN, Wolfgang/Rainer LINDE (2011). „Corporate hedging versus risk-shifting in financially constrained firms: The time-horizon matters!" In: *Financial Flexibility and Corporate Liquidity* 17.3, S. 502–525.

KÜRSTEN, Wolfgang (2002). „„Unternehmensbewertung unter Unsicherheit ", oder: Theoriedefizit einer künstlichen Diskussion über Sicherheitsäquivalent-und Risikozuschlagsmethode". In: *Zeitschrift für betriebswirtschaftliche Forschung* 54.3, S. 128–144.

– (2003). „Grenzen und Reformbedarfe der Sicherheitsäquivalentmethode in der (traditionellen) Unternehmensbewertung". In: *Zeitschrift für betriebswirtschaftliche Forschung* 55.5, S. 306–314.

– (2006a). „Corporate Hedging, Stakeholderinteresse und Shareholder Value". In: *Journal für Betriebswirtschaft* 56.1, S. 3–31.

– (2006b). „Risikomanagement und aktionärsorientierte Unternehmenssteuerung — mehr Fragen als Antworten". In: *Kapitalmarkt, Unternehmensfinanzierung und rationale Entscheidungen*. Hrsg. von Wolfgang KÜRSTEN/Bernhard NIETERT. Berlin und Heidelberg: Springer, S. 179–204.

KÜTING, Karlheinz/Ulrike EIDEL (1999). „Marktwertansatz contra Ertragswert- und Discounted Cash Flow-Verfahren". In: *Finanz Betrieb* 9, S. 225–231.

LAITENBERGER, Jörg (2006). „Rendite und Kapitalkosten". In: *Zeitschrift für Betriebswirtschaft* 76.1, S. 79–101.

LATHAM, Gary P./Edwin A. LOCKE (1979). „Goal setting—A motivational technique that works". In: *Organizational Dynamics* 8.2, S. 68–80.

LAUX, Helmut (2006). *Wertorientierte Unternehmenssteuerung und Kapitalmarkt: Fundierung finanzwirtschaftlicher Entscheidungskriterien und (Anreize für) deren Umsetzung ; mit 10 Tabellen.* 2., vollst. neu bearb. Berlin [u.a.]: Springer.

– (2014). *Entscheidungstheorie.* 9., vollst. überarb. Aufl. 2014. Berlin und Heidelberg: Springer Gabler.

LAUX, Helmut/Matthias M. SCHABEL (2009). *Subjektive Investitionsbewertung, Marktbewertung und Risikoteilung: Grenzpreise aus Sicht börsennotierter Unternehmen und individueller Investoren im Vergleich.* Berlin, Heidelberg: Springer-Verlag.

LE COQ, Chloé/Henrik ORZEN (2006). „Do forward markets enhance competition?: Experimental evidence". In: *Journal of Economic Behavior & Organization* 61.3, S. 415–431.

LEE, Cheng-Few/K. THOMAS LIAW/Shafiqur RAHMAN (1990). „Impacts of market power and capital-labor ratio on systematic risk: A Cobb-Douglas approach". In: *Journal of Economics and Business* 42.3, S. 237–241.

LELAND, Hayne E. (1998). „Agency Costs, Risk Management, and Capital Structure". In: *The Journal of Finance* 53.4, S. 1213–1243.

LEV, Baruch (1974). „On the Association Between Operating Leverage and Risk". In: *The Journal of Financial and Quantitative Analysis* 9.4, S. 627–641.

LEWELLEN, Wilbur G./S. G. BADRINATH (1997). „On the measurement of Tobin's q". In: *Journal of Financial Economics* 44.1, S. 77–122.

LIM, Sonya Seongyeon/Heli WANG (2007). „The effect of financial hedging on the incentives for corporate diversification: The role of stakeholder firm-specific investments". In: *Journal of Economic Behavior &* *Organization* 62.4, S. 640–656.

LINTNER, John (1965). „The Valuation of Risk Assets and the Selection of Risky Investments in Stock Portfolios and Capital Budgets". In: *The Review of Economics and Statistics* 47.1, S. 13–37.

LISKI, Matti/Juan-Pablo MONTERO (2006). „Forward trading and collusion in oligopoly". In: *Journal of Economic Theory* 131.1, S. 212–230.

LITTKEMANN, Jörn/Philipp REINBACHER/Siegfried DICK (2014). „Direkte und indirekte Einflüsse eines Ratings auf den Unternehmenswert: Eine kritische Analyse am Beispiel der RWE AG". In: *Corporate Finance* 5.2, S. 74–83.

LIU, Tingjun/Christine A. PARLOUR (2009). „Hedging and competition". In: *Journal of Financial Economics* 94.3, S. 492–507.

LOCKE, Edwin A. (1996). „Motivation through conscious goal setting". In: *Applied and Preventive Psychology* 5.2, S. 117–124.

LOCKE, Edwin A./Gary P. LATHAM (2002). „Building a practically useful theory of goal setting and task motivation: A 35-year odyssey". In: *American Psychologist* 57.9, S. 705–717.

LODOWICKS, Arnd (2007). *Riskantes Fremdkapital in der Unternehmensbewertung: Bewertung von Insolvenzkosten auf Basis der Discounted-Cashflow-Theorie.* Wiesbaden: Dt. Univ.-Verl.

LOOKMAN, Aziz A. (2004). *Does hedging really increase firm value? Evidence from oil and gas producing firms.* Arbeitspapier. URL: https://www.fdic.gov/bank/analytical/CFR/2004/sept/CFRCP_2004-09_Lookman.pdf (besucht am 17.04.2016).

LOSS, Frederic (2012). „Optimal Hedging Strategies and Interactions between Firms". In: *Journal of Economics & Management Strategy* 21.1, S. 79–129.

MACKAY, Peter/Sara B. MOELLER (2007). „The Value of Corporate Risk Management". In: *Journal of Finance* 62.3, S. 1379–1419.

MacKay, Peter/Gordon M. Phillips (2005). „How does industry affect firm financial structure?" In: *Review of Financial Studies* 18.4, S. 1433–1466.

MacMinn, Richard D. (1987a). „Forward Markets, Stock Markets, and the Theory of the Firm". In: *Journal of Finance* 42.5, S. 1167–1185.

– (1987b). „Insurance and Corporate Risk Management". In: *The Journal of Risk and Insurance* 54.4, S. 658–677.

Mahoney, Joseph T./Pandian, J. Rajendran (1992). „The Resource-Based View Within the Conversation of Strategic Management". In: *Strategic Management Journal* 13.5, S. 363–380.

Maksimovic, Vojislav (1988). „Capital Structure in Repeated Oligopolies". In: *The RAND Journal of Economics* 19.3, S. 389–407.

Maksimovic, Vojislav/Sheridan Titman (1991). „Financial policy and reputation for product quality". In: *Review of Financial Studies* 4.1, S. 175–200.

Maksimovic, Vojislav/Josef Zechner (1991). „Debt, Agency Costs, and Industry Equilibrium". In: *The Journal of Finance* 46.5, S. 1619–1643.

Mandl, Gerwald/Klaus Rabel (1997). *Unternehmensbewertung: Eine praxisorientierte Einführung.* Wien [u.a.]: Ueberreuter.

Markowitz, Harry (1952). „Portfolio Selection". In: *The Journal of Finance* 7.1, S. 77–91.

Mason, Edward S. (1939). „Price and Production Policies of Large-Scale Enterprise". In: *The American Economic Review* 29.1, S. 61–74.

Matsa, David A. (2010). „Capital Structure as a Strategic Variable: Evidence from Collective Bargaining". In: *The Journal of Finance* 65.3, S. 1197–1232.

Mayers, David/Clifford W. Smith Jr. (1982). „On the Corporate Demand for Insurance". In: *Journal of Business* 55.2, S. 281–296.

– (1987). „Corporate insurance and the underinvestment problem". In: *Journal of Risk and Insurance*, S. 45–54.

MAYERS, David/Clifford W. SMITH Jr. (1990). „On the Corporate Demand for Insurance: Evidence from the Reinsurance Market". In: *Journal of Business* 63.1, S. 19–40.

MELLO, Antonio S./John E. PARSONS (1992). „Measuring the agency cost of debt". In: *The Journal of Finance* 47.5, S. 1887–1904.

MELLO, Antonio S./Martin E. RUCKES (2005). *Financial Hedging and Product Market Rivalry.* Arbeitspapier. URL: http://ssrn.com/abstract=687140 (besucht am 18.04.2016).

MERTON, Robert C. (1973). „Theory of rational option pricing". In: *The Bell Journal of economics and management science*, S. 141–183.

MIKES, Anette (2009). „Risk management and calculative cultures". In: *Management Accounting Research* 20.1, S. 18–40.

MILLER, Kent D./Wei-Ru CHEN (2003). „Risk and Firms' Costs". In: *Strategic Organization* 1.4, S. 355–382.

MINTZBERG, Henry (1987). „The strategy concept 1: Five P's for strategy". In: *California Management Review* 30.1, S. 11–24.

MITCHELL, Ronald K./Bradley R. AGLE/Donna J. WOOD (1997). „Toward a Theory of Stakeholder Identification and Salience: Defining the Principle of Who and What Really Counts". In: *The Academy of Management Review* 22.4, S. 853–886.

MÖBIUS, Christian/Catherine PALLENBERG (2013). *Risikomanagement in Versicherungsunternehmen.* 2., erg. Aufl. 2013. Berlin und Heidelberg: Springer Gabler.

MODIGLIANI, Franco/Merton H. MILLER (1958). „The Cost of Capital, Corporation Finance and the Theory of Investment". In: *American Economic Review* 48.3, S. 261.

– (1963). „Corporate Income Taxes and the Cost of Capital: A Correction". In: *The American Economic Review* 53.3, S. 433–443.

MOSSIN, Jan (1966). „Equilibrium in a Capital Asset Market". In: *Econometrica* 34.4, S. 768–783.

MOXTER, Adolf (1982). *Betriebswirtschaftliche Gewinnermittlung*. Tübingen: Mohr.

MOYER, R. Charles/Robert CHATFIELD (1983). „Market power and systematic risk". In: *Journal of Economics and Business* 35.1, S. 123–130.

MYERS, Stewart C. (1977). „Determinants of corporate borrowing". In: *Journal of Financial Economics* 5.2, S. 147–175.

MYERS, Stewart C./Nicholas S. MAJLUF (1984). „Corporate financing and investment decisions when firms have information that investors do not have". In: *Journal of Financial Economics* 13.2, S. 187–221.

NAIN, Amrita (2004). *The strategic motives for corporate risk management*. Arbeitspapier. URL: http://papers.ssrn.com/sol3/papers.c fm?abstract_id=558587 (besucht am 17.04.2016).

NANCE, Deana R./Clifford W. SMITH Jr./Charles W. SMITHSON (1993). „On the Determinants of Corporate Hedging". In: *Journal of Finance* 48.1, S. 267–284.

NASH, John F. (1950). „Equilibrium points in n-person games". In: *Proceedings of the national academy of sciences* 36.1, S. 48–49.

NGUYEN, Tristan (2008). *Handbuch der wert- und risikoorientierten Steuerung von Versicherungsunternehmen*. Karlsruhe: VVW.

NGUYEN, Tristan/Frank ROMEIKE (2012). *Versicherungsbetriebslehre: Grundlagen für Studium und Praxis*. Wiesbaden: Gabler.

NOCCO, Brian W./René M. STULZ (2006). „Enterprise Risk Management: Theory and Practice". In: *Journal of Applied Corporate Finance* 18.4, S. 8–20.

OPLER, Tim C./Sheridan TITMAN (1994). „Financial Distress and Corporate Performance". In: *The Journal of Finance* 49.3, S. 1015–1040.

PANOUSI, Vasia/Dimitris PAPANIKOLAOU (2012). „Investment, Idiosyncratic Risk, and Ownership". In: *Journal of Finance* 67.3, S. 1113–1148.

PAPE, Ulrich (2010). *Wertorientierte Unternehmensführung.* 4., überarb. Aufl. Sternenfels: Verl. Wiss. und Praxis.

PAUSENBERGER, Ehrenfried/Frank NASSAUER (2005). „Governing the Corporate Risk Management Function: Regulatory Issues". In: *Risk Management.* Hrsg. von Michael FRENKEL/Markus RUDOLF/Ulrich HOMMEL. Berlin und Heidelberg: Springer, S. 263–276.

PELSTER, Matthias (2013). „Marketable and non-hedgeable risk in a duopoly framework with hedging". In: *Journal of Economics and Finance.*

PENROSE, Edith Tilton (1959). *The theory of the growth in the firm.* Oxford: Blackwell.

PERRIDON, Louis/Manfred STEINER (2007). *Finanzwirtschaft der Unternehmung.* 14., überarb. und erw. Aufl. München: Vahlen.

PETERAF, Margaret A. (1993). „The Cornerstones of Competitive Advantage: A Resource-Based View". In: *Strategic Management Journal* 14.3, S. 179–191.

PFÄHLER, Wilhelm/Harald WIESE (1998). *Unternehmensstrategien im Wettbewerb eine spieltheoretische Analyse.* Berlin: Springer.

– (2008). *Unternehmensstrategien im Wettbewerb: Eine spieltheoretische Analyse.* 3., überarb. Aufl. Berlin und Heidelberg: Springer.

PHILLIPS, Gordon M. (1995). „Increased debt and industry product markets an empirical analysis". In: *Journal of Financial Economics* 37.2, S. 189–238.

PHILLIPS, Gordon/Giorgo SERTSIOS (2013). „How do firm financial conditions affect product quality and pricing?" In: *Management Science* 59.8, S. 1764–1782.

PICOT, Arnold/Helmut DIETL (1993). „Neue Institutionenökonomie und Recht". In: *Ökonomische Analyse des Unternehmensrechts.* Hrsg. von Claus OTT/Hans-Bernd SCHÄFER. Physica-Verlag HD, S. 306–330.

PICOT, Arnold/Helmut DIETL/Egon FRANCK (2008). *Organisation: Eine ökonomische Perspektive.* 5., aktualis. u. überarb. Aufl. Stuttgart: Schäffer-Poeschel.

PORTER, Michael E. (1979a). „How competitive forces shape strategy". In: *Harvard Business Review* 57.2, S. 137–145.

– (1979b). „The Structure within Industries and Companies' Performance". In: *The Review of Economics and Statistics* 61.2, S. 214–227.

– (1980). *Competitive strategy: Techniques for analyzing industries and competitors*. New York, NY: Free Press.

– (1981). „The Contributions of Industrial Organization to Strategic Management". In: *The Academy of Management Review* 6.4, S. 609–620.

– (2004). *Competitive advantage: Creating and sustaining superior performance*. New York, NY: Free Press.

– (2008). „The five competitive forces that shape strategy". In: *Harvard Business Review* 86.1, S. 78–93.

PRITSCH, Gunnar/Ulrich HOMMEL (1997). „Hedging im Sinne des Aktionärs: Ökonomische Erklärungsansätze für das unternehmerische Risikomanagement". In: *DBW Die Betriebswirtschaft* 5, S. 672.

RAMPINI, Adriano A./Amir SUFI/S. VISWANATHAN (2014). „Dynamic risk management". In: *Journal of Financial Economics* 111.2, S. 271–296.

RAPPAPORT, Alfred (1986). *Creating shareholder value: The new standard for business performance*. New York, NY: Free Press.

– (1987). „Linking competitive strategy and shareholder value analysis". In: *Journal of Business Strategy* 7.4, S. 58–67.

– (1998). *Creating shareholder value: A guide for managers and investors*. Revised and updated. New York, NY: Free Press.

RASMUSEN, Eric (1994). *Games and information: An introduction to game theory*. 2nd ed. Cambridge, MA: B. Blackwell.

REIM, Jürgen (2015). *Erfolgsrechnung: Wertsteigerung durch Wertschöpfung*. Wiesbaden: Gabler.

RICHTER, Rudolf/Eirik G. FURUBOTN (2010). *Neue Institutionenökonomik*. Tübingen: Mohr Siebeck.

ROBICHEK, Alexander A./Stewart C. MYERS (1966). „Problems in the Theory of Optimal Capital Structure". In: *Journal of Financial and Quantitative Analysis* 1.02, S. 1–35.

ROSS, Michael P. (1996). *Corporate hedging: What, why and how?* Arbeitspapier. Berkeley. URL: http://www.haas.berkeley.edu/groups /finance/WP/rpf280.pdf (besucht am 17.11.2015).

ROSS, Stephen A. (1973). „The Economic Theory of Agency: The Principal's Problem". In: *American Economic Review* 63.2, S. 134–139.

SAHA, Atanu/Burton MALKIEL (2012). „DCF Valuation with Cash Flow Cessation Risk". In: *Journal of Applied Finance* 22.1, S. 176–186.

SCHELD, Alexander (2013). *Fundamental Beta: Ermittlung des systematischen Risikos bei nicht börsennotierten Unternehmen.* Wiesbaden: Imprint: Springer Gabler.

SCHIERENBECK, Henner/Michael LISTER/Stefan KIRMSSE (2014). *Ertragsorientiertes Bankmanagement.* 9., vollst. überarb. und erw. Aufl. Wiesbaden: Springer Gabler.

SCHMALENSEE, Richard (1988). „Industrial Economics: An Overview". In: *The Economic Journal* 98.392, S. 643–681.

SCHMALENSEE, Richard/Robert WILLIG, Hrsg. (1989). *Handbook of Industrial Organization.* Amsterdam u.a.: Elsevier.

SCHOEMAKER, Paul J. H. (1990). „Strategy, Complexity and Economic Rent". In: *Management Science* 36.10, S. 1178–1192.

SCHOPPE, Siegfried G. (1995). *Moderne Theorie der Unternehmung.* München und Wien: Oldenbourg.

SCHWENKER, Burkhard/Klaus SPREMANN (2008). *Unternehmerisches Denken zwischen Strategie und Finanzen: Die vier Jahreszeiten der Unternehmung.* Berlin: Springer.

SCOTT, James H. (1976). „A Theory of Optimal Capital Structure". In: *The Bell Journal of Economics* 7.1, S. 33–54.

SELTEN, Reinhard (1965). „Spieltheoretische behandlung eines oligopolmodells mit nachfrageträgheit: Teil i: Bestimmung des dynamischen preisgleichgewichts". In: *Zeitschrift für die gesamte Staatswissenschaft/Journal of Institutional and Theoretical Economics*, S. 301–324.

SHAPIRO, Carl (1989). „The theory of business strategy". In: *The RAND Journal of Economics*, S. 125–137.

SHARPE, William F. (1964). „Capital asset prices: A theory of market equilibrium under conditions of risk*". In: *The Journal of Finance* 19.3, S. 425–442.

SHOHAM, Yoav/Kevin LEYTON-BROWN (2009). *Multiagent systems: Algorithmic, game-theoretic, and logical foundations*. Cambridge, MA und New York, NY: Cambridge University Press.

SHOWALTER, Dean M. (1995). „Oligopoly and financial structure: comment". In: *The American Economic Review*, S. 647–653.

SHY, Oz (1996). *Industrial organization: Theory and applications*. Cambridge, MA: MIT Press.

SIEBEN, Günter/Thomas SCHILDBACH (1994). *Betriebswirtschaftliche Entscheidungstheorie*. Werner.

SMITH, Adam (1776). *An inquiry into the nature and causes of the wealth of nations*. London: Printed for W. Strahan, and T. Cadell.

SMITH, Clifford W./René M. STULZ (1985). „The Determinants of Firms' Hedging Policies". In: *Journal of Financial & Quantitative Analysis* 20.4, S. 391–405.

SMITHSON, Charles/Betty J. SIMKINS (2005). „Does risk management add value? A survey of the evidence". In: *Journal of Applied Corporate Finance* 17.3, S. 8–17.

SOIN, Kim/Paul COLLIER (2013). *Risk and risk management in management accounting and control*.

SPANOS, Yiannis E./Spyros LIOUKAS (2001). „An examination into the causal logic of rent generation: Contrasting Porter's competitive strategy framework and the resource-based perspective". In: *Strategic Management Journal* 22.10, S. 907.

SPENCE, A. Michael (1977). „Entry, Capacity, Investment and Oligopolistic Pricing". In: *The Bell Journal of Economics* 8.2, S. 534–544.

SPREMANN, Klaus (1987). „Agent und Principal". In: *Agency Theory, Information, and Incentives*. Hrsg. von Günter BAMBERG/Klaus SPREMANN. Berlin und Heidelberg: Springer, S. 3–37.

– (1989). „Agent und Prinzipal". In: *Agency theory, information, and incentives*. Hrsg. von Günter BAMBERG/Klaus SPREMANN/Wolfgang BALLWIESER. Berlin und New York, NY: Springer-Verlag, S. 3–37.

STACKELBERG, H. von (1934). *Marktform und Gleichgewicht*. Wien und Berlin: J. Springer.

STEIN, Jeremy C. (1997). „Internal Capital Markets and the Competition for Corporate Resources". In: *The Journal of Finance* 52.1, S. 111–133.

STIGLITZ, Joseph E. (1969). „A re-examination of the Modigliani-Miller theorem". In: *The American Economic Review*, S. 784–793.

STRAUSS, Michael (2009). *Wertorientiertes Risikomanagement in Banken: Analyse der Wertrelevanz und Implikationen für Theorie und Praxis*. Wiesbaden: Gabler.

STRITZKE, Christoph (2010). *Marktorientiertes Personalmanagement durch Employer Branding: Theoretisch-konzeptioneller Zugang und empirische Evidenz*. Wiesbaden: Gabler.

STULZ, R. M. (1984). „Optimal Hedging Policies". In: *Journal of Financial and Quantitative Analysis* 19, S. 127–140.

– (1996). „Rethinking Risk Management". In: *Bank of America Journal of Applied Corporate Finance* 9, S. 8–24.

TIROLE, Jean (1998). *The theory of industrial organization*. 10th ed. Cambridge, MA: MIT Press.

– (2006). *The Theory of Corporate Finance*. Princeton, N.J: Princeton University Press.

TITMAN, Sheridan (1984). „The effect of capital structure on a firm's liquidation decision". In: *Journal of Financial Economics* 13.1, S. 137–151.

TOBIN, James (1958). „Liquidity Preference as Behavior Towards Risk". In: *The Review of Economic Studies* 25.2, S. 65–86.

TÖPFER, Armin (2005). *Betriebswirtschaftslehre: Anwendungs- und prozessorientierte Grundlagen*. Berlin [u.a.]: Springer.

TÖPFER, Armin/Christian DUCHMANN (2006). „Ganzheitliche Konzeption des wertorientierten Managements: Das Dresdner Modell des Wertorientierten Managements: Konzeption, Ziele und integrierte Sicht". In: *Wertorientiertes Management*. Hrsg. von Nikolaus SCHWEICKART/ Armin TÖPFER. Berlin, Heidelberg und New York: Springer.

TUFANO, P. (1996). „Who Manages Risk? An Empirical Examination of Risk Management Practices in the Gold Mining Industry". In: *The Journal of Finance* 51, S. 1097–1137.

VAN BINSBERGEN, Jules H./John R. GRAHAM/Jie YANG (2010). „The Cost of Debt The Cost of Debt The Journal of Finance". In: *Journal of Finance* 65.6, S. 2089–2136.

VARIAN, Hal R. (2011). *Grundzüge der Mikroökonomik*. 8., überarb. u. verb. Aufl. München: Oldenbourg.

WARNER, Jerold B. (1977a). „Bankruptcy Costs: Some Evidence". In: *The Journal of Finance* 32.2, S. 337–347.

– (1977b). „Bankruptcy, absolute priority, and the pricing of risky debt claims". In: *Journal of Financial Economics* 4.3, S. 239–276.

WERNERFELT, Birger (1984). „A resource-based view of the firm". In: *Strategic Management Journal* 5.2, S. 171–180.

WIEN, Andreas (2013). *Handels- und Gesellschaftsrecht*. Wiesbaden: Springer Fachmedien.

WIESE, Jörg (2003). „Zur theoretischen Fundierung der Sicherheitsäquivalentmethode und des Begriffs der Risikoauflösung bei der Unternehmensbewertung". In: *Zeitschrift für betriebswirtschaftliche Forschung* 55.5, S. 287–305.

WILLIAMSON, Oliver E. (1967). „Hierarchical Control and Optimum Firm Size". In: *Journal of Political Economy* 75.2, S. 123–138.

WILLIAMSON, Oliver E. (1973). „Markets and Hierarchies: Some Elementary Considerations". In: *The American Economic Review* 63.2, S. 316–325.

– (1975). *Markets and hierarchies, analysis and antitrust implications: A study in the economics of internal organization.* New York, NY: Free Press.

– (1979). „Transaction-Cost Economics: The Governance of Contractual Relations". In: *Journal of Law and Economics* 22.2, S. 233–261.

– (1981). „The Economics of Organization: The Transaction Cost Approach". In: *American Journal of Sociology* 87.3, S. 548–577.

– (1989). „Transaction cost economics". In: *Handbook of Industrial Organization.* Hrsg. von Richard SCHMALENSEE/Robert WILLIG. Bd. 1. Amsterdam u. a.: Elsevier, S. 135–182.

– (1990a). *Die ökonomischen Institutionen des Kapitalismus: Unternehmen, Märkte, Kooperationen.* Tübingen: Mohr.

– (1990b). *Industrial organization.* Cheltenham und Brookfield, VT: Edward Elgar Publishing.

– (1991). „Strategizing, economizing, and economic organization". In: *Strategic Management Journal* 12.S2, S. 75–94.

WOECKENER, Bernd (2011). *Strategischer Wettbewerb: Eine Einführung in die Industrieökonomik.* 2., vollst. überarb. Aufl. Berlin: Springer.

WOLF, Klaus (2003). *Risikomanagement im Kontext der wertorientierten Unternehmensführung.* Wiesbaden: Dt. Univ.-Verl.

WOLKE, Thomas (2015). *Risikomanagement.* 3., überarbeitete und aktualisierte Aufl. Berlin: De Gruyter.

ZIRKLER, Bernd/Jonathan HOFMANN (2015). „Wie sich Basel III auf das Rating von KMUs auswirkt". In: *Controlling & Management Review* 59.2, S. 60–68.

ZIRKLER, Bernd/Jonathan HOFMANN/Sandra SCHMOLZ (2015). *Basel III in der Unternehmenspraxis.* Wiesbaden: Springer Gabler.

Druck

Canon Deutschland Business Services GmbH
Ferdinand-Jühlke-Str. 7
99095 Erfurt